東寮とキャンパス

東京女子大学のキャンパスに、最初に建てられたのが東西寮。❶は一九二三年七月二五日、完成間近の東寮。左手には同じ形で西寮も建設中。この一カ月後に関東大震災に見舞われたが、建物は無傷だった。

❶

❷

❸

❷——本館完成後のキャンパス。レーモンドが計画した九棟のうちチャペルはまだ姿を見せていない。

❸——戦前の東寮。写真奥には緑地をはさんで西寮が続く。

東寮の外観

水平線を強調したライト風のデザイン。チェコ・キュビズムの表現で壁面に縦縞の陰影が浮かぶ。キュービックな玄関灯も特徴的。一九八四年に閉寮後、西寮解体により片翼を失ったが、残された東寮は部室棟として活用されてきた［❶］。［S.］

❶

❷——東寮の通用口。通用口の左手は食堂棟、右手が寮舎。

中庭とパーラー

❶は口の字形の寮舎の中庭と出口ドア。［K.K.］❷は中庭に丸く突き出すパーラーの外観。パーラーのカーブした壁面にもチェコ・キュビズムの表現が見られる。［K.K.］

❸——パーラーのドア。欄間の模様や壁面デザインもキュビズム調。［K.K.］
❹——パーラーの左右のドアの間には暖炉が設置されている。スクラッチ・タイル使用。［S.］
❺——パーラーの内部。窓のカーブに沿って作りつけの椅子が設置されている。［K.K.］

東寮の内部

寮舎には一階、二階合わせて二〇〇の個室が並ぶ。
その他、パーラーや浴室、応接室、日本間なども備わっていた。

❶——集会室。寮舎と塔をつなぐ食堂棟の二階。[S.]
❷——寮内の階段は、壁に固定された片持梁。[S.]
❸——当時他にはなかった個室。机の前に籐製の背もたれ付き丸椅子があった。[S.]

❹——寮生たちから「エントツ」と呼ばれた寮の塔。

寮の塔

塔の地下はボイラー室、洗濯室、乾燥室など、
一階には厨房、二階にはアイロン台、ガス台などが備えられていた。

体育館の外観

「体育兼社交館」と命名され、体育の他さまざまな催しに活用された。一九七四年に新体育館が併設されて以降は「旧体育館」「旧体」の名で親しまれ、解体直前までフル活用されていた。

❶——中央がフロア部分、両翼に二階建ての棟が連なる。主屋根の瓦は除かれ、金属で補修されている。

❷——体育館のテラス。手すりにはコンクリート製の花鉢が二つ設置されている。[K.K.]

❸——東側の教室棟の玄関。真上は階段踊り場で、左右に講義室。[S.]

体育館の内部

フロアはエントランスより六〇センチ下げられ、ほぼ地面と同じ高さ。柱と梁のアーチ型がリズミカルに並び、ステージ部分〔❶の写真正面〕の装飾とも呼応している。

❶——三方に回廊がめぐらされたフロア。〔S.〕

❷——フロアの北側の壁には肋木が設置され、その上は広い窓。

❸——フロア東側に設置されたステージ〔写真手前のフローリング部分〕。正面奥は脇〔東〕玄関、左手の階段は教室棟の二階へ続く。

体育館の両翼

体育館フロアの両翼には二階建ての棟が続き、キッチンと五つの部屋があった。各部屋には暖炉が備わっている。

❶——五つの部屋に備えられた暖炉のうちの一つ。久しく使われなかったが、二〇〇九年五月五日に火を入れると美しく燃えた。［Y.H.］
❷——二階の部屋からフロアを望む。
❸——二階と一階をつなぐ螺旋階段。ステージの多目的活用にも活躍した。

東寮の解体

二〇〇七年八～九月に東寮と塔が解体された。
内部から壊され、周囲の樹木を伐採、そして躯体撤去へ［❶］。

❷――解体される塔の内部。設備はほとんど撤去されている。

❸――パーラーの壁がはがされ、奥に暖炉が見えている。

❹――床板がはがされ、内部の解体が進む。

❺――フロア部分は消え、手前のテラス部分と、両翼の二階建ての棟が残る。

体育館の解体

二〇〇九年五～七月、体育館も解体された。

●写真撮影――兼松紘一郎［K.K.］ 杉並たてもの応援団［S.］ 矢田部英正［Y.H.］

喪われたレーモンド建築

東京女子大学東寮・体育館

東京女子大学レーモンド建築 東寮・体育館を活かす会【編著】

工作舎

はじめに——語り伝えるために

武蔵野の一画、ススキと雑木がまばらに生えている土地に、東京女子大学建設の槌音が響いたのは一九二二年だった。その四年前、新宿の角筈で開校した仮校舎から本校舎への着工である。敷地の奥まった所に二四年春、白亜の東西寮が最初に姿を見せた。寮から始まったキャンパスは創立者たちの独自の教育理念を顕していた。国内はもとより海外からも志をたてて集う学生に、祈りと思索と学習の場を整え、個の確立を意識させ、全人的な教育をめざす方針に美しい形を与えた。ほどなく竣工した瀟洒な体育兼社交館は、三方に明るく幅広の回廊をめぐらし四隅には暖炉つき談話室をもつ構造で、体育のほか演劇や部活動など多目的に活用され、愛された。本書はこれら二棟が解体されるのを知った卒業生が声をあげ、率直に問いを発し、再考を願って動いた行動の記録である。

ともすれば聞くべきことを聞かずにやり過ごしがちな不作為と、諦めや傍観に流されることなく、根気よく問い続ける気持ちを持続させ得たのは、あの爽快な空間の記憶、心身に刻まれた濃密な体験だった。やがて消えることを運命づけられた建物が、恩恵と喜びを忘れられない卒業生の背中をいきなり押したといえよう。それは単なる感傷ではなく、創立者の意志を端的かつ明快に具現した建物を語り伝えたいという願いの発露だった。解体計画を初めて知った二〇〇六年の初夏、思いを共有する一握りの卒業生が動いた。

少数者の呼びかけに、世代を超えた初対面の卒業生が応え、やがて「東京女子大学レーモンド建築 東寮・体育館を活かす会」の名称での活動となる。もともと対外折衝などには不慣れな者たちの、不器用ともいえる行動ではあったが、時と共に波紋が広がり、外部の専門家の協力も寄せられ、問いかけの意味も深まっていった。幅広い共感に支えられつつ保存への要望は大きなうねりとなった。そして建物が姿を消した今、冷静な検証の時を迎えた。

この間に重ねられた大学との話し合いを、主観を混えず正確に把握するため、理事者側との面談時には録音許可を得て再生するなど、当会は主要な活動のたびに記録を作成してきた。本書の作成にあたってもこれら記録により記述に正確を期した。要望や連絡を含む書簡類、その他の文書も資料として採録、巻末に載せた。また経過が一覧できるよう年表も付した。加えて接点を持った複数の同窓生グループ、在学生、教職員、自治体首長ほか、内外の専門家から提出された要望書や写真類を含め、付属のCDに収録、可能な限りご紹介した。異なる専門分野の学者、個人の意見・観察など、重層的な視点での取り組みをお読み取りくだされればと考えた。

とりわけご注目いただきたいのは巻末の「主要資料」である。大学側と藤原との往復書簡を軸に折々の文書を挿入したこの部分は、予想外に紙幅が増え、総ページの約三分の一近くになった。本文より小さい活字で二段組であるため、読む方に敬遠されるかもしれないが、保存をめぐる意見のやり取りの実相が、段階を踏んで多面的に伝わってくる。事実をもって語らせる手法で淡々と叙述した本文を補い、意見交換の機微と片鱗、場面ごとの息遣いや齟齬まで読み取れて、あわせて読むと興味深い。ぜひご一読をお願いしたい。

さて二棟の解体計画公表からその終了までに三年余、報告書作りには当会側の余儀ない事情もあって二年半以上の時間を費やした。この間、当会の事務局メンバーは変わらなかったが、大学側の担当者は退職などで交代された。外部専門家の勤務先や肩書き等も一部変わっているが、本文中では原則として当時のままとしている。

ビルの建て替えは私立大学のみならず、国内各地で増え、文化財的建造物の保存・活用が経済合理性という冷厳な尺度で測られるといった構図が見られる。高等教育のあり方を背景に、人口構造の変化や資源の有効活用などまで、配慮すべき範囲は広く及び、複雑に絡みあって根が深い。当会の目的は達せられなかったが、この記録が同種の問題に直面されている方々のご参考にもなればと願っている。

二〇一一年一二月

東京女子大学レーモンド建築 東寮・体育館を活かす会

代表 藤原 房子

喪われたレーモンド建築　目次

第三章——保存をめぐる理事会との交渉

第四章――東寮解体――一〇三

●凡例

【本文】

▼文中の「レ会」は、「東京女子大学レーモンド建築 東寮・体育館を活かす会」の略称である。 ▼登場する人々の所属・肩書きは当時のもの。

▼レーモンド建築九棟の呼称には変遷がある。歴史的記述においては創建当時のものを用い、その他の場合は現在の呼称を用いた。なお、レーモンドの体育館は「旧体育館」あるいは「旧体」とも表記される。一九七四年に隣接して新しい体育館（「新体育館」）ができて以降の呼称である。 ▼資料や引用文献に挿入されている［ ］は編著者の補注。 ▼本書および付属CD収載の全資料リストを「関係資料一覧」（→二〇四-二二二頁）に掲げた。 ▼文中に（→資料＊＊）で示す番号は、「関係資料一覧」の資料番号を指す。例えば（→資料123）は、「関係資料一覧」の123番の資料参照を意味する。 ▼主要資料（一部は本文中）に掲載されている資料には、例えば（→資料123・四五六頁）のように、該当頁も示した。

▼注は、各章毎に通し番号を付して、巻末に一括掲載した。

【資料編】

関係資料一覧

▼レ会の活動を中心に、他の卒業生や学生・教職員・専門家団体・市民グループ等、東女レーモンド建築二棟の保存を願った人々の活動、および理事会はじめ大学関係の文書、また新聞・雑誌記事や関係論文等のリストである。資料はレ会が把握し得た範囲で収載した。 ▼ことに大学関連の資料（「大学からの回答書」や「学内文書」等）は入手可能な文書に限られる。

主要資料

▼関係資料一覧のなかから藤原代表と原田理事長の往復書簡（資料001-046）を軸に、要望書・宣言文・専門家の見解などのいくつかを掲載した。 ▼主要資料の凡例は二二四頁に示す。

年表

▼前史を含む「活動の展開と二棟解体への流れ」と、その過程での「要望書・署名簿提出」および「メディア掲載」を時系列で並べた。 ▼年表の凡例は二八四頁に示す。

【付属CD】

▼主要資料も含め関係資料一覧の大半を収めた。 ▼加えて「一覧」に記載されていない写真その他も収録している。

序章

東京女子大学とレーモンド建築

東京女子大学の東寮と体育館は善福寺キャンパスに最初に姿を見せた建物である。他の建物七棟と共に大切に保存・活用して、次世代に引き継ぐに値する歴史的建造物であった。それらは「日本近代建築の父」とのちに言われた建築家アントニン・レーモンド最初期の力あふれる作品であり、日本の近代建築史に残る文化財的資産でもあった。

　二〇〇六年六月、東京女子大学のレーモンド建築九棟のうち、東寮と体育館の解体を含むキャンパス整備計画が初めて公表された。以来、学内外のさまざまな立場から保存・活用や解体再考の要望がなされ、その声は二棟ともに解体されるまでの三年半、やむことがなかった。いま解体にいたる二棟の保存活動を記録するにあたり、二棟が生みだされた背景にさかのぼる東京女子大学の創設と建学の精神、それを形にしたレーモンドのキャンパス創造の歴史をたどる。

東京女子大学創設にいたる精神★01

✣——エディンバラ万国宣教師大会

東京女子大学の創立は、一九一〇年イギリスのエディンバラで開催されたキリスト教万国宣教師大会での決議「東洋にキリスト教主義に基づく最高教育機関を設ける」に発している。この「決議」を受けて日本では、プロテスタント諸教派ミッション（社団）が協力して「帝国大学と同等の一個の有力なるキリスト教大学［男子校］」をつくる運動が先行したが、不調に終わった。それを追う形で進んでいた「第一級の連合キリスト教女子大学の設立」をめざす運動は、一九一八年、北米（アメリカ・カナダ）プロテスタント六ミッション共同経営による「東京女子大学の創設」に結実した。

　第一次世界大戦直後の世界平和希求の時代精神のなかで、日本では新しい世界が要請する女性のための高等教育への関心が高まっていた。しかし発足の年の秋には米騒動が起き、戦後の反動で不況が始まろうとしていた。一九二〇年の株価暴落、二一年労働争議多発、二二年緊縮予算と続き、二三年の関東大震災以降の経済的混乱は大きく、まさに多難な時代の船出であった。

この状況下での「決議」実現には、国を超えた促進委員会の力が大きくあずかった。また各ミッションは、経営する女学校（東洋英和女学校・フェリス女学院・青山女学院・女子学院など）の既設の高等科・専門部を自ら廃止するという「犠牲」を払ってまでも「連合キリスト教女子大学」設立に動いた。東京女子大学は「宗教的・人道主義的な理想実現のため、国家を超えた協力の精神」と「宗派を超えた犠牲の行為」の上に誕生した。江戸期に始まるキリシタン禁制の高札が正式に撤去されてからわずか四五年のことである。

✣——礎を築いた新渡戸・安井・ライシャワー

「決議」実行のための委員会には「キリスト教大学は、日本のキリスト教活動の中心となること、さらには真の意味での国民文化創造の機関であること、日本の教育事業全体に重要なる貢献をすること」という考え方があった。それに基づいて、六ミッション代表者による理事会は、「各派合同の大学の長として臨み、内外の信用を保ちつつ、女子高等教育の実を挙げる人物」として、学長を新渡戸稲造[★02]に、学監を安井てつ[★03]に懇請して承諾を得た。また「各派支持団体と連絡を保ちつつ、事務と財政上の責任を負う」常務理事にA・K・ライシャワー[★04]が就いた。こうして、東京府下淀橋町角筈（現・新宿区西新宿）の旧衛生院を仮校舎として、東京女子大学は開学した。

新渡戸は旧制第一高等学校校長として、学生たちの信望が篤かった教育者であり、のち台湾総督府の糖務局長に就任して行政官の手腕も発揮、学長就任の翌年には、国際性と幅広い学識により国際連盟書記局事務次長となり、東京と任地ジュネーブを往復する多忙な日々になった。

日本を留守にする新渡戸に代わって事実上学長の任を果たしたのが学監安井てつであった。一九二三年に第二代学長に就任。新渡戸と同じく士族出身で、英国留学時代の体験から帰国後洗礼を受け、女子高等師範学校（現・お茶の水女子大学）教授兼舎監やシャム（現・タイ）国招聘による皇后女学校教育主任などを歴任。国際性をもちながら、深い信仰に裏打ちされた潔癖なまでに誠実で頑固ともみえる信念の人であり、戦前・戦中の困難な時代に「威武に屈せぬ」凛とした強さを貫いた。その二、三のエピソードは本書において触れるが、例えば戦時下の四三年、創立二五年記念式典という公けの場で、「創立以来多大な恩を受けた［交戦国である］海の彼方の恩人たちへの謝意を表明しないわけにはゆかない」と、声を大にして述べたという。[★05]

アメリカ長老派教会の宣教師として来日したA・K・ライシャワーは、一九一五年東京女子大学創立委員会委員に選出されて以来、一七年からは常務理事として、全面的に設立・運営（財政）の責任を負う存在であった。明治学院大学で神学博士として教鞭をとる傍ら、東女大では教壇に立つことなく、常に新渡戸、安井を背後から支えた。校地・校舎獲得の費用の調達から建物の配置や細部の意匠まで、学生から「ヘンな西洋人の人足」と見紛われる姿で、彼自身の理想をキャンパス創建に込めた。当時としては広大な敷地に最高級の品位ある建物を次々に実現させたのである。[★06]

創設の経緯に見るように、東京女子大学には、日本女子大学の成瀬仁蔵、慶應義塾大学の福澤諭吉らと同じ意味での創立者はいない。しかし六社団の負託をうけた新渡戸、安井、ライシャワーを私たちは「創立者」と呼びたい。この三者の女子高等教育に対する理想・理念・実践が、東京女子大学の精神を、文化を、校風を醸成し、確立したのである。

❖――キリスト教の精神にもとづく全人教育

正門の正面にある本館（旧・図書館）の壁には、ラテン語で「QUAECUNQUE SUNT VERA（凡そ真《まこと》なること）」と彫られている。この言葉は新約聖書の「ピリピ人への書」からの聖句で、[★07]新渡戸、安井、ライシャワーをはじめ理事たちが「大学に対する希望を特に示すもの」として選んだという。[★08]

この言葉をラテン語で表記するよう提案したのはライシャワーであった。ラテン語ゆえに英語排斥の戦時

●本館正面。壁に「QUAECUNQUE SUNT VERA」と刻まれている。

中にも憲兵の追及を免れたのである。ライシャワーは、「真（真理）」という語を長男の墓碑面にも刻印している（Truth makes you free）が、「真（真理）」を東京女子大学に捧げた彼の思いは、「日本の女性よ、今迄汝に閉ざされていた眞理への道を恐れず進め、誤った考えへの隷属から自由になるために」にあった。★09

新渡戸は、「Service and Sacrifice（日本語では「犠牲と奉仕」と言われている）」を「本学の精神」と言い、この言葉の頭文字SSを十字に組んだ徽章を創立の年の二学期に制定した。クエーカー教徒であった新渡戸にとってこの二語は、「各人に内在する本質的神性に対し（敵の中に、鉄火のそれであれ、思想戦のそれであれ）、それに敬意をいだき、信頼をおく」という考えにもとづいている。生涯「太平洋の架け橋」であることを志した新渡戸の思想の根底にあるこの考えを理解するならば、犠牲も奉仕も明るい自由なものとなる。★10

安井がしばしば口にしたのが「サムシング（something）」。しかし、「精神的感化は接触によりて行われる、口にて説くものにあらず」とする安井は、サムシングとは何かを説明していない。彼女は内外の多くのクリスチャンとの交わりのなかでも、安井が真のキリスト者と認めた人々の生き方そのものにサムシングを見いだしていた。そしてオクスフォード留学中に「そこに規則はないが、何とも云えぬ雰囲気、それは永い間培われた基督教精神、高い教養、誠実、そして乞われなければそれを人に説明しようとも思わぬ何んとも云えぬ静けさ、そういうものの渾然と一体になった雰囲気」を理想としたのである。★11

「凡そ真《まこと》なること」「犠牲と奉仕」「サムシング」——いずれも「神と人」との直接的関係をあらわし、「神の前の自己」を問う言葉と考えられる。この精神を根底に、東京女子大学の「キリスト教の精神にもとづく全人教育」が実践されたといえよう。

新渡戸は、「従来わが国の教育は……、人間とし、また一個の女性としての教育を軽んじ、個性の発達を重んぜず、婦人を狭苦しき社会の一小機関と見なす傾向があるのに対して、本校においては、キリスト教の精神にもとづいて個性を重んじ世のいわゆる最小者《いとちいさきもの》をも神の子と見なして、知識よりも見識、学問よりも人格を尊び、人材よりは人物の養成を主とする」という考えであった。[12] その理念を共有する安井は、第二代学長就任の辞のなかで次のように教育方針を語った。「キリスト教主義にもとづく人格教育に重きを置き、体育を重視し、職業教育ではなくリベラル・アーツ教育を施し、学究的生活と社交的生活の調和をもって、全人間的形成をめざす」と。[13] これは、大正期日本の女子高等教育として、全く新しい試みであった。その理念を実践するためのキャンパス創造が、アントニン・レーモンド[14]に求められていたのである。

国を超えた協力によるキャンパス建設

✣——海外ミッションからの支援

東京女子大学は、創立の経緯から開校および経営の資金のほとんどをアメリカ、カナダなど、海外のミッションおよび支援者から受けていた。キャンパス建設においても同様で、折からのインフレのため経費の工面は容易なことではなかった。土地購入費だけでも、協力ミッションが約束した金額の倍以上が必要となり、新たな募金促進のため急きょ帰米したライシャワー理事は、巨額の財政負担を背負い込んだことを非難されたが、「あなたがたが日本に一流の女子大学を建てるため、本気で責任を負う気でいるかどうかを、今ここでうけたまわりたい」と迫ったという。[15] その説得により資金は確約された。また一九二一年にアメリカで行われた「東洋における七つのキリスト教女子大学を支援する運動」からも、東京女子大学に土地代金を上回る二〇万ドルが寄付された。

✣——祈りと献金が生んだ巨額な資金

角筈の仮校舎で開学した翌一九一九年に、東京府下井荻村（現・杉並区善福寺）に約二万七〇〇〇坪の校地を購入し、二二年四月に校舎建設が始まり、二年後に東西寮と西校舎が竣工して、角筈の仮校舎から移転した。二四年、新校舎の献堂式は体育館が建築中だったため、西校舎の講堂で行われ、その席でライシャワー理事は、次のことを報告した。体育館と外人教師住宅（現・外国人教師館）が同年九月に竣工すること、ここまでの建築と設備に要した費用総額は八七万五〇〇〇円で、うち一〇万余円は日本人の寄付、残りはアメリカの協力委員会が集めた献金で賄ったこと、さらに今後の建築資金として二〇万余円を保管していると。[★16]

その後学長住宅（現・安井記念館）、理事住宅（現・ライシャワー館）、東校舎、三一年には図書館（現・本館）が竣工した。創立一五周年記念式典（一九三三年）において長尾半平理事（副学長）は、キャンパス建設の費用内訳を別表（次頁参照）のように報告した。なお、ここまでの総額は一六二万円であった。安井学長も「総費用の九割は主としてカナダおよびアメリカの婦人の寄付に依る」と謝意を表している。

一九三八年にチャペル・講堂が竣工して、レーモンド建築九棟すべてが揃う。最後に完成したチャペル・講堂の総工費は二四万七七〇〇余円、資金の大半はアメリカやカナダの女性クリスチャンたちによる献金で、うち一割ほどが卒業生や在学生の保護者、大学関係者ほかの国内寄付であった。

❖卒業生らの貢献

資金全体から見ればわずかだが、日本における献金もまた祈りをこめた精一杯の貢献だった。『十五年回想録』には「敷地購入資金としての貴き初穂」の一文がある。[★17]東洋英和女学校の一生徒が母から自由に使うようにと与えられたお金として「贈り主をおしらべにならないよう」との手紙を添えて金五円を届け、担当の委員たちを感激させた。その他、「貧者の一灯」とも言うべき少額の寄付が幾多寄せられたと記録されている。

また第一回卒業生はわずか数十名ながら五千円という高額の寄付を申し出て、少額ずつ献金を募ったり、音楽会等を催すなど努力の末に達成した。経済力が十分とは言えない若い女性たちのひたむきな決意と募金への熱意のほどがしのばれる。続く第二回以降の卒業生も多額の寄付を申し出ている。[★18]併せて学内の豊かな緑も、植樹や資金集めなど、当時の学生たちの創意と努力が注がれた成果であった（→第四章一〇四頁、第六章一四六頁、および二〇一頁★04）。

東京女子大学キャンパス建設費用

土地(2万6762坪)代金	28万5000円
西校舎	18万2600円
体育館	10万1400円
寄宿舎及中央厨房	49万2300円
ボイラー室	2万7000円
外人教師住宅(外国人教師館)	4万9900円
学長住宅(安井記念館)	2万0000円
警官及び賄人住宅	2500円
理事住宅(ライシャワー館)	3万0000円
理科教室*(東校舎) (*国内支援者及び卒業生他の寄付・経費が足りず未完)	13万1800円
図書館及事務室(本館)	21万1100円
	小計153万3600円 (以上、長尾半平「15年間の経過報告」『十五年回想録』805-06頁より作成)
土地代金支払いのための一時的借財の利子	5000円
校庭の手入れ等	8万1400円
	小計162万0000円 (以上、『十五年回想録』350頁より・推計して作成★19)
チャペル・講堂**	24万7700円
	総計186万1300円 (**チャペル・講堂の建築費用は『五十年史』115頁より)

アントニン・レーモンドのキャンパス総合計画

✣――若きレーモンド

アントニン・レーモンドはチェコ出身のアメリカ人で、帝国ホテル建築に取り組んでいたフランク・ロイド・ライトの誘いにより、一九一九年一二月三一日、助手として来日。以後、第二次世界大戦の前後を除いて主に日本で活躍した。レーモンドの数々の作品はヨーロッパのモダニズム（近代建築）の最先端に通じる先駆的なものだったが、一方で日本の風土と建築様式への深い理解によって、独自の作風を確立していった。彼が日本に残した建築作品の影響はもちろんのこと、彼の事務所から吉村順三、前川國男など日本を代表する建築家が輩出したことによって、レーモンドは「日本近代建築の父」とも称されている。

一九二一年六月、東京女子大学のキャンパス総合計画と建物の設計を正式に依頼されたレーモンドは当時三三歳。ライトから独立して事務所を設立したばかりで、建築の実績はゼロに等しかった。[★20] レーモンドに白羽の矢を立てた経緯等については、なぜか記録がない。三三年に刊行された一〇〇〇頁に及ぶ詳細な大学創建時の記録『十五年回想録』にも、レーモンドの名前は見あたらない。当時は無名の若手で、大学史に名を記す必要もなかったのだろうか。

しかし、この頃のレーモンドはすでに熱心に「日本建築の根本原則」を探求していた。それは「単純きわまりないもの、自然きわまりないもの、最も経済的なもの、最も直截的なもの」であり、「永遠な、しかも絶対的な質をもつ良いデザインの完成には最も確実な方法」である。しかもそれは「ヨーロッパの最高のデザインを支配しているものと同じである」ことに気づいていた。[★21]

ライシャワー理事に伴われ、キャンパス建設予定地に立ったレーモンドは、見渡す限り松林と畑が広がる敷地の光景を後々まで記憶している。[★22] その広大な敷地に一から創り上げたキャンパス、そして九棟の建物――

ことに寮と体育館を含む最初に建設された四棟——は、まさに建築家レーモンドの出発点であった。

✣——建学の精神を具現した建築群

近代高等教育機関の発祥から間もない日本において、ひとりの建築家によるキャンパス総合計画《グランド・デザイン》は数少ない例であった。レーモンドのそれは、全人教育をめざす東京女子大の理念を空間造形に生かし、将来を展望したもので、アメリカの典型的なキャンパス空間であるモール形式を意識しつつ、敷地を機能的にゾーニングしている。[★23] モール形式とは、アメリカ近代の大学空間の原型の一つで、奥へと続く軸型のオープンスペースの両側に建築物が軒を連ねるグランド・デザインを指す。[★24] その代表例として、大統領にもなったトマス・ジェファーソン設計のヴァージニア大学がある。

レーモンドは東西に広がる不整形なキャンパスを、図書館を中心とした「学びのゾーン」と、寮と体育館を中心とした「生活ゾーン」の二つに分けている。モール形式による構成は「学びのゾーン」に見られ、正面に知の中心である図書館を配し、前庭をはさんで両サイドに東西校舎、東校舎に続いてチャペル・講堂が連なる。

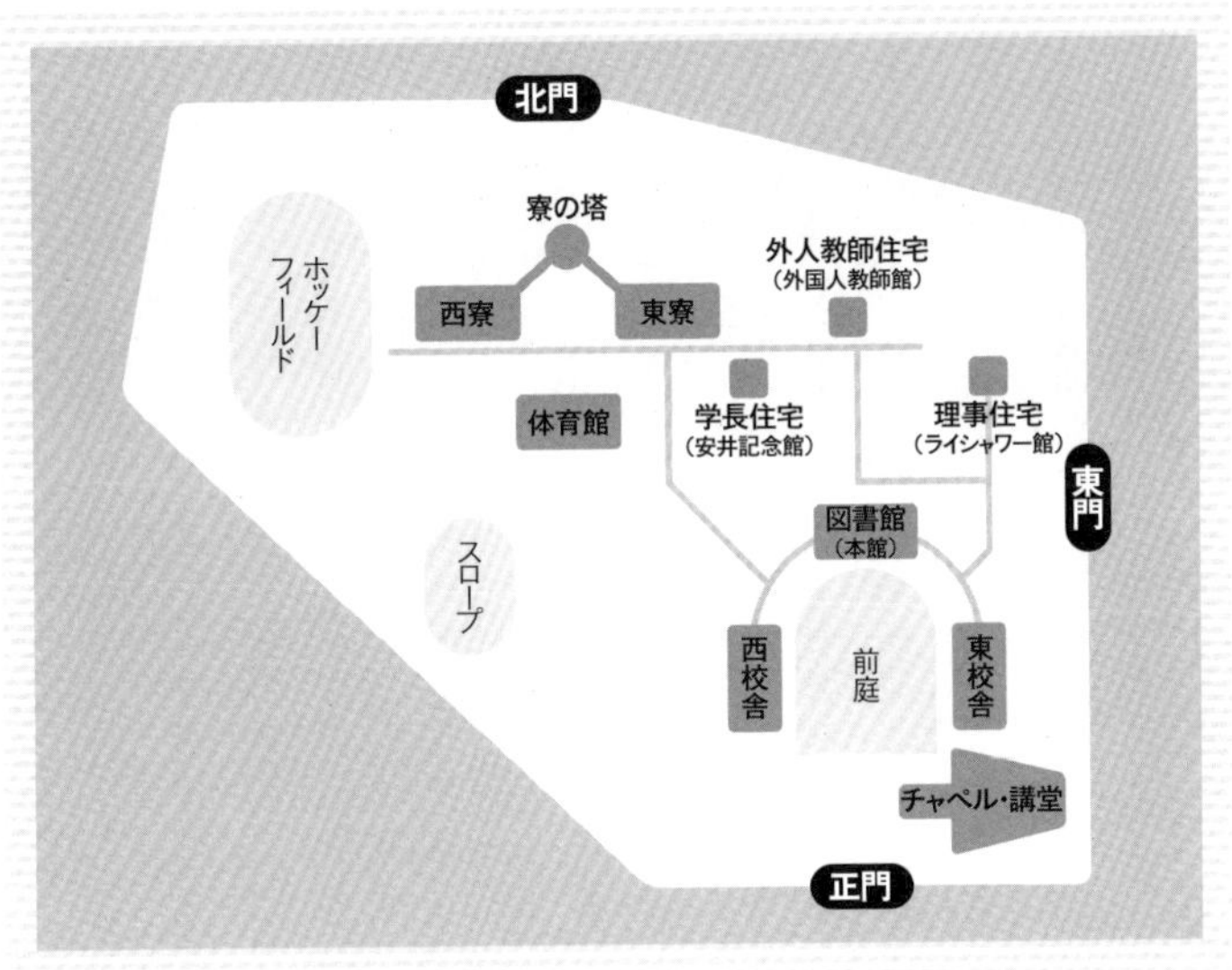

◉——レーモンドのキャンパス配置図

左右対称の図書館の象徴性と前庭の親近感により、モール形式の大学らしい格調を継承した形である。

「生活ゾーン」では体育館を正面にすえ、背後に学寮が広がる。寮の並びに学長住宅と外人教師住宅、理事住宅が十分な間隔をとって配置されている。学寮は通常キャンパスの隅に造られるが、やや奥まった場所にほどよいゆとりをもって守られている。「生活ゾーン」が大学の核とされる「学びのゾーン」より広い。アメリカでは伝統的に教師館が「学びのゾーン」に配されるが、外人教師住宅は「生活ゾーン」に置かれた。そして二つのゾーンの接点となる「体育館」はキャンパスのほぼ中央に位置し、交流の中心として全体の調和をはかる場として意味づけられていた。

✣——レーモンド建築一五年の軌跡

九棟のレーモンド建築物を竣工順に列記すると、東西寮、西校舎、体育館、外国人教師館（外人教師住宅）、以上が一九二四年、安井記念館（学長住宅）が二五年、東校舎、ライシャワー館（理事住宅）が二七年、本館（図書館）が三一年、チャペル・講堂が三八年で、二四年から三八年の一五年間に順次建設された。この九棟は、レーモンド建築の戦前の歴史そのものであり、竣工順に見ていくことによって、レーモンドの思考の展開をたどることができる。

九棟は全て鉄筋コンクリート造だが、レーモンドは九つの建物それぞれに鉄筋コンクリートの特性を活かしたデザインを意欲的に試みた。寮や体育館などにはライトの影響とともに、チェコ・キュビズムの表現が見られるし（↓第一章三八頁）、外国人教師館や本館には深い軒や庇により、水平のラインを強調するライトの様式が色濃く出ている。安井記念館には、当時オランダで流行していたデ・スティルの手法を採り入れている。[★25] 二つの建物が背中合わせに一体化したユニークな構成のチャペル・講堂のチャペル部分は、ル・ランシーの教会堂（オーギュスト・ペレー、一九二三年）のデザインをとり入れ、大筋をペレーの線に合わせており、[★26] 壁のプレキャスト・コンクリート（工事前にあらかじめ型に入れて作ったコンクリートブロック）やコンクリート打ち放しの仕上げもこ

❶——本館　❷——西校舎　❸——東校舎
❹——外国人教師館「撮影　杉並たてもの応援団」
❺——安井記念館「撮影　杉並たてもの応援団」
❻——ライシャワー館「撮影　杉並たてもの応援団」
❼——チャペル・講堂「撮影　兼松紘一郎」

れに倣った。

レーモンドは、これらのデザインを構造と密接に結びつけ、美的要素と技術を一体化させ、より軽快で効率的な構造を追求することによって、十分な耐震性を確保した。★27

レーモンドは日本で、リーダーズダイジェスト東京支社ビルなど、四百棟ほど建てているが、東京女子大学善福寺キャンパス九棟はグランド・デザインから手掛けた代表例で、広い空間に一体性をもって配置され、それぞれ独自性をもって建設された。それは、高等教育の望ましい姿を目に見える形で示すものであり、日本の建築史上かけがえのない価値をもっていた。

第一章

喪ったものの大きさ

——東寮・体育館の魅力と価値

東寮の魅力

建学の原点としての寮建設

東寮に埋め込まれた礎石

東寮の南側西寄りの外壁には「1922」と深く大きく刻まれた礎石（↓カバー裏側）が埋め込まれていた。一九二二年四月、キャンパス建設にあたって真っ先に着手されたのが寮だった。

当初、寮は東西寮だけでなく、南北寮とさらに二棟、計六棟として構想されていた。ライシャワーは献堂式の挨拶で、キャンパスの模型を示しながら、計画が完成した暁には「寄宿舎は約七百名の学生を収容する」と述べている。[★01] 実際には東西二寮（二〇〇人収容）だけにとどまったが、「ただ一つの日本における連合キリスト教女子大学」として創設された大学として、広く全国はもとより海外で暮らす日本人志願者を受け入れるための遠大な計画であったと思われる。

寮の建築は、その規模においても他を圧倒していた。九棟の建築費用を比べれば（→二三頁）、寮は他の八棟からぬきん出て高額で、図書館（本館）やチャペル・講堂でさえ寮の半分の額である。礎石に「1922」とキャンパス誕生の産声を刻印した寮こそ、レーモンド建築九棟の中のかなめであり、建学の原点であった。

二つの「日本初」――鉄筋コンクリート造と個室寮

当時は学寮に限らず鉄筋コンクリート造の建物は稀で、一般的に普及しはじめたのは、関東大震災（一九二三年九月）以後のことである。震災の教訓から、耐震性や耐火性に優れた鉄筋コンクリート造が注目されるようになった。

東京女子大学理事会はレーモンドに設計を依頼する前の一九二〇年二月の理事会で、鉄筋コンクリート造の採用を決めている。[★02] 藤岡洋保氏（東京工業大学大学院教授）によると、日本において鉄筋コンクリート造で学寮を建てた例は、学習院の昭和寮（二八年）、第一高等学校の駒場にあった寮（三三、三四年）、慶應予科の寮（三七年）である。[★03] いずれも関東大震災後昭和に入ってからの建築で、大正期の東西寮は唯一にして日本初であった。

東西寮の居室は「一人部屋」として設計された。当時の学寮は二人部屋あるいは四人部屋などが普通で、前述の慶應予科の寮は個室であったが、一三年も後のことである。家庭においても当時、子ども部屋を与えられる例は稀であり、たとえ狭くとも「自分ひとりの部屋」をもったことは、寮生にとって貴重な体験であった。

✣——寮の構成

東西寮は、中央の白い塔（↓口絵F4—❹）で結ばれる。寮生は「エントツ」の愛称で呼んだ。塔の中心部にボイラー（熱源）がある。火は共同体の象徴であり、塔はシンボルタワーの役割を担った。その傍らに食堂（一階）や集会室・ピンポン室（二階）など寮生が集まる食堂棟があり、その先にロの字型に寮舎の個室が連なる。その一階と二階の個室には東西合わせて二〇〇名の寮生が暮らしていた。個室や階段、浴室・洗面所などすべて塔を中心に左右対称に配置され、屋根の高さも、塔を頂点に食堂棟から個室棟に向かって順に高さを下げている。[★04]

寮が育んだもの

✣——一人部屋で——内省から祈りへ

寮を個室にしたのは、「学生は一個の人格として、一日に一度はひとりになって祈り、瞑想する時を持つことが必要である」という、新渡戸や安井の教育理念を具現化したものだった。[★05]

個室の間取りは靴脱ぎの三和土《たたき》の先に畳二枚と、その奥の窓側に半畳強の板の間、板の間の左右には作り付けの机・書棚と反対側にタンス、さらに板の間の奥の壁面に沿って窓の真下に幅二〇センチほどのコンクリートの床があり、各室をパイプで貫いて暖房用のラジエーターが設置されていた。備え付けの籐製の椅子は、大正時代に「永遠のモダン」と評判のあったトーネットチェアだと聞かされた。上質の椅子を当り前のように使い慣れる日々が感性を育てると考えられたのであろう。机の前の軽快な椅子に腰掛けたまま後ろを振り向けば引き出し三段のタンスに手が届く。机とタンスの一番上の引き出しを少しあけて、そこに「特注」の板を渡し、ノートや参考資料を置くと、窓に向かって机が広く使えて便利で、その板は代々寮生間で引き継がれて、「勉強板」と名づけて使用された。机の横の窓はキャンパスか中庭に面しており、目を移せば四季折々の変化に富む視界が広がっていた。南側の個室からは桜並木、東側は緑の杜と山バトやコジュケイの鳴き声、秋から冬にかけては、冬木立の向こうに外国人教師館、西側はヒマラヤ杉と黄金色のいちょう、中庭に面する部屋からは緑樹と巨大な百合の木が見えた。

廊下側には半畳分の靴脱ぎと上下二段の押入れがある。総面積約四畳で、簡素の極みのような空間だった。口の悪い学生は〝独房〟と呼んだが、日常の家庭生活に「プライバシー」の概念など乏しかった時代だけに、鍵のかかる個室は新鮮な体験だった。個室の中では自分が主人公、散らかす自由はあったし、怠ける快感も味わえた。しかし反省も後悔も自己嫌悪も、みな自分に返ってくる。内省から祈りへ、という教育のための形が整えられていたのである。

生活面で新渡戸が寮生に与えた助言だと伝えられていたのは、たしなみとして「電灯をつける時以降は必ずカーテンを引くように」という話だった。入寮時に必ず持参するものとして、寸法を指定されたカーテンがあった。色・柄・材質は自由。塀や植え込みや障子で囲まれた昔の日本住宅ではカーテンを使う習慣があまりなかった。寮生が戸外から見られることに無防備であってはいけないと、新渡戸の教えとしてある時代までは寮監から聞かされた。

集団生活と協働

個室の並びに沿って一〇人ほどで「列」と称するグループを組んでいて、選挙によって選ばれた列長は各列のまとめ役だった。一年または半年に一回の部屋替えにより列のメンバーも住む部屋もいっせいに替わるのだが、その間は決められた列内で朝の清掃や食堂での配膳など責任を分担し、寮の行事には寸劇や合唱など出し物を競作するなど、協力のなかで楽しみ、学ぶことが多かった。病身、学資のためのアルバイトの都合など個々に配慮すべきことは列長の裁量に委ねられ、一〇人がカバーしあう体験を重ねた。黙学時間のない週末の夕食後のひと時、列会と称して列っ子（列員）が狭い室内に体を寄せあって座り、郷里から送られた食べ物で食べ盛りの食欲を補い、屈託のないおしゃべりやゲームに興じる楽しいひと時もあった。

一九五五年前後から寮運営のあり方が議論され、六一年に規約改正審議会が発足、六三年以降列長制度は廃止された。列長の存在は「温かく頼もしいもの」として多くの寮出身者の思い出に残っている。

暖炉のあるパーラーで

個室が並ぶ寮舎の北側中央には、中庭にアーチ型に張り出した形で板張りの広間があった。一階と二階の同じ位置に同じ造りで置かれていたこの部屋は、自由に使えるパーラー（談話室）だったが、戦後の住宅難の時期に、増えた入寮希望者のために日当たりのいい二階だけ五人（後に四人）部屋になってベッドが並んだこともあった。一階のパーラーはラジオ・新聞等の閲覧のほか、読書会や外部の講師を招いての小さな集会にも使われた。日課である有志司会の夕拝（夕刻の礼拝）もここで行われ、夕食後、黙学時間に入る前のひと時、寮内に流れる美しい賛美歌の歌声は、キリスト教にもとづく教育に自ずと触れる環境だった。

パーラーの中央には暖炉（→口絵F3―❹）があり、それに向きあう形で大きい張り出し窓と、半円形の窓辺に添ってカーブする椅子が設けられ（→口絵F3―❺）、親密な雰囲気をかもし出す空間が用意されていた。朝夕、食堂から自室への帰りに立ち寄ってラジオの音楽を聴いたり、新聞を読んだり、自由に過ごせる快適さが愛された。クリスマスの夜は暖炉にまきを燃やし、消灯時間以後も特別に暖炉の前で深夜までおしゃべりする自由を委員会が認めていた。細かいルールは委員会の判断に委ねられていた。

自治と選挙と自由な気風

寮の運営は伝統的に自治で行われてきた。安井は寮生たちの間で始まった自治への要望を温かく見守り、一九二七年四月に自治を認めた。[★06]運営は時代によって異なるが、戦後は年二回の選挙で選ばれる委員会と列長会の二本立てで行われていた。八人の委員も一〇人の列長も、食堂で夕食後に開かれた推薦演説会で全寮生の無記名投票で選ばれた。委員会は委員長のほか庶務、会計、文化、宗教、衛生、炊事、生活の七部で構成され、東西寮合同で寮則や年中行事等を決めた。寮費関係は寮生全員の大会で議決した。また部屋割りは委員長と庶務委員の大仕事で、公平を期して細心の注意が払われた。構造は同じでも部屋の向きによって窓からの眺望、日照、騒音、通風などの条件が異なるほか、微妙な人間関係も配慮された。各自の希望を一定期間に提出してもらい、それを参考に可能なかぎり専攻・学年が異なるよう列を編成して部屋割りを決めた。時代によって年一回、戦後は二回行われ、引っ越しの当日は上を下への大騒ぎだった。そのほか炊飯、食料調達、建物の維持管理は専門職員が担った。

なお六三年の列長廃止など寮運営の変更にともない、委員は書記、企画、購買等を加えて一〇名となり、各列に一人ずつ配置され、この制度は閉寮まで続いた。この改変で宗教部はなくされた。

寮舎での「個と協働の自治生活」は、寮生たちに自由な精神を育んだ。そこに流れる空気は時代の思想にも敏感な態度を育てた。思想弾圧の嵐の中で起こった一九二八～二九年の日本共産党検挙事件にからんで寮生から逮捕者を出したことは軍国主義下の不幸な出来事であったが、この衝撃を「教育者としての自分に神が与えた試練とうけ止め……神の裁きを受ける決心」で、学生に対しても、社会に対しても、官憲に対しても、信念を貫いた安井学長の姿は、周囲に強い感銘を与えた。東京女子大学創成期の歴史として記憶に留めたい。[★07]

COLUMN——●寮のストーム

学生寮のストームは旧制高等学校の手荒な慣行として知られている。だが東京女子大の寮にもあった。しかつめらしく言えば新入生が育った家庭や地域の文化を背負い、自分の殻を持ち込んでくる中で、それらを一度壊し、個人として共通のスタート台に立つための大切な行事である。

戦後すぐの例でいうと東西寮合同の新入生歓迎晩餐会が体育館で行われた夜、行事を主催した上級生に感謝するという名目で、東寮では寝入りばなをいきなり起こされ、全員玄関ロビーに集合して賛美歌を歌って廊下を歩くよう指示された。一、二階にわかれ、歌声に調子が出てきたころ、急に全館の電灯が消え、暗闇のあちこちから上級生扮するお化けが襲ってきた。悲鳴と共に逃げ惑う新入生。立ち向かうツワモノもいたが、ほとんどは腰を抜かした。西寮では一同地下の洗濯場に集められ、蝋燭の光の中で珍妙な洗礼式。個々の特徴や名前を織り込んだ〝洗礼名〟がうやうやしく授けられ、無言で受けた。おかしいと思っても声が出せない。いくつかの名は卒業するまで秀逸なニックネームとして残り、寮の思い出を語るよすがとなった。年によって趣向は知的、優雅、蛮カラ、とさまざまだった。

翌朝は何事も無かったように上級生がニッコリと「昨夜は賛美歌をありがとう」。返す言葉も出ない、年に一度の「怪挙」だった。

戦後の学生運動が盛んな時期にも寮内に運動が持ち込まれ、寮監――代々卒業生が就いた――が大学との間に立って苦慮することもあった。そのように時代や社会状況の影響を受けながら、寮生たちの自由な気風は脈々と受け継がれ、寮だけでなく東京女子大学の文化を培っていった。

寮に寄り添う学長住宅

安井が寮生たちを見守った、というのは単なる比喩ではない。寮が竣工した翌年に寮の間近に学長住宅（安井記念館）が完成し、安井はそこに一九四〇年に退任する日まで住み続けた。安井は英国留学の折、寄宿舎が自治的に運営され、個々が自由に振る舞いながら、全体が一家団欒の和やかさで交流する習慣に深い感銘を受けた。[★08] 寄宿舎には校長も住んで生徒と起居をともにし、日常生活の中で何か《サムシング》が無意識のうちに学生の精神に届くことを理想として、自らもその理念を実践したのである。寮の間近かに建つ学長住宅は、安井の希望を反映したものだったのではないか。

ライト風とチェコ・キュビズムの美しさ

ライトの「建物の原則」

レーモンドに直接的影響を与えたフランク・ロイド・ライトは、ル・コルビュジエ、ミース・ファン・デル・ローエとともに「近代建築の三大巨匠」と呼ばれ、プレイリースタイル（草原様式）を確立した。それは、建物の高さを抑え、水平に伸びる軒や庇のラインを強調した外観と屋内を一つの空間としてとらえたもので、壁で区切らずに調度などで緩やかに分けることを特徴とした。ライトのこうした発想の背景には、一八九三年のシカゴ万博で見た日本館や、一九〇五年に来日してふれた日本建築への傾倒が多分にある。[★09]

後にライトの助手として来日するレーモンドは、一九〇九年プラハ工科大学の学生時代にライトの作品集を見て衝撃を受ける。「小部屋を破り、平面を解放し、空間を流れさせ、建物に人間の尺度を与え、自然と調和させた。すべてがロマンチックで、しかも刺激的、その上独創的であって、息をする間もなかった」と。彼はこれを「建物の原則」ととらえた。★10

❖——高さを抑え水平に伸びるデザイン

レーモンド設計の寮や体育館には、ライト風が色濃く反映されている。ライト風のひとつは高さを抑えていること。校舎群はすべて二階建てを基調とし、その中で寮の塔と、図書館の中央部とチャペルの塔が、ほどよく突出してリズムを作っている。

高さを抑える工夫は水平に伸びやかな外観を導きだす。例えば寮の二階の軒下に設置された鉄筋コンクリートの庇が窓と非常に接近している。通常窓の上に梁があって軒や庇がくるが、窓の上にいきなり深い庇が

❶——東寮正面玄関。水平を強調するコンクリートの庇もライト風。

❷——東寮の壁に見られるチェコ・キュビズム。六角形の柱(左)は二つの稜線、五角形の方立(右)は一つの稜線が浮き出ている。

出ている。「こういうデザインはありそうで、ない」と建築構造学の西澤英和氏（京都大学講師）は言う。[★11]

✣世界に稀少なチェコ・キュビズム建築

寮と体育館には注目すべきレーモンドの特徴がある。壁を飾るチェコ・キュビズムである。それは、多角形の柱を用いたり、壁や窓、内装などに角錐体の凹凸や多角形のデザインを施したりする手法で、シャープな稜線の陰影が品位ある美を生む。

寮には、柱（建物を支える）と方立《ほうだて》（窓枠などを部分的に支える）に多角柱が使われている。柱は六角柱で二つの角の稜線が外壁から浮き出るように配置され、方立は五角柱で頂点の一角の稜線が浮き出ている。柱と方立は個室の並びに沿って交互に配置されるので、外壁には柱の二つの稜線と、方立の一つの稜線が交互に並んで浮き出る。[★12]その稜線がつくる陰影が、外壁にリズミカルな縦縞模様を生みだす。中庭に向かって半円形に張り出したパーラーの外壁にも同様の意匠がほどこされ、太陽光線の角度で美しく変容する（→口絵F3—❷）。

チェコ・キュビズムの建築は稀少である。キュビズム建築はチェコにしか見られなかったうえ、[★13]第一次世界大戦後のチェコスロバキア共和国の成立を経て、十数年という短い流行で終わった。レーモンドはキュビズム建築が流行する直前の一九一〇年に渡米したが、第一次世界大戦にアメリカ軍兵士としてヨーロッパへ従軍。大戦終結直後の一八年一一月に連合軍の一員としてチェコ入りした。[★14]恐らくこの時にチェコのキュビズム建築を見ている。このレーモンドの手によって、チェコで消滅しつつあるときに東京女子大学の寮と体育館が造られ、そして二一世紀初めまで、稀少なチェコ・キュビズム建築として日本に存在したのであった。

考え抜かれた耐震構造

✣関東大震災を耐えた建築

起工から一年三カ月余り経った一九二三年七月二五日に、空中撮影された寮の写真がある（→口絵F1—❶）。この写真を見た西澤英和氏は、「建物はほぼ完成して、屋根には木造の下地ができている。撮影時期は七月下旬だから、恐らく梅雨前に野地板を葺いて雨が入らないようにしておき、梅雨が明け天気が安定してきた頃、一挙に屋根を葺いたはず。八月末頃には屋根瓦も葺き終わり、この建物に最大荷重がかかった状態で地震を受けたのだろう」[★15]と推察する。

「地震」とは、一九二三年九月一日の関東大震災である。寮は構造的に完成した状態で大地震に見舞われたが、「寄宿舎の個室や食堂をつなぐ暖房機械と水槽など、厨房の中心施設に軽い被害があった」だけだったと、レーモンドは語っている。[★16]また大学史にも「堅牢なコンクリート建築である為、地震に対して相当よく持ちこたえることができた」とある。[★17]

関東大震災は、ほんの数秒の間に本震二カ所（小田原M七・九、三浦M七・九）、余震二カ所（東京湾M七・二、山梨M七・三）が連動して起きた巨大直下型地震であった。その後も半年にわたり余震が続き、またこの前後に周辺でも大きな地震が連発している。ちなみにこの地震のエネルギー放出量を阪神淡路大震災（一九九五年）と比較すれば、実に一四・二倍という試算になる。西澤氏は言う、「これだけの大地震に耐えた建物の耐震性について、言いがかりをつけても仕方がない。構造家にとって、この建物は耐震建築の模範みたいなものです」[★18]。

✣——構造に軽さを求める

耐震構造としては柱や梁を太くして、筋交いや耐震壁などで構造を緊密に固定する、いわゆる剛構造になるのが普通である。しかしレーモンドは逆に、構造は剛にすると必然的に建物は重くなる、むしろ可能な限り軽くすべきだと考えていた。[★19]構造を軽くすることで、地震から受ける力をできるだけ小さく抑える効果を狙っていた。これは九棟すべてに共通している。

✣——木造瓦葺き屋根と細い柱とコンクリートの床

屋根構造を木造にした理由の一つもその「軽さ」にある。木造瓦葺きなら一平方米当たり八〇～九〇キロの重さで収まるが、屋根を鉄筋コンクリートにして防水処理や瓦葺きをすると五〇〇～六〇〇キロにもなるという[★20]。上部が重ければ梁や柱にかかる力が大きく、不安定になるが、上が軽いということは地震に対して有効にはたらく。

現在の基準に照らせば確かに寮の鉄筋コンクリートの柱は比較的細いが、それが軽やかな建築デザインを生んでいる。構造と一体化したこのデザインは、独特で手が込んでいて、構造を知り尽くした者でなければできないと言われる[★21]。

さらに寮は、一階と二階の床をコンクリートにしている。当時の鉄筋コンクリート建築は、一階の床を木造にするのが普通であったが、それをコンクリートにすることにより、建物を支える骨組み（構造体）の一つとなって、鉄筋の柱をがっちりと固める役割を果たす。二階の床のコンクリートも含めて二枚のコンクリートが、柱と一体になって建物を支える。この構造が細い柱を可能にしているという[★22]。

先駆的機能を備えた寮の塔（通称エントツ）

❖堂々たる白い造形

東西二寮の中心に、ぬきん出てそびえる白い塔（→口絵F4―❹）。二階建ての高さを基調とした校舎群の中で、塔はどこから眺めてもその姿を認めることができた。真ん中に排気口としての煙突があり、そのまわりに八本の柱が伸びて、煙突の外周を八角形に包むコンクリートの塔が形成されている。塔の壁には柱の稜線がシャープに浮き出て、ここにもチェコ・キュビズムの装飾が見られる。その堂々たる外観は「塔」と呼ぶにふさわしい風格を備えていたが、寮生たちは親しみをこめて「エントツ」と呼んだ。

前述したように塔には厨房が入り、電気、ガス、水道、ボイラーなどが集中的に配備されていた。これらの設備はすべて寮の本格的煙突機能を中心に、周囲に広がる八角形の空間に置かれた。これらの部屋も食堂棟や寮舎と同じく二階建てで、さらに地下室があった。

✣――一階厨房と食堂棟

その部屋の一階は二〇〇人の寮生の胃袋を満たす厨房で、大きな鍋釜・オーブンなどを備えていた。厨房の左右には東寮・西寮の食堂が接続して、料理は効率的に食卓へと運ばれる。ふだんの食事は東西各寮それぞれの食堂で摂ったが、大学の専攻別に教授や通学生も交えて催されたコース会などは食堂棟の二階の集会室が使われた。その場合は、一階からお茶などを運びあげるのに、厨房と食堂棟の出入り口付近に設置されたダムウェイター（リフト）が大いに活躍した。

✣――地下ボイラー室と二階のガス台、アイロン台、音楽室も

エントツは胃袋だけでなく、生活機能の中枢部をも担った。地下には巨大なボイラーが、冬は全館の集中暖房を引き受け、とりわけ入浴日にはうなりをあげて働いた。そのとなりに寮生用のコンクリート製の洗濯槽がずらりと並び、干場も一部は地下だった。洗濯機の無い時代には洗濯板が水槽ごとに置かれ、洗い場はにぎやかにおしゃべりがはずんだ。ゴミ類の焼却炉もあり、生活の末端処理一切を引き受けていた。

二階部分にはアイロン台があって休日の外出前にはにぎわったし、コイン式ガスメーター付のガス台やニクロム線の電熱器も設置され、友人とのお茶を楽しむときなどヤカンやポットを抱えて順番待ちをし、コーヒーの匂いも漂った。

のちに寮生がマンドリンなど楽器を持ち込むようになって、練習の音が迷惑にならない部屋として、隔離された二階が利用された時代もあり、活用は広がった。

このように塔には最新の設備が整い、大正期の日本における最先端の機能を備えていたと考えられる。思えば生活史研究の第一級の資料でもあった。

体育館の魅力

その名も体育兼社交館

✣「品格ある社会性」涵養の場

一九二四年六月に新校舎の献堂式が行われた。体育館は九月竣工をめざして建築中であったが、ライシャワーは理事会を代表して、第二代学長に就任する安井に新校舎の鍵を手渡した。その「校印及び鍵の交付」の辞で彼は次のように述べた。「ここに在ります此の鍵は、体育兼社交館を開扉するものでありまして、之をお渡しするに当って、近代教育における体育の重要性と品格ある社会性の涵養とを充分に御理解になる事と信ずる次第であります★23」。

ここで言う「体育兼社交館」という命名は、この建物の多彩な使われ方を表すにふさわしい。

✣式典や祈りの空間として

一九三八年にチャペル・講堂が竣工するまでの一四年間、全学が一堂に会する場は体育館のみだった。卒業・入学式を含むすべての式典は体育館で行われた。大学の公式の表舞台として学内外から多くの人々を迎えたが、体育館らしからぬ端正な瓦屋根で、両翼に教室棟を持つ優雅な佇まい、正面玄関の上には二本の旗竿を立て、「大学の顔」たる風格を備えていた。

週に一度の全学礼拝も体育館で行われ、毎朝の礼拝や日曜礼拝にも体育館を使うことがあった★24。学生ＹＷＣＡの部室も当初は体育館の教室棟の二階にあり★25、近所の子どもたちを集めた日曜学校が一階の教室棟で行われた時期もある★26。宗教的祈りに満ちた空間でもあった。

体育を「身体活動を通じて精神的に最善の自己の実現をめざす」全人教育として重視していた東京女子大学では、創建以来すべての学生がこの体育館で、球技に体操にダンスにレクリエーションにと、多彩な授業に汗を流した記憶をもつ。それは床板の感触や身体をつつむ光や音や風といった体感を伴う記憶である。[★27] 朝に夕に土日もフル稼働する体育館には、部活動の学生たちの声が溢れ、その躍動する姿がガラス窓に映っていた。

記憶は、しかし晴れやかな式典や楽しい催しばかりではない。戦時下には学徒勤労動員の場として、一九四四年六月から敗戦まで岡田乾電池の工場に転用された歴史もある。[★28] フロアには乾電池作りの作業台が並べられた。教室棟の部屋も同様に、作業場となった。[★29] 勤労動員された学生は体育館に通って働いた。しかし、そん

❶──迷彩を施された体育館
(一九四六年ごろ撮影)
[提供　大熊禮子]

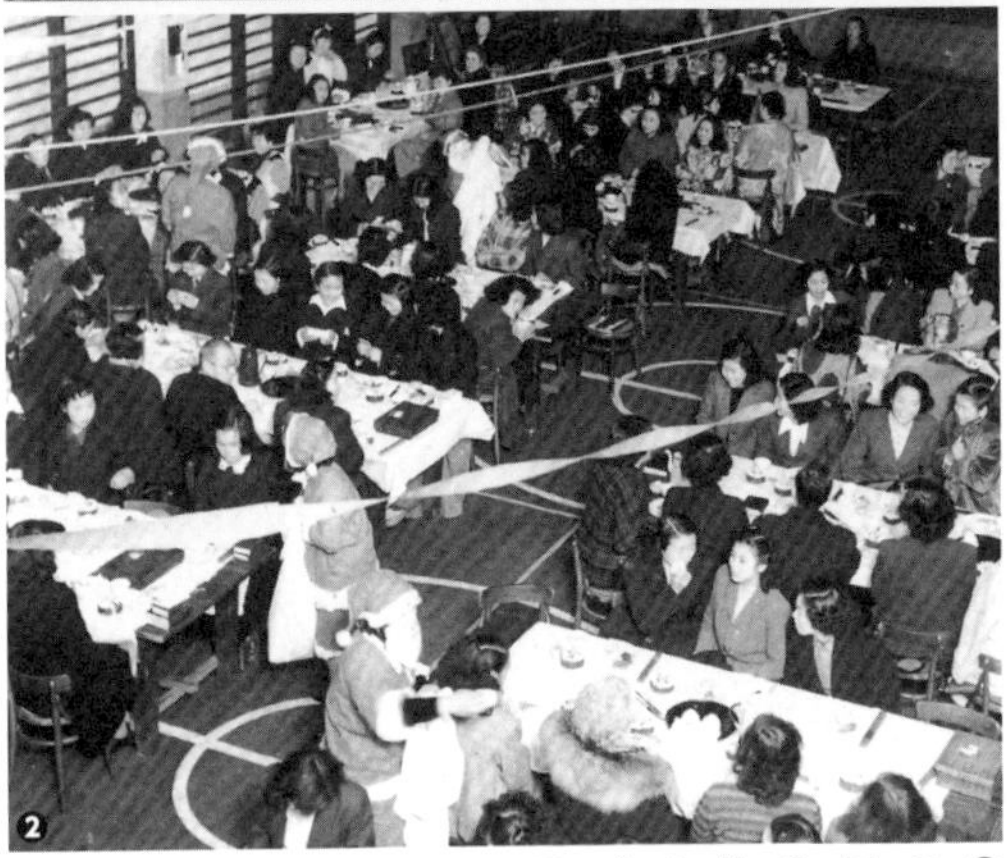

❷──一九五三年一二月六日、
体育館での寮のクリスマス会食。
サンタに扮した寮生が
プレゼントを配っている。
[提供　福澤諒子]

な日々にも「社交館」の機能は失われず、作業の合間にフロアの作業台を少し隅に寄せて座る場所を作り、ステージを使って学生に戻って劇や歌などを楽しんだ。★30

一九四五年一月には東校舎に中島飛行機工場が入った。それをきっかけに、米軍機の空襲を避けるという理由で、すべての校舎に迷彩が施された。★31 もちろん体育館と寮も免れず、白い壁をコールタールで黒く塗り分けられた。その頃の悲しい姿が写真に残っている(→前頁❶)。

✣寮とのつながり

一九五〇年代頃までの寮生には、体育館に親しみをもつ者が多かった。位置的にも近い上に、東西の全寮生が一堂に集まる催しは体育館で行われることが多く、寮とのつながりが意識されていた。寮の卒業生送別会や新入生歓迎会ではフロアに食堂の重いテーブルや椅子を運び込んで会食し、またステージを使って演劇等を催すこともしばしばあった。★32

戦後は学生数の増加により入寮希望者が増え、一九五一年には北寮、六〇年に鉄筋コンクリートの茜寮が建てられ、続いて六四年に北寮を木造から鉄筋コンクリート三階建てに建て直した。★33 寮舎の増設で寮生が大幅に増加すると、体育館のフロアでも全寮生の集まりは叶わなくなり、また各寮間のつながりも次第に稀薄になった。こうした環境や意識の変化により、寮と体育館のつながりもまた薄れていった。

なお、建物の外壁にチェコ・キュビズムの特徴が見られる。両側の教室棟の窓の間に五角形の柱がのび、その頂点の稜線が突き出て縦縞の陰影をつくっている。

体育館らしからぬ魅力はどこから来るのか

「長い歴史を感じさせ、趣があり、そして『何となく体育館らしくない』柔らかい線を持つ」★34 体育館——。確かに低層で瓦屋根の洋館風の外観は、一般的な体育館のイメージから外れる。しかしこうした体育館らしからぬ外観も、実はしごく合理的な形であり、この「体育館の純粋な形は構造から導かれたものであった」[★35]。

✣――フロアを下げた効果

正面玄関で三段のステップを上がって体育館の中へ入ると、エントランスを兼ねた通路になる。フロアはその通路よりステップ三段分（六〇センチ）下げられて広がっている。フロアを下げることは、建物の高さを抑え

❶――通路よりステップを三段下がってフロア（右手）が広がる。

❷――一九五〇年六月九日、雨天のためプレイデーを体育館で行う。フロアのフォークダンスに通路からの視線が集まる。［提供　福澤諒子］

❸――二〇〇九年三月一四日、旧体シンポジウム（→一三七頁）。パネリストと参加者が一体となるフロア。二階にも聞き入る参加者の姿がある。

ることになる。体育館の屋根は、両翼の二階建ての教室棟の屋根と同じ高さにそろい、九棟の高さの基調から突出しない。フロアを下げて、屋根の高さを抑えながら、天井の高さを確保したのである。

フロアを下げて通路を回廊状に三方をぐるりと囲んだことによって、[36]下から見上げても、上から見下ろしても「見る・見られる」という視覚的効果が生まれる。[37]目的に応じて劇場にも会議場にも早変わりして「社交館」の役割を果たせるデザインだった。

「見る・見られる」視線の交錯

例えば、球技の試合、あるいはダンスなどのパフォーマンスを行えば、六〇センチ高い三方の通路は観客席となってフロアに視線が向かう。逆に、通路の一角をステージとして演劇を行えば、フロアが客席になる。こうした視線の先は六〇センチの枠に留まらない。二階の談話室や窓もまた、舞台装置として活用できる。一方、東側と西側の二階を見比べれば、双方のデザインは同じではない。眺めても面白いこの変化が、舞台演出の工夫を引き出す。二階から見下ろせば、劇場の二階席のような視界が広がるし、誰かがフロアからこちらを見上げる視線を意識すれば、シェイクスピア劇のジュリエットでも演じようかという気分にもなる。

授業や部活動で旧体育館を使いながら、旧体育館研究に取り組んだ学生たちは、こうした旧体独特の「見る・見られる」構造を体感しつつ、ここが自己表現やコミュニケーション能力を育成し、洗練する場であり、創立者たちのめざした「全人教育」の理想が息づくことに気づいた。[38]

また、ステージと客席をともにフロアの中に設けると、六〇センチの段差は外界との遮断になる。エントランスから三段下がることで、場の内側に入った感覚が生まれる。集う人々の視線はフロアの中に集中し、前に立つ者にも見る者にも、同じ場を共有する一体感が生まれ、親睦や話し合いの内容がいっそう深まる。

劇場空間として

体育館の図面には、フロアの東側の通路部分に「ステージ」という設計者の書き込みがある。そこだけにフローリングが施されている。この中央のステージ部分だけでなく、周囲も、柱の左右や二階まで含めて、全体が舞台装置のような造りになっている（→本頁❶・❷、口絵F6—❸）。

この造りを三沢浩氏（建築家、レーモンド研究者）は「ガリック劇場の雛形」と言う。[★39] ガリック劇場とはニューヨークのブロードウェイにあった古い劇場で、在米していたフランス人演劇家ジャック・コポーが、パリの劇場で演じる古典劇をそのままブロードウェイで上演することを望み、一九一七年レーモンドに改装を依頼した。その演劇観に共鳴したレーモンドは、大幅に舞台を造り変えた。[★40] レーモンドは「私の処女作品はガリック劇場である」と三沢氏に語ったという。そのデザインを体育館のステージに応用したとも考えられる。

✣——東西のステージ、自由自在の演出

いつの頃からか、ステージの前にバスケットのゴールが設置された。ここをステージとして利用することが少なくなったのだろう。しかしかつては——大講堂ができた後でも——盛んに劇が上演された。ステージと対面する西側のスペース（フローリングなし）も併せて舞台として使われたという。劇の一場を東側のステージで開け、二場は西側のスペースを舞台とし、また三場は東側のステージに戻る。舞台装置の入れ替えが効率的

❶——体育館のステージ。フロアの東側。
❷——ステージの部分はフローリングされている。

で、フロアの観客は場が替わるごとに向きを変えながら、テンポよく進行する舞台を楽しんだ。

学生サークルによるエピソードもさまざまある。かつてシェイクスピア研究会が「ハムレット」を上演した時には、演技に必要なフェンシングの練習にフロア北側に設置された肋木を(→五一頁❶)使った。本番のステージでその剣技を披露すると、フロアの観客たちは驚嘆して大いに湧いたという。

❖音響効果のすばらしさ

劇場には視覚的なことだけでなく、音響の効果も大切である。体育館では「肉声でも、マイクを使っても、非常によく声が聞き取れる」。こう指摘するのは東京大学身体運動科学元教員。マイクを使って話をすると室内に響いて聞き取れない体育館が多いのに、「音がこれほどきちんと聞き取れるのはすごいこと」と言う[★41]。同様に、旧体で長く活動を続けてきたサークルのひとつ、競技ダンス部OGも「旧体は広くて天井が高いにもかかわらず、音の反響がなく、すっきりと音楽が聞き取れて踊りやすかった」と話す(→資料187)。

これは体育館の構造による効果なのだろう。「音」に関して、先のガリック劇場にまつわるエピソードがある。ジャック・コポーは床を踏みならすような演出をせず、すべて声で表現する考えであった。レーモンドはその意を受けて、ステージをセメント床にした。こうして床の反響を除き「俳優が声を出す以外にない」ステージに造ったという[★42]。体育館もフロアの周囲はセメント床で、ステージ部分は木のフローリングだが、その下はコンクリートである。コポーの注文に応えるため、俳優自身の声と身体による表現を重視した劇場造りのノウハウは、体育館にも生かされたのではないだろうか。

身を置いてわかるレーモンド空間の心地よさ

❖体育教員の実感

一九七四年に体育館の北側に隣接して新体育館が竣工した。以降、レーモンドの体育館は、「旧体育館」ある

COLUMN——●表現意欲を育て受け止める場

体育兼社交館は、ユニークな構造に触発されるように、体育や社交の体験の場としてはもちろん、他にもさまざまな用途に活用された。作家近藤富枝氏は同期の瀬戸内寂聴氏らと共演した岡本綺堂作「修善寺物語」を懐かしむ。体育館のフロア部分に椅子を並べて客席とし、東と西の舞台を存分に使い、学生有志によって演じられた。すばやく場面転換をするため、学生は二階外のテラスを衣装のまま走って移動し、観客はその間に椅子の向きを変えて次の場面を待ち受ける。自由な発想で溌剌と伸びやかに演じたこの芝居は、見る人を新しい演出で魅了し今も語り継がれている。

他にも奇抜でウィットあふれる寸劇、独唱、ピアノ演奏など学生たちの表現意欲にこたえ、多彩なパフォーマンスの場として愛された。また女子の社交教育の一環として戦後は男子学生を招いてのダンスパーティ、授業のなかでも内海千江教授による正統派社交ダンスのレッスンがあり、格調高いステップが教えられた。

また東西のステージをつなぐ南側の長い回廊に面した中央玄関から外に出ると、右斜め前に低い樹木等を背景に野外ステージがあり、その前面には芝生のスロープが広がって、くつろげる観客席だった。ライシャワー夫人が初期工事の残土利用でこの演劇空間の造成を勧めたという。ここはプレイデーの夜に赤々と焚き火を燃やし、学生がシェイクスピア劇や歌舞伎等を演じたが、今はそれらすべてが消え失せた。

いは「旧体」と呼ばれるようになった。三五年にわたって新・旧二つの体育館を使い続けてきた健康・運動科学研究室の教授たちは、酷寒・酷暑の時、あるいはジメジメしている時には、いつも旧体育館で授業をしたいと思ったという。厳しい条件も軽くなるから。非常勤講師たちもまた、旧体の使い心地のよさを認め、「落ち着きを感じる」と言う。[★43]

楢材の床

なぜ使い心地がよいのか。ひとつには床の踏み心地がある。前述の競技ダンス部OGも「ダンスをする時に求められる床の感触は、適度な滑り具合であること、そして適度な弾力性があることだが、旧体のフロアはいずれも理想的で非常に踊りやすいフロアだった」と評価する（→資料187）。なお、旧体の平面図にはフローリングに関する書き込みがあり、フロアは「ダブル・オーク」（オークは楢材で、二枚重ね）となっている。

光と風

旧体を心地よい空間にするさらに大きな要因は、自然条件の上手な採り入れ方にあった。レーモンドは「日本建築の根本原則」を旧体育館に援用した。日本の住宅は南向きで、南側には壁を設けず、引き戸や窓でほぼ完全に開放される。南風の吹く夏はそこから涼しい風が入り、冬の北風は壁で遮りつつ、南側の窓から暖かい日差しをふんだんに採り込む。また北側の壁には通気口の窓を設けて風通しをよくし、ジメジメする湿気を放出する。[★44]旧体も同じく南向きで、南側は柱と梁以外はすべてガラス窓で占められ、正面玄関の扉もガラス。北側は壁になっているが、上部には窓を設け、南北の窓を開ければ十分に風が流れる。[★45]

五つの暖炉

旧体の設計図を見ると、両翼の教室棟の部屋のうち事務室、応接室、三つのクラブルームの五室には暖炉が備えつけてあった。またキッチンには暖炉式のレンジが設置されていた。部屋の使われ方は必ずしも設計図通りではなかったが、暖炉には燃やした跡があるので暖かい炎を囲む集いがあったのだろう。近年はトレーニング室や視聴覚室など、体育の授業や健康・運動科学研究室の活動に沿った使われ方をしており、暖炉を使うことは絶えてなかった。しかし、解体直前の二〇〇九年五月五日、この暖炉に火を入れると、半世紀もの間使われなかったとは思えない快適さで美しく燃えた（→口絵F7—❶、一四六頁および一四七頁コラム参照）。

暖炉研究・設計の第一人者奥村昭雄氏は、旧体の暖炉を「すぐに火が点く、煙が戻って来ない、暖かい、燃える火の形がいい、完全燃焼する」と絶賛した。[★46] その仕掛けは、燃焼のための空気の採り入れ口を火床の奥に設けたことにあり、これが暖炉の伝統をもつ欧米のノウハウだという。ライトが設計した自由学園の明日館の暖炉にも、同じように火床の奥に空気穴があるという。[★47]

❶——フロアの北側の壁には肋木、上部は窓。
❷——体育館の五つの暖炉のうちの一つ。五つの暖炉のデザインは少しずつ異なる。
❸——体育館のテラスに設けられたコンクリート製の花鉢。

✣——テラスと花鉢

旧体育館の二階にはテラスがある。一階のエントランスを兼ねた通路の上階がテラスになっていて、東西の教室棟をつなぐ二階の屋外通路でもある。ここから体育館前の桜を見下ろすには絶好のアングルであった。

その手すりには、コンクリート製の大きな花鉢が二つ造り付けられていた。ライト風の意匠で、同様の花鉢は外国人教師館の玄関庇の上にも設置されている。ここに水を張って花を投げ入れるといっそう華やいだ雰囲気になった（→口絵F5―❷、一四九頁コラム）。

耐震構造の合理性とその技術

✣——耐震性の証明

体育館は寮より半年遅れの竣工だが、関東大震災が起きた時点では、まだ工事の途中であった。レーモンドは「無傷で建っていた」と書いている。[★48] 寮ほど完全な耐震証明にはならないが、すでにある程度建ち上がっていて、大震災の揺れに耐えたと言える。また二〇〇八年一〇月に構造の専門家による耐震診断書が大学に提出されている（→資料178）。その詳細は後述するが（→一四〇頁）、この診断によって構造の耐震性は確認された。

✣——教室棟によるダブルコア

体育館の課題は「フロアの大空間をどうやって支えるか」にあり、その答えがフロア両翼の教室棟であった。堅牢な鉄筋コンクリート造の二階建てを両側に配して、それがフロアの大空間を東西からがっちりと支えるコアになる。また床を下げて建物の高さを抑えたことも、耐震効果につながっている。低い方が振動に対する安定性が高い。体育館の図面を見た西澤英和氏は、建築構造学の立場から耐震構造の合理性を絶賛し、こうした技術は徹底的に学んで我がものとすべきだと語っている。[★49]

✣——アーチ型の天井と屋根

フロアの南北には六本の柱が等間隔に立ち、アーチ型に梁がつないでいる(→口絵F6—❶)。天井はアーチ型の構造のように見えるが、その上には小屋組み(屋根を支える構造)が隠されている。天井に突きあたった鉄筋コンクリートの梁は、そのまま天井の上へ伸びて小屋組みを構成する。[★50]この小屋組みにも慎重な耐震設計が施され、屋根の中央から梁に向かって束《つか》(垂直な支え)を立てた丈夫な構造になっていて、これを「家叉首《いのこさす》」という。[★51]下の写真は、見るにしのびない痛々しい姿ではあるが、解体中のフロアの屋根の部分を見ると、「家叉首」の構造がよくわかる。

等間隔に並ぶ六つのアーチはリズミカルで、アーチ型の天井はおしゃれな雰囲気をかもし出すが、この形もまた耐震構造に導かれたものである。

✣——天井に走る三本のパイプとテラス

また天井には梁を貫いて、東西の壁に三本のパイプが渡されている。地震を受けた場合、このパイプがフロア部分の揺れを両翼の硬い構造体(教室棟)に伝えて、揺れを抑える効果がある。旧体の耐震診断をした松嶋哲

◉——二〇〇九年六月二五日、解体中の体育館のフロアの屋根の部分。鉄筋コンクリートの柱と梁の形、家叉首の小屋組みがわかる。

『氏（建築構造専門家）も、フロア部分の屋根板と併せて、このパイプに注目している。★52

耐震性の工夫はまだある。両翼の教室棟をつなぐテラスは気持ちのよい憩いの場であり、便利な通路でもあるが、これも耐震の備えの一つだという。テラスのコンクリートがフロア部分の揺れを両翼に伝えて衝撃を分散する役割を担い、天井に渡されたパイプと同様に、フロア部分の揺れ止めになっている。また体育館の軒下には、寮と同じように鉄筋コンクリートの庇がある。水平ラインを強調するライト風デザインのひとつだが、この硬い庇もまたテラスの床とともに、地震の揺れによる建物の歪みを抑え、揺れを両翼に逃がすはたらきをする。★53

体育館の魅力や特徴を見ていくと、いずれもその構造と密接に結びつき、体育館の形そのものが、多様な用途や使い心地のよさ、耐震性を生みだしていることがわかる。これがレーモンドの「構造に導かれた純粋な形」という意味であろう。

第二章

「東女レーモンドの会」が生まれるまで

キャンパス整備の歴史と西寮の解体

レーモンドの善福寺キャンパス創建は九棟目のチャペル・講堂の竣工（一九三八年）により完成した。「第二次世界大戦まで、ライシャワー博士によって［キャンパス・デザインは］厳格に守られていた。しかし戦後、学校の指導者が日本人となり、基本計画と関係なく、建物が敷地いっぱいに散らばってしまった」とレーモンド自身が『自伝』で嘆いているように、[★01]善福寺キャンパスでは、学生数の増加に伴ってレーモンドの九棟間の空き地を埋めるように増築が繰り返されてきた。東寮・体育館が「九〇・一〇〇周年記念キャンパス整備計画」の一環として取り壊されるにいたった前史として、このキャンパス変容の過程で起きた二つの出来事——西寮の解体と牟礼キャンパスの売却——について、振り返っておこう。

✣——学生数の増加と記念建設事業

一九一八年に学生八四名で出発した東京女子大学は、三〇年後の四八年に新制大学へ切り替わるころには約一〇〇〇名を擁していた。その二年後に短大を併設して漸増していき、六〇年代半ばには二〇〇〇名に近づく。[★02]六五年に三鷹市牟礼の東京神学大学跡地を購入して、翌年短期大学部を移し、「五〇周年（一九六八年）事業」として牟礼に学寮や校舎の建設など整備を行うとともに、善福寺に事務棟・教室棟・研究棟の三館を新築した。それから一〇年、善福寺の学生数は二六〇〇名へ、牟礼のそれは一一〇〇名へと急増し、「六〇周年（一九七八年）記念建築事業」では、善福寺にも牟礼にも数棟の新築（八四年三月竣工）のほか既設建物の補修・改修が行われた。

これ以降の一〇年間は学生数に変化はなかったが、八八年に短大が四年制の現代文化学部に改組され、続く一〇年間で善福寺三〇〇〇名、牟礼一二〇〇名余へと微増していく。九二年にキャンパス統合案が浮上、九七年三月に現代文化学部一二〇〇名余を善福寺に迎え入れるために「八〇周年（一九九八年）記念事業」として大規模な善福寺キャンパス再開発が実施された。学生に親しまれていた野外ステージもスロープも万葉園もシェイクスピアガーデンも削られ、新図書館棟や学生ホール、八号館（研究室棟）・九号館（教室棟）の三〇メートル級を含む高層の建物が現出した。

この「八〇周年記念事業」で善福寺キャンパスの四千人体制は整った。それ以降、今日まで学生数にほとんど変化はない。「九〇・一〇〇周年キャンパス整備計画」を遂行している今の大学理事会も、二一世紀の今後も「四千人規模を保ちたい」という考えを言明している（→資料116）。

なお、これまでの記念建設事業では、当時の理事長・学長は企業を回るなどして寄付を集めており、その様子や成果（寄付一覧）は『学報』に詳しく報告されていた。今回の九〇・一〇〇周年記念建設事業には牟礼売却金を充てているためであろうか、そういった報告は見あたらない。

✣ 東西寮の閉寮と西寮の解体

戦後のキャンパス整備の過程で、東西二寮で始まった寮の歴史にも変化が起きた。一九六〇年代に入って東西寮の北側に茜寮・北寮が新築され、八〇年に、東西寮の閉寮（八四年三月）とそれに代わる楓寮（鉄筋コンクリート四階建ての個室寮）の建設が決定された。閉寮の理由は、「学生の背丈に合わなくなった」「建物の耐用年数の限度を迎えている」などというものであった。[★03]

東西寮はともに閉寮後に解体される計画であったが、当時の隅谷三喜男学長は、日本で最初のコンクリート造の個室寮という歴史的な価値を考慮して、東西寮のいずれかと塔を残し、建築専門家の助言を受けて、残した寮舎を部室棟にリニューアルすることにした。[★04] 予定通り一九八四年に西寮が解体されたが、なぜ西寮だったのかは記録にない。西寮解体は、東京女子大が九棟としてトータルデザインされたレーモンド建築の一つに、初めて手をかけた出来事であったが、反対の声はあがらなかった。西寮出身者でも知らなかった人が大半だったという。近代建築の保存という思潮が一般的に希薄な時代でもあった。

COLUMN——●西寮の解体——現場に佇ちつくして

名古則子（元東寮寮監）

一九八四年、西寮の解体が始まって二日目。どうしても寮の最期を見届けたいと現場に立った。既に半壊状態で、一部、二階が残された部分があった。私はそこに妙な光景を見た。通常二階を支える陸梁《ろくはり》の補強には頬杖が使われるものだが、ここではブリキのナマコ板が使われていた。ナマコ板の波型の縦線に直角に逆らって、アーチ型に曲げたものだ。半径二尺位、九〇度の円弧の曲線である。恐らく素手で叩き続けて加工したのだろう。決してなめらかな曲線とは言えないが、重厚な曲線である。大変な労力と時間を要したであろう。

当時としては稀なコンクリート建てを請負った大工さん達が、セメントがべったりと乗る二階の床の重量をどう支えようかと考えた末の工夫だろう。こうした工夫はこれに限らず各所にあったに違いない。当時の従事者の矜持と気負がこめられていた筈だ。手作りの時代の心意気を蓄えた建物だった。コンクリートの瓦礫を前に、私は佇ちつくしていた。

✣ 部室棟として活かされた東寮

かつて東西の寮舎は塔を中心に白鳥が翼を広げたような形で連なっていた。しかし六〇年後の一九八四年に西寮部分は解体され、テニスコートや学生ホールになり、塔と東寮は片翼を失った姿で残された。当時西寮出身の卒業生は、東寮が残されるならばやむを得ないと考える人が多かったという。また在寮の学生は入寮の際、新築予定の寮に途中で移ることを承知して入寮手続きをとっているので、解体に疑問を抱かずに引っ越している。

その後東寮は学生の部室棟としてリニューアルされ、二階パーラーは学友会室、一階パーラーはピアノのある談話室となり、個室は仕切り壁を打ち抜かれて広い部室に改造された。大切な住処として当番が丁寧に毎日掃除をしていた寮時代とは違って、部室の使われ方は、かつての寮生たちの目には痛々しく映る状態になった。しかしレーモンドの手になる躯体や意匠はほこりをかぶりながらそのまま残っており、寮生たちを育んだ歴史の跡や手触りが、部活にいそしむ学生たちを包んでいた。

✣ 登録有形文化財の申請

高度成長期の「スクラップ＆ビルド」思潮が蔓延していた日本において、近代建築に対して歴史的価値を認めるようになったのは古い話ではない。二〇世紀近代建築の歴史的・文化的重要性を認識し、その成果を記録するとともに、それにかかわる現存建物・環境の保存を訴える国際組織DOCOMOMO（Documentation and Conservation of buildings, sites and neighborhoods of Modern Movement：設立1988）の日本支部DOCOMOMO（以下、DOCOMOMOと略）の設立は二〇〇〇年、八四年の西寮解体の一五年以上も後である。

一九九三年には、本館、東校舎、西校舎、チャペル・講堂の前庭を囲む四棟のレーモンド建築に対し、ロングライフビル推進協会より第二回ベルカ賞が受与された。歴史的な建築物を良好に維持保存使用していることを賞するものである。さらに九五年には東京都から歴史的建造物の指定も受けた。★05

COLUMN
● 東寮の銘板

閉寮後の東西寮のうち残された東寮が、構造壁でない箇所の個室の仕切りを壊すなど一部を改装して学生のサークル活動の部室に使われた時期があった。白壁のレトロな外観はそのままだったが、内部の清掃など管理が十分とは言えず、出入りする学生は建物の由来などにはまったく無頓着な様子だった。心を痛めた昭和三〇年前後の東寮出身者らが、園遊会のバザーなどで資金集めをして銘板設置に熱心に動いた。最初は階段踊り場の壁面に掲げていたが、のちに外から見てもわかるようにと玄関前にコンクリートの台座を設け掲出した。「寝食をともにしつつ　学生らが考え　学び　笑い　悩んだ熱い青春の日々がここにあった　個を確立するための一人部屋　相互に高めあう場としてのパーラー等を備えた設計は　米人建築家A・レイモンド氏の手になるものである　東西二つの学寮は六十余年に及んだ使命を終えた　感謝と愛惜をこめてここにこれを記す　一九八八年一月　東寮卒業生有志」文章は藤原房子が起草した。★06

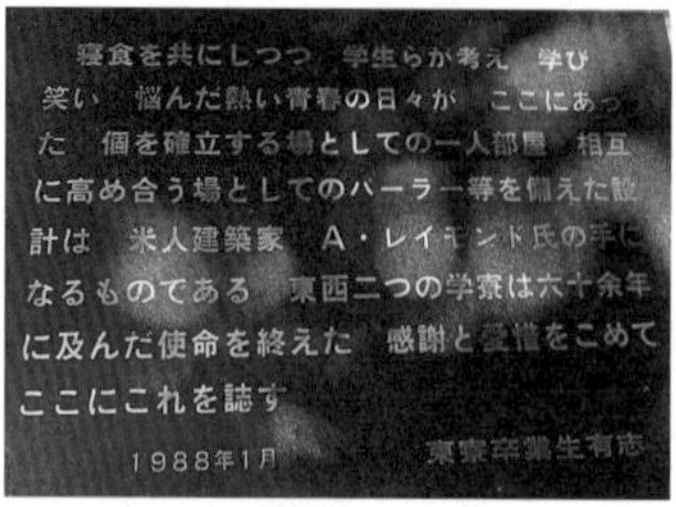

一九九六年に文化財保護法が改正されて文化財登録制度が創設されると、大学はレーモンド建築の登録を申請し、九八年九月に登録有形文化財に指定された。★07しかし大学が文化庁に申請したレーモンド建築は九棟のうち七棟だけで、東寮と体育館は外されていた。そのことに多くの卒業生は気づかずにいた。

それは牟礼キャンパスの売却から始まった

牟礼の跡地利用問題

牟礼キャンパスは一九六六年の発足当時は東京神学大学から継承したチャペルや寮やわずかな教室棟だけだったが、講義棟や図書館やテニスコートが新設され、次第に教育環境を整えていった。そして二〇年を経た八八年、短期大学部は四年制の現代文化学部に改組され[★08]、二つのキャンパスでの四年制二学部体制が発足した。

それから間もなく一九九二年、就任した速水優理事長のもと両キャンパス統合の方針が打ち出され、九七年、現代文化学部は善福寺に移転し、牟礼を去った[★09]。学生がいなくなった牟礼キャンパスをどう活用するのか、キャンパス統合以前から数次の「牟礼跡地利用」学内委員会がもたれ、検討が重ねられた。「牟礼は二一世紀に向けてキャリアディベロップメントセンターと国際交流センターに生まれ変わります」と『牟礼キャンパス事業計画』なるパンフレットが刊行されていた。

学内委員会から理事会マターに

しかし統合直後から二〇〇三年まで、牟礼校舎は三鷹市立小・中学校等の校舎建て替えの代替校舎として貸与され、その賃貸料が大きな収入をもたらしていた。そんな折、大学設置基準の規制緩和により、校地面積基準の引き下げが決定し、〇三年から実施されることになった。それまでの基準では、学生数に見合う校地面積として両キャンパスの保持が必要であったが、規制緩和により善福寺のみで問題ないことになった。収益が見込める事業案が学内委員会からあがってこないことに加えて、この規制緩和も背景になったであろう、牟礼キャンパス跡地の活用問題は、大学理事会の判断に委ねられ、理事会は、ディベロッパー最大手「三菱地所(株)に調査・研究および計画案づくりへの協力を依頼し」、同社と顧問契約を結んだ。〇四年五月に理事会が機関決定した三菱地所案は、牟礼校地の南側約三分の一に定期借地権付高層マンション二棟を建設するというものだった。[10]

マンション建設反対運動

牟礼キャンパス跡地にマンションが建設される計画を知った地域住民や自然保護・環境団体は、直ちに建設反対運動を始めた。二〇〇四年七月には四団体の連名によるチラシ「玉川上水に高層マンション？・」(→資料104)が周辺地域の各戸に配布された。

牟礼キャンパスは、京王電鉄井の頭公園駅から武蔵野の緑の中を歩いて一五分、オオタカやツグミやシジュウカラたちが生息する、樹木に覆われた玉川上水沿いに位置する。貴重な緑地であると同時に、玉川上水は国指定の史跡文化財でもある。構内は、ゆるやかな丘陵地に低い校舎が点在して、さくら、れんぎょう、こぶし、はぎなど、四季折々の花に彩られる。[11] この美しいキャンパスは学生や大学関係者のみならず、地域の人々にも親しみをもたれていた。

自然を大切に思う近隣住民にとって高層マンションの建設は受け容れ難く、また、マンション建設ラッシュで増加する児童・生徒を受け入れる学級数の不足に悩まされていた三鷹市も、建設規制のための市条例を制定した。これによってマンション建設は法的に不可能になった。

地元同窓生から同窓生グループTWOへ

マンション建設の話を耳にし、チラシも手にした地元に住む一卒業生は、事情を飲み込めないまま、この問題がこじれて大学が深く傷つくことを懼れ、所属する同窓生グループ「TWOキャリアネットワーク(以下TWOと略)」のメンバーに知らせ、いっしょに考えてほしいと願った。TWOは東京女子大学同窓会に登録する自主グループの一つで、職業や社会活動に携わる卒業生の親睦と情報交換を目的として活動している。その一会員である彼女は、できる限り情報を集め、知り得た事実をTWOのメーリングリストに送信し、会報のニューズレターに投稿した。[12]

ＴＷＯメンバーの反応は早かった。卒業してしまえば母校の事情に疎くなりがちだが、それでも「牟礼を東京女子大らしいやり方で活かしてほしい」という願いは、牟礼で学んだ短期大学部や現代文化学部出身者だけのものではない。多くの会員が、卒業生として何かできることはないかと、牟礼跡地活用の事業案に知恵を絞り、アイデアを出しあい、それらの事業にボランティアとして参画する意志も表明し、それをもって同窓会や大学へ働きかけをはじめた。

❖――大学・同窓会へのはたらきかけ

ＴＷＯメンバー数人は、大学事務局長桃井明男氏と同窓会会長高月三世子氏に連絡をとり、地域住民の動きを知らせたり、大学の考えを聞いたり、何度か直接会って話しあったりした。さらにＴＷＯメーリングリストやミーティングで討議したプランを「牟礼跡地利用案」にまとめ、同窓生有志の要望として高月会長に提出した。同窓会長は大学理事会構成メンバーである。大学理事一五名（監査二名を含む）は全員がクリスチャンであり、そのうち同窓生理事が半数近くを占めている。理事会に同窓生の声が届くことを期待したが、「利用案」が諮られることはなかった。

同年（二〇〇四年）九月二日には、ＴＷＯのニューズレター担当者三名による牟礼キャンパス問題に関する桃井事務局長インタビューが実現した。その中で事務局長は、牟礼跡地の活用案は採算が合うか否かが問題で、卒業生有志が提出したアイデアの事業をすることはたいへん難しいこと、すでに三鷹市と協議に入っているので静観してほしい等の、卒業生への要望を述べた。後日、桃井事務局長から連絡が入り、堀地史郎常務理事（牟礼担当）から「まだ公表していないことを一部の卒業生だけに知らせるのはよくない」と言われたとのことで、ＴＷＯニューズレターへの掲載を控えるよう求められた。やむを得ず面談内容の掲載は見送られ、ただ牟礼跡地問題の状況を伝える記事のみに留めた。

他方、この問題を知らずにいる多くの卒業生に情報を提供したいとの思いから、ひとりの会員が個人的に全国の同窓会支部長に手紙を出したが、これに対して高月会長から「同窓会が許可しないことをした」と抗議を受けた。また、東京女子大学維持協力会および同後援財団の要職にある同窓生や、かつて跡地利用委員会に招請されたことのある卒業生にも連絡したが、マンション建設のことなど牟礼の実情を知る者はほとんどなく、一様に事態の展開に驚いていた。

✣——牟礼キャンパス売却

大学が市と協議に入って以来、牟礼をめぐる情報は、地元の関係者にも卒業生にもいっさい入らなくなった。そして半年後の二〇〇五年三月、市当局は突然、三鷹市議会に牟礼校地の法政大学への売却決定を報告したのである(→資料113)。

その後、四月二五日発行の『学報』に、西惠三理事長の報告記事が掲載され、[★13]学内外の多くの関係者は初めて、牟礼が売却されることを知った。

同報告によると、牟礼キャンパスにマンションを建設する案は市の条例に抵触し、近隣に反対運動も起きたため、二〇〇四年九月から三鷹市と協議に入り、一一月末に「牟礼は学校・教育施設に活用する、周辺環境との調和を図る、資産価値の減少をもたらさない」という合意に達し、大学理事会はマンション建築計画を撤回し、牟礼校地は学校法人法政大学に売却された。この間の調整・交渉は「三菱地所社に努めてもらいました」とある。

さらに西理事長は「今後の展望」として、売却によって得られた資金を活用して「善福寺キャンパスの老朽化対策としての整備計画(大修繕、改築等)を早期に着手することも可能になります」と述べている。それが東寮・体育館二棟解体につながるとも知らず、この時点で私たちは、ただ失われた美しい牟礼キャンパスを惜しんでいた。西理事長はこのあと任期を残して退任した。

❖——突然の「牟礼お別れ感謝会」通知

この『学報』とほぼ時を同じくして、牟礼で学んだ卒業生（約一万人）に、牟礼「譲渡」による「お別れ感謝会」の案内はがきが届いた。多くの卒業生にとって牟礼売却は寝耳に水であった。

六月一〇日に開かれた感謝会には、平日の午後、雨天にもかかわらず、予想を上回る卒業生が集まった。感謝礼拝が行われる牟礼チャペルは開始三〇分前に満席（定員二〇〇名）となり、別室でモニターを見ていた人たちを含めると約九〇〇名が参加して、牟礼に別れを告げた。★14 この日挨拶に立った北条文緒名誉教授（元現代文化学部長）は、『同窓会会報』に「牟礼キャンパスが東京女子大学のものでなくなることは誰も予想しなかった」★15と記している。

唐突に公表された東寮・体育館の解体計画

❖——二〇〇六年度同窓会定期総会

牟礼売却発表から一年余が過ぎた二〇〇六年六月一七日、同窓会定期総会が善福寺キャンパスの安井記念ホールで開催された。同窓生二〇五名が集まったホールの階段教室、その前方の列には同窓会理事や大学関係者の来賓、その後方に国内外から集まった支部長、さらにクラス幹事や一般参加者が席についていた。

挨拶に立った原田明夫理事長（二〇〇五年七月に就任）は、「四〇年前に、このキャンパスを初めて訪れた。すばらしい環境であった。キャンパス整備計画のなかでも気になっているのは、自然の美しさを残すことである」と述べたが、キャンパス整備計画について何も知らされていない一般同窓生には意味がよくわからない。続いて立った湊晶子学長が「体育館や東寮が今回、解体されるのは残念である」「卒業生としては、牟礼がなくなり、いままた体育館、東寮がなくなることは非常に悲しい」と、壇上で涙ぐむ様子を見せた。体育館と東寮が解体される？　ここでも出席者は首をひねった。最後に桃井事務局長が、状況を飲み込めないでいる同窓生たちに「キャンパス整備計画については『学報』を通じてお知らせしていきたい」と事務的に締めくくった。何かが始まるらしい。でも概要すらわからない。これが東寮と体育館の解体を含むキャンパス整備計画が同窓生に公表された最初である。★16

❖――『学報』二〇〇六年七・八月合併号

それから二カ月半後の九月初め、『同窓会会報』に同封されて、『学報』が、約四万人余の卒業生の手もとに届いた。その一面の四分の三を原田理事長名の「キャンパス整備計画について――九〇周年・一〇〇周年に向けて」の記事が占めている（→資料140）。添えられたキャンパス整備のイメージ図には、すでに東寮と新・旧体育館の姿はなく、東寮の代わりに新体育館棟と新研究棟が描き込まれ、体育館跡はオープンスペースとされていた。その時はじめて、同窓会総会での原田理事長らの発言の意味が出席した同窓生にはわかったのである。しかし、送られてきた『学報』を何割の人が読み、事態を過不足なく理解しただろうか。

❖――九〇周年・一〇〇周年キャンパス整備計画とは

キャンパス整備計画の概要を『学報』掲載記事から要約する。

Ⅰ　必要性と目標――安全性の確保と魅力あるキャンパス作り。歴史的建物の老朽化と耐震性に対応し、学生数の増加と大学間競争激化に備える。緑豊かなキャンパスを守ることを基本とする。

Ⅱ　基本計画の概要――安全で質の高い、環境に配慮した教育施設整備を行う。三つのゾーニング（次頁下段のイメージ図参照）、管理用・緊急車輛用の動線確保とオープンスペースの設定、施設管理運営の効率化をはかる。これらを二期に分けて実施する。

第一期は二〇〇六年度～一三年度で、解体・新築、改修、耐震補強工事。

第二期は二〇一四年以降で、第一期で行えなかった改修、耐震補強が中心となる予定。詳細は第一期期間中に検討。

★印:レーモンド建築
☆印:登録有形文化財指定
＊5号館(東寮)
＊13号館(体育館)

東京女子大学ウェブサイト(2006年)
http://office.twcu.ac.jp/
o-board/TWCU/campusmap.htmlより引用(★・☆・＊印は編著者補注)

◉——キャンパス整備計画実施前のキャンパス図。

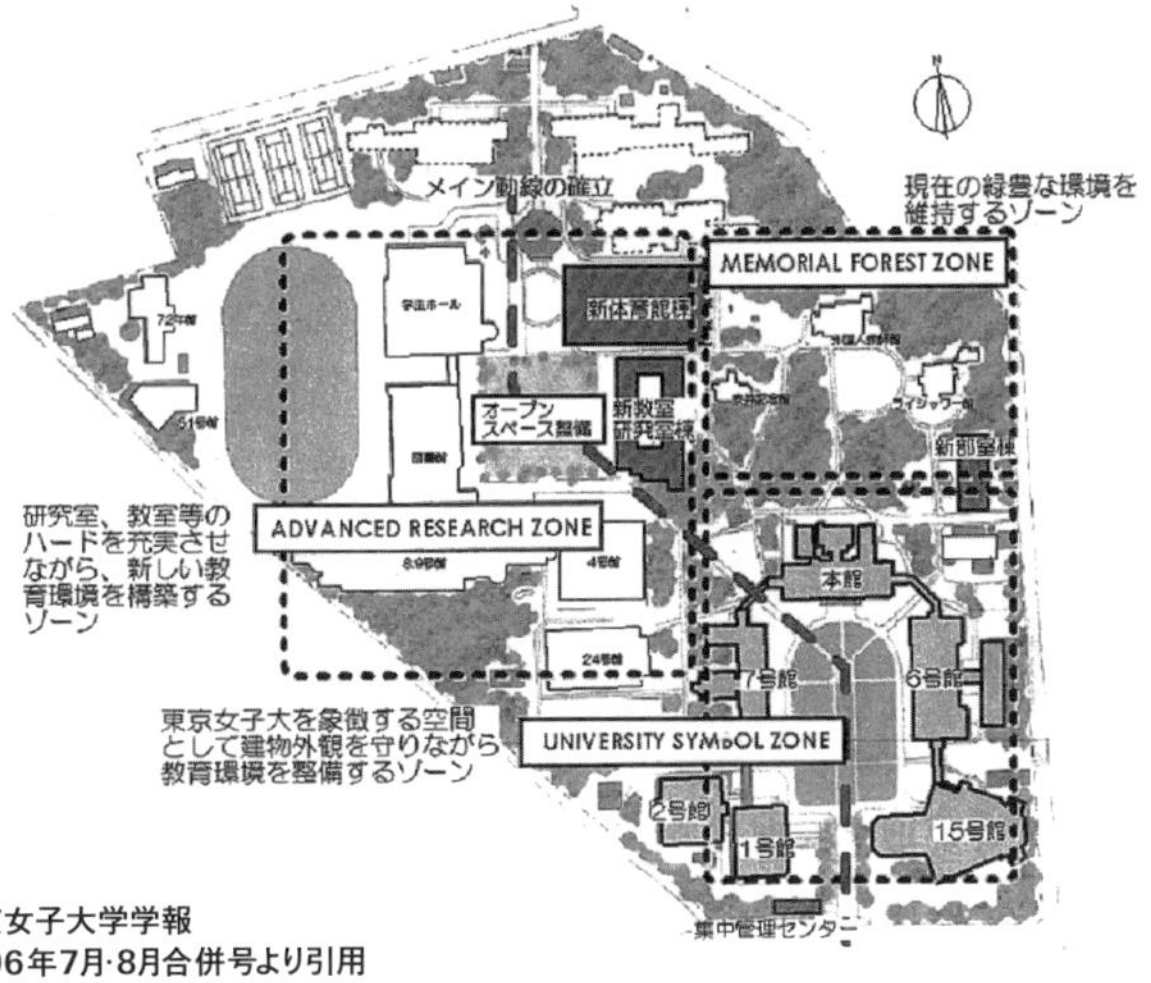

東京女子大学学報
2006年7月・8月合併号より引用

◉——第一期完了時のキャンパス整備イメージ。

予算は、牟礼譲渡金のうち、六〇億円を第二号基本金に組み入れ、それを主財源として、第一期約四五億円、第二期約一五億円を充当予定。

Ⅲ　第一期基本計画の概要——正門門衛所、五号館（東寮）、新旧体育館、三号館〔傍点編著者〕、二二号館（部室棟）を解体し、集中管理センター、新部室棟、新体育館棟、新教室・研究室棟を新築。六・七・一・二号館と本館、講堂・礼拝堂を改修し、六・二・一号館と本館、講堂・礼拝堂を耐震補強する。設計・監理は三菱地所設計（施行は未定）。

「卒業生有志の会」発足へ

✣——TWOメーリングリストに寄せられた思い

同窓会定期総会の翌日、TWOのメーリングリストに、「緑を削ってまた新棟建設!?」と、キャンパス整備計画に関するメールが寄せられた。「東女大再生のために有意義に使ってほしいと願った牟礼の売却金が、緑を削り建物を建てて終わりになるのか」と疑問を投げかけていた。それを読んだ元東寮生の藤原房子が、無念の気持ちあふれるメールを発信した。「善福寺キャンパスで最初に着工された東西寮は、建学の精神と、当初目指した女子教育の高邁な理念を体現する設計で、個室を基本にした斬新なもの。西寮が壊されたとき、東寮が残るからと妥協したのに、もはや跡形もなくなるとのこと、そこにぴかぴかのビルが建つことに我慢がなりません」。このメールをきっかけに、日に十通前後のメールが寄せられた。

✣——行動への萌芽

メール上の意見交換は、同六月末日まで一二日間で六〇通、プリントアウト一〇〇枚を超えた。その内容は、寮・体育館解体への批判から、活用への希望、大学の経営方針や情報公開のあり方、高等教育の現状や女子大の存在意義など多岐にわたった。そのなかの一つは、藤森照信氏（建築史家）のエッセイ「寮から始まった学校東京女子大」（『建築探偵　神出鬼没』朝日文庫）にふれて、こう記していた。「これを読んだときはかなり誇らしい気持ちになったものです。〔寮は〕単なるハコではなくて、まさに建学の精神を象徴する建物なのですね」。

　そのエッセイで、藤森氏は「東京でいちばん美しい大学」「その中で格別に注目させられたのは寮」「関東大震災前のコンクリート建築」「アントニン・レーモンドの作品」「技術的にも表現的にも最先端」「田園の中にまず向学心に満ちた学生が集まり、そこに先生が来て教え、更に図書館が作られる……アメリカの大学。東女大創立者のひとり、米人宣教師A・K・ライシャワーはそれを日本で行った」と語っていた（→資料164）。

「真理は汝に自由を得さすべし」[★17]。「知る」ということは思考の源であり、行為の出発点である。以降、交わされるメールにこめられた二棟の保存活用を切望する思いから、自然発生的に有志グループが生まれた。建物そのものの価値に重きを置く者から、この問題を通じて東京女子大学の現状や将来に関心を向ける者まで、一人ひとりの考え方は幅広く多様であった。しかし問われているのは大学のあり方であり、自分たち卒業生の意識でもあるという認識は共通していた。

✣──別組織の立ち上げ

メールによる議論が高まるなか、「こんなにみんなが心配して、心を痛めていることを大学は知っているのでしょうか」という一通のメールをきっかけに、自分たちの声を大学に届けようという気運が生まれた。六月末までの六〇通の意見メールを整理・抜粋して、A4判一〇枚の「資料・卒業生有志より（抜粋）」にまとめ（→資料066）、大学に届けることについて発信者の内諾を得た。

　この「資料・卒業生有志より」は、TWOの中でもメーリングリストに登録しているメンバーの一部でまとめたものであり、また大学への働きかけはTWOの活動範囲を超えているため、TWOとは別に「卒業生有志の会」を立ち上げて、二棟保存の活動はTWOから切り離すことになった。

　まず「有志の会」専用のメーリングリストを開設し、TWOをはじめ関心のある同窓生を募って「有志の会」

メーリングリストに登録した。会の代表には藤原が推され、活動の実務を担う事務局メンバーが自発的に集まり、事務局専用のメーリングリストも開設された。

七月七日、「東京女子大学有志の会代表　藤原房子」の手紙（→資料001・二二四頁）とともに「資料・卒業生有志より（抜粋）」は、原田明夫理事長ほか大学理事会メンバー全員へ送付された。

専門家による東寮実査

✣──藤岡洋保氏、東寮へ

いかに寮を懐かしんでも、建築史的に保存する意義があるかどうか、またその期待に応えられる耐久性を保持しているかは専門家でなければわからない。そう考えた藤原は、TWOメーリングリスト上で盛んに意見が飛び交い、まだ「有志の会」の影も形も見えていない時期に、近代建築史が専門の藤岡洋保氏（東工大大学院教授）に建物を見てもらい、学問的な視点から文化財的価値について評価を仰ぐことを考えた。一面識もなかった藤岡氏に電話をかけ、依頼の趣旨を説明すると、多忙の合間を縫って足を運ぶと快諾された。

大学側と事前に訪問の日程調整をし、二〇〇六年六月二七日にリュックサック姿の藤岡氏と藤原は正門前で初めて顔を合わせた。その場に東寮最後の寮監だった名古則子氏や藤原と親しい卒業生ら数名が加わった。桃井事務局長に学長室へ案内され、湊晶子学長に挨拶をしたのち寮に入った。内部は三味線の稽古の音が流れるなど、部室に自由に使われており、清掃が行き届かず、汚れてみすぼらしく見えた。しかし表面の傷は別として、建物本体の損傷はほとんどなく、総じて状態がよく、青緑色に塗られた鉄の細い窓枠はきれいに保たれていた。

藤岡氏はどこを見ても研究者魂を揺さぶられるらしく、言葉少なではあったが、その知的興奮ぶりは同行者たちにも伝わり、おのずと東寮が貴重な建物であることが感得された。懸念される老朽化について問うと

「建物は堅牢そのもので、塗装部分の剥落はあっても壁にクラック（ひび割れ）も入っていないし、水漏れの跡もない。十分活用に耐える状態だ」と明快だった。

実査の申し入れがどんなルートで外部に伝わったのか、なぜ奇妙な勘違いが生まれたのかは不明だが、関西地区から元東寮生が「応援」のために「大挙して」駆けつけるという話が事前に入った。藤原がこれは専門家の視察なので多数で押しかけるのは適当でないと断ったが、それがなぜか「有象無象《うぞうむぞう》は来るに及ばず」という無礼な表現で関西に伝えられたため、あらぬ誤解と反発を招き、最後まで元東寮生の足並みが揃わないつまずきの一因となった。初期の苦い経験である。

❖東寮は守るに値する貴重な文化財

実査後の七月三日、藤原は藤岡氏とともに都内のレーモンド設計事務所を訪れ、保管されていた東寮ほかの設計図を確認した。そして七月一二日、評価書は異例の速さで作成され、藤岡氏の「東京女子大学東寮建物の建築史的評価」（以下「東寮評価書」と略→資料165・二一六頁）は一四日に大学に提出された。建物は保存すべき条件を満たしており、作品は時代の先端技術を駆使し、建築的価値はむろんのこと、美的な視点からも文化財的価値は高いとするものであった。その内容は本書の随所に参照・引用されている。

原田理事長・堀地常務理事との面談

❖初対面での出来事

「有志の会」が原田理事長へ手紙を発送した七月七日からほどなく、桃井事務局長から「理事長は三〇分だけ時間が取れる」という連絡が入った。七月一〇日、藤原は、「資料・卒業生有志より」の作成作業をした田邉道子と二人で大学へ出向いた。面談には堀地常務理事と桃井事務局長も同席。藤原が送った手紙と「資料・卒業生有志より」は大学には届いていたが、理事長の自宅には手違いで未着だったため、藤原が口頭で面談の趣旨を説明し、「文化財的価値の評価とあわせて、保存活用を切望する声が世代を通じて多いことをご配慮いただきたい」と申し出た。

この間つとめて冷静に筋道を立てて伝えたが、藤原の話が寮生活の意義に及んだ時、年甲斐もない青臭い書生談義に聞こえたのか、原田理事長と堀地常務理事は笑いを浮かべて顔を見合わせた。ほんの一瞬のことだったが、寮やキャンパスに対して抱く双方の思い入れのギャップを、はからずも見た出来事だった。

❖――堀地常務理事「建物の売却金は建物にしか使えない」

「約束の三〇分が過ぎた」と原田理事長が退席すると、堀地常務理事（キャンパス整備計画担当）は牟礼キャンパス売却のことに話題を切り替えた。その中で「建物の売却金は建物にしか使えない」と言うに及んで、田邉は「それは違います」と疑義を呈した。

かねてから理事や大学関係者から同じセリフを耳にしていた。土地や建物を売った金が建物にしか使えないならば、大学の経営は成り立たない。独立行政法人化した国公立大学の経営に大幅な自由裁量権を認めている文部科学省が、私立大学の経営に縛りをかけているとは思えない。不審に思い、大学財務や高等教育の研究者に問い合わせ、「基本財産売却益に使途制限なし」という答えを得ていたのである。しかし堀地常務理事は「建物（牟礼売却金）は建物（ハード）に……」と繰り返した。この件について資料を用意してきたわけではなかったので、改めて文書を提出することを約して、その場を辞した。

牟礼売却金を何に使うのが東京女子大学にとって最善なのか、整備計画決定以前に、広く関係者間で論議があってしかるべきであろう。牟礼跡地問題から一貫してキャンパス整備計画担当理事である堀地常務理事の「建物は建物に……」という発言によって、その論議は方向づけられ、あるいは封じこめられたのではないだろうか。

懇談の二日後の七月一二日、田邉は「基本財産売却益に使途制限なし」という私学振興・共済事業団より得た確認内容を文書で提出した（→資料004・二一九頁）。これに対して同月三一日付の理事長書簡は「牟礼売却益を（建物以外の）ソフトに充当することは寄附行為および学校会計基準上、認められない。私学振興・共済事業団の担当者名を教示するよう」と求めてきた（→資料005・二二〇頁。確認の経緯については、資料007・二二三頁参照）。

「有志の会」から「東女レーモンドの会」へ

✣——広報活動の開始

藤森照信氏のエッセイ「寮から始まった学校」が保存運動の発足を励ましたように、藤岡洋保氏の「東寮評価書」の内容は有志たちに確信と勇気を与えた。人が行動を起こす時、正確な情報は欠かせない。「有志の会」の周りに集まった卒業生たちの、今はまだ少数の小さな声を力強い声にするために、二棟解体の危機——ことに翌二〇〇七年夏に解体予定の東寮について——その的確な評価を広く伝えることを急務と考え、「藤岡・東寮評価書」を全大学理事および建築・マスコミ関係者に送付すると同時に、七月末までに有志の会の「要望書」や「資料・卒業生有志より」ほかを同窓会理事・支部長、大学理事・教職員、一部の卒業生、マスコミ関係者等約四〇〇名に送付した。

✣——事務局メンバー集う

活動が広がるにつれ、少数の者が分担して効率的に事務を処理し、さらなる活動に対応するために体制を整える必要があった。活動の持続のためには資金確保も必要であり、責任の所在も明らかにしなくてはならない。自然発生的だった「有志の会」を「東京女子大学レーモンド建築 東寮・体育館を活かす会」（通称「東女レーモンドの会」。以下「レ会」と略）という長い名称に改めて、本格的に保存活動を開始しようと決めたのは、二〇〇六年八月二六日。この日、F・L・ライトの建築を研究している団体「ライトアーカイブズ日本」主催のセミナーに招かれ、藤原が東寮・体育館の保存をアピールした。その後、セミナーに参加した「有志の会」メンバーが会場ビルの一階ロビーに集まり、名称の決定も含めて事務局体制や発起人会の立ち上げ、活動計画等を相談した。これがレ会事務局の第一回会議となった。

事務局メンバーは、牟礼のマンション建設問題をめぐって跡地活用案づくりに参加した者や、「有志の会」の活動に積極的に携わった者を中心に、IT技術を見込まれた者も加わり、多少の入れ替わりを経て、いつしか一〇人に固定した。世代も専攻も、職業や社会経験もそれぞれ異なる一〇人だが、現役の職業人として忙しいゆえに効率よく相談を進め、煩雑な仕事を分担して連携し、一貫して活動を支えてきた。このチームワークが崩れることは、一度としてなかった。

永井路子の発起人参加

保存への呼びかけを始めた頃、藤原は寮に暮らした人を中心に同窓の友人たちに次々と電話や手紙で賛同者を募った。コピーでは誠意が伝わらないと考えて、それぞれへの訴え方を工夫した自筆の手紙を何十通と書き送り、分厚い便箋二冊を使い切った。声をかけたなかには、心を合わせて立ち上がってくれる人もいた。しかし一方では「古くて狭い」などと解体を肯定する寮出身者もいたし、東西寮が閉鎖された無念を抱きながら諸行無常と言い切る向きもあり、寄付をしていないから口も出さないという人もあり、最も多くを占めたのは無関心であった。こうした事情は他のレ会会員の周辺でも同様で、送付した手紙や資料に共感を示す卒業生は必ずしも多くなかった。

その中で、いち早く打てば響くような反応が永井路子氏から来た。急いで書いたらしく葉書に「冗談じゃありません」「お手伝いします」とある。藤原にとって永井は寮の先輩であり、仕事上でも旧知の間柄である。作家として名声が高く、ファンも多い。しかも史跡の保存等での活躍を認められて和島誠一[★18]賞を受賞し、国内の遺跡や文化財の保存活動についても経験・知識ともに豊富である。その永井が真っ先にレ会の発起人を引き受けた。

「東京女子大学レーモンド建築 東寮・体育館を活かす会」趣意書

――建学の志を伝える貴重な財産を残し、活かしていくために――

さる6月の東京女子大学同窓会総会において、キャンパス整備基本計画が初めて公にされました。東寮等を解体してそこに新棟を建設する･･･。その全容の概略は『学報』(2006年7-8月合併号)によって報じられ、目的は、安全性の確保と将来の学生のための魅力あるキャンパス作りと書かれています。

「寮から始まった学校」「東京の女子大でいちばん美しい学校」（東大教授 藤森照信氏）とされる東京女子大学のキャンパスは、1920～30年代の9つのアントニン・レーモンド建築群によって美しく構成されています。正面の本館など7つは、国の登録有形文化財に指定されていますが、指定を申請しなかった東寮と旧体育館は、この計画で解体・撤去されることになります。しかしこれらがレーモンド最初期の作品であり、チャペルや校舎群に劣らず東京女子大学の建学の精神を具体化した構造であることを思うとき、その存続を強く願わずにいられません。

寮はたいへん機能的につくられているだけでなく、居室が個室として設計され、「一日一度は瞑想し、内省し、祈ること」という初代学長 新渡戸稲造先生の教育理念を顕わしたものです。また体育館は、現在国連が主導する女性の健康に関する地球規模の啓発活動の、まさしく先駆をなす建物です。いずれも女子高等教育史上からも、自立への軌跡を追う女性史の視点からも、他に比して誇りうる記念碑的な建物であり、将来に活かされるべき貴重な財産です。

創立者である新渡戸稲造先生や学監安井てつ先生、設立代表理事カール・ライシャワー氏が、若い建築家アントニン・レーモンド氏に白羽の矢をたて理想の設計を委嘱したこと、レーモンド氏が内部の詳細を知った後に外部を決めたと自ら書いているように、話し合いのなかで創立者の情熱が注がれたことは想像に難くありません。こうした先人の功績を尊重し、無形の価値を大切にする精神こそが教育の場には必須なのではないでしょうか。東寮・体育館を保存活用することが、将来の東京女子大学のキャンパスにおける大学の誇りとなり、他では得られない東京女子大学の魅力となって、これからの大学経営のうえで大きな役割をになうことでしょう。

最近入手した写真（1923年7月撮影）によれば、関東大震災の前にほぼ完成していた東寮には、地震のダメージはほとんどなく、「食堂をつなぐ暖房機械と水槽など厨房の中心施設に軽い被害があった」(『自伝アントニン・レーモンド』より)にすぎず、レーモンド建築の堅牢さが改めて証明されました。大学の将来を見据え、海外に、地域に、女性に開かれた研究・教育・交流の場としての新しい使命をになう活用について、大学理事会とも話しあえることを願っております。

以上のような理由で、東京女子大学卒業生有志、建築家・関係者および地域の有志は、東寮および体育館の解体に再考を求めます。多くの方々にご賛同いただければ幸いです。

2006年9月

東京女子大学レーモンド建築 東寮・体育館を活かす会
代表　藤原　房子（ジャーナリスト）
顧問　山口　廣（日本大学名誉教授）

発起人（五十音順、2006年10月16日現在）

青柳真智子（立教大学名誉教授）、今市子（漫画家）、内田青蔵（埼玉大学助教授）、江口裕子（東京女子大学名誉教授）、大藪郁子（劇作家）、尾崎左永子（歌人）、兼松紘一郎（建築家）、小西敏正（宇都宮大学教授）、C. Lee Colegrove（東京女子大学名誉教授）、近藤富枝（作家）、篠田靖子（金城学院大学名誉教授）、篠田義男（建築家）、陣内秀信（法政大学教授）、杉森長子（元日本女子大学教授）、瀬戸内寂聴（作家）、時枝俊江（記録映画監督）、鳥山明子（荻窪南教会牧師）、永井路子（作家）、永原和子（女性史研究家）、名古則子（元東寮寮監）、根岸愛子（東京女子大学名誉教授）、藤岡洋保（東京工業大学大学院教授）、鞠子美代子（東京女子大学名誉教授）、吉家千絵子（Casa BRUTUS 編集長）、乗浩子（元帝京大学教授）

✣――建築界との連携

二〇〇〇年設立のDOCOMOMOは、以来、市民や地域と連携しながら近代建築の保存活用を促す活動を全国各地で展開し、その考えは徐々に浸透しはじめていた。その流れのなかでレーモンド建築二棟の解体問題は起こった。レ会の保存活動も、その歴史に一定の位置を占めることになる。

DOCOMOMO幹事長である建築家兼松紘一郎氏は、進んでレ会の発起人を引き受け、建築界とレ会をつなぎ、数々の催しでレーモンド二棟の危機を紹介し、藤原に発言の機会を設けてアピールするよう便宜をはかった。日本建築学会や日本建築家協会に属する建築家、町づくりや地域文化財保存に関わるボランティアら、多くの建築専門家の支援の輪が形成され、レ会はこうした厚意に守られた。みな東女大のレーモンド建築の価値を認め、二棟を守ることに強い熱意を示した。日本大学名誉教授山口廣氏はレ会の顧問を快諾した。「東寮評価書」の藤岡洋保氏も、宇都宮大教授で日本建築家協会関東甲信越支部前委員長小西敏正氏や同保存問題委員長の篠田義男氏らも発起人に名を連ねた。

✣――最初の新聞報道

有志の会事務局は、「レ会」立ち上げに奔走しつつ、同時にマスコミへのはたらきかけも行った。八月一〇日に「東女大寮 解体へ／卒業生や建築家 惜しむ声／日本初 女子個室で鉄筋コンクリ製 築八二年」と題する最初の記事が、毎日新聞に掲載された。紙面の約四分の一を占める囲み記事であった。八月三日に東寮保存要望書を大学に提出したDOCOMOMOの鈴木博之代表や、藤岡氏のコメントとともに、「有志の会」代表として藤原の声も載った(→資料188)。

翌一一日には東京新聞に「東京女子大 自立のシンボル解体へ／卒業生有志 保存呼びかけ／八二歳の学生寮守って」の記事が載り、藤原や事務局メンバーの談話も紹介された。カラー写真四枚掲載で紙面のほぼ上半分を占める大きな扱いであった(→資料190)。

会の正式名称を決定すると、事務局はすぐに趣意書の起草に取りかかり、東女大卒業生および同大名誉教授ら一九名、建築家六名の発起人二五名の賛同を得て、九月一日に正式に発足した。

✣――レ会発足と第一回発起人会議

九月三〇日、渋谷の東京ウィメンズプラザにおいて開催した第一回発起人会には、六名の発起人のほかに地域の建築家三名がアドバイザーとして参加した。藤原は代表挨拶のなかで、当日朝、米国から世界各地を巡回するレーモンド展の出発地であるアメリカ・ペンシルバニア大学の会場で同大学のスタッフらと出会った同窓生および外国人二九名の署名が届いたことを、喜びをこめて報告した。続いて事務局からはこれまでの経緯の説明、着手してから間もない署名活動の状況、ホームページの開設などを報告して、今後の活動の展開について意見を求めた。発起人や参加者からは二棟保存の意義やそれぞれの思いの表明、二棟を解体せずに整備計画を進める対案づくりのポイント、アイデアなどにも言及があり、大学の立場を十分に考慮した誠意ある交渉をめざすこととした。

活動はまさに始まったばかりであり、困難は承知しながらも期待を抱かせる出発であった。

なお、レ会顧問の山口廣氏ほか、発起人(五十音順)は次の二五氏である(肩書きは当時のもの)。

青柳真智子(立教大学名誉教授)、今市子(漫画家)、内田青蔵(埼玉大学助教授)、江口裕子(東京女子大学名誉教授)、大藪郁子(劇作家)、尾崎左永子(歌人)、兼松紘一郎(建築家)、小西敏正(宇都宮大学教授)、C. Lee Colegrove(東京女子大学名誉教授)、近藤富枝(作家)、篠田靖子(金城学院大学名誉教授)、篠田義男(建築家)、陣内秀信(法政大学教授)、杉森長子(元日本女子大学教授)、瀬戸内寂聴(作家)、時枝俊江(記録映画監督)、鳥山明子(荻窪南教会牧師)、永井路子(作家)、永原和子(女性史研究家)、名古則子(元東寮寮監)、根岸愛子(東京女子大学名誉教授)、藤岡洋保(東京工業大学大学院教授)、鞠子美代子(東京女子大学名誉教授、二〇〇六年九月―二〇〇九年八月)、吉家千絵子(Casa BRUTUS編集長)、乗浩子(元帝京大学教授)。

第三章

保存をめぐる理事会との交渉

レ会活動の開始――理事長との話し合いを願って

建物を壊すか保存するかは所有権者である大学理事会の専権事項であり、とりわけ理事長の権限は強い。建物保存にとって理事長と話し合いの場を持つことが何よりも大切である。理事会が解体決定という既定方針を変更・撤回する以外、二棟が生き延びる途はないのだから。

レ会発足と同時に真っ先に取り組んだのは、署名集めとホームページ開設であった。ホームページで情報を発信し、広く社会的関心を喚起して、各方面との連携をはかり、一人でも多くの署名を集めて保存へのうねりをつくる。それをもって理事会に解体再考を促す。そんな期待を胸に、二〇〇六年九月一日のレ会正式発足後、一四日には署名活動開始、二七日にはホームページ開設と、レ会はスタートを切った。

❖ホームページの開設とフェアな情報公開

レ会は正式発足の前から「サイト委員会」を置き、ホームページに掲載する記事や資料や写真などのリストアップなど準備を進めていた。ホームページ本体の作成および更新は事務局メンバーの一人が担当した。

ホームページ（http://homepage2.nifty.com/twcu-raymond/）の運営では「フェアな情報公開」を心がけた。

第一に公正な情報掲載。そのため客観的な情報はレ会と意見を異にするものでも掲載し、また関係者に関する情報でも保存運動に関係のない情報は掲載しない。

第二にメディア記事の掲載。二棟の解体問題は新聞・雑誌やネット等メディアに数多く取り上げられた。こうした記事をそのまま見てもらうこともフェアな公開の基本と考えて、発行元に掲載許可を得て、できるだけ記事そのものを掲載している。

第三にトレーサビリティの確保。過去のどの時点にどういう情報を掲載したかをたどれるように管理している。

署名活動

まず趣意書(→資料050・七五頁)を完成させ、署名用紙の上部に趣意書の要約、下半分には一〇名分の署名欄、署名送付先は個人の住所を避け私書箱などを利用した。署名用紙は「趣意書」と「カンパのお願い」の三点セットにして、メーリングリスト登録会員にはPDFファイルで送付、非登録会員には郵送した。

会員たちそれぞれの署名活動が一斉に始まった。また建物保存関連の集会やイベント参加の折には署名用紙と募金箱を用意し、主催者の許可を得て会場で署名を呼びかけ、同席の団体に署名や募金の協力をお願いした。こうして広がった署名は次々に事務局に返送され、集計はホームページで報告した。

web署名の魅力

ホームページには開設当初からプロバイダのアンケート集計機能を利用して、web署名のページを設けた。web署名は自筆ではない。この点が多少議論になったが、すでに広く行われ、社会的に認知されている。署名は法的効力をもつものではなく、あくまでも個人の意志表示の手段であるから、必ずしも紙に自筆である必要はないと考えた。

web署名は、国内外から、卒業生よりも非卒業生が多い。レーモンド建築への関心、二棟解体への危惧は一大学の枠を超えて当初から社会的・公共的問題であることが、ここでも証明された。備考欄には「大学としての社会的な使命を考えてほしい」など、ほとんどの署名者がメッセージを添えている。住所・氏名だけを記入する紙の署名とはまた違った意味をweb署名はもっていた(→資料053)。

署名の広がりと大学への提出

署名の輪は同窓生からその友人・知人、その関係者へと全国さらに海外に波及していった。例えば関西在住の卒業生の娘が建築学科の学生であり、同科の教授や学生と協力して署名を取りまとめて送ってきたし、アメリカで開催されていたレーモンド回顧展(→七七頁)の会場でも、在米の同窓生によって署名が行われた。

こうして開始からわずか二カ月足らずで七〇七七名の署名（うち三五八名がweb署名）が集まった。なお、署名簿の提出は五回にわたり、いずれも理事長懇談の席で、あるいは大学へ出向いて桃井事務局長またはその代理人に手渡した。最終的な署名総数は一万一六三五名（うちweb署名は六八八名）に上った。

第一回理事長との懇談

✣――祈りをもって対話を始める

藤原代表の申し入れにより、二〇〇六年一一月一〇日、原田明夫理事長★01とレ会との最初の懇談が実現した。レ会からは藤原のほか、発起人の永井路子と事務局メンバー二人が同行、大学側は原田明夫理事長のほかに湊晶子学長★02、堀地史郎常務理事★03、桃井明男事務局長が同席した。

冷静かつおだやかな実のある対話になることを願って、藤原代表は「私たちは争うためではなく、よい結果を得られるよう願って来ましたので、祈りから始めたい」と提案した。理事長たちは一瞬軽い驚きの表情を見せたが、湊学長が引き取って進んで祈りを捧げ、一同は静かに胸のうちに祈った。祈りを終えると、持参した七〇七七人分の署名を、web署名に添えられたメッセージの抜粋（→資料053）と合わせて提出した。さらに「レーモンド建築への関心は日本だけのものではありません」と、アメリカ大使館員から寄せられた保存要望の書簡も手渡した。

懇談に入る前にレ会は、会員に懇談内容を正確に知らせるために録音することを申し入れ、了解を得た。しかし原田理事長はすかさず、七月の「有志の会」との懇談での内容がレ会趣意書等に反映されていない、つまり老朽化している建物をお金をかけて補修して九棟のうち七棟は残そうとしているのに、大学側の努力と言い分が十分に伝わっていないと主張し、しばらくは口を挟めない流れになった。

なぜ二棟を有形文化財申請から外したのか

大学が「九棟のうち七棟は残す」「二棟の解体を非難するのではなく、七棟の維持を評価せよ」と主張する根拠は、七棟が登録有形文化財に指定されていることにある。しかし東寮と体育館の二棟が登録有形文化財から外されたのは、大学が申請しなかったためである（→九四頁参照）。前回、有志の会の代表として懇談した折に、藤原は、なぜ二棟を外したのかを質問した。原田理事長も堀地常務理事も「その時点（一九九八年）では理事ではなかったため、わからない」とのことだったので、当時の理事会の議事録等を調べてぜひ教えてほしいと依頼してあった。その回答として堀地常務理事は「議事録には二棟を外した理由は書かれていなかった」と述べるにとどまった。議論にもならなかったのだろうか。

しかし三カ月前の八月一〇日の毎日新聞の記事（→資料188）には、「旧東寮と、ともに解体予定の体育館は、整備計画があったため登録されなかった」と書かれている。桃井事務局長が取材を受けて答えたものである。そのことに言及すると、堀地常務理事は「最低でも大学の現状維持［学生四千人規模］を前提に整備計画を考えており、そのためにはそこの土地が必要なのです」（傍点編著者）と述べた。

残す「意志」を問う

建物を保存してそれをどう活用するか、有効な活用案を提示することも保存活動の大切な柱である。しかしあらゆる意味で情報を持たない外部の者が、大学内のことについて誰もが納得する具体的活用案を考えることは難しい。レ会関係者のあいだでは幾つか案が検討されていたが、この懇談で、東寮の一部に初代学長新渡戸稲造のアーカイブスを設けて今後の研究の拠点にしてはどうかと提案した。これを湊学長が引き取って「私も初めはそうしたかったけれど、場所的・経済的に不可能なので、そうであるなら本館が新渡戸記念館に使える」と言う。なぜ東寮では不可能なのか、その根拠は具体的に示さない。しかし要は東寮を残す意志があるのかないのかであり、残す意志さえあれば方法はいろいろ考えられる。レ会側はその点を懸命に訴えた。

「耐震基準に不適格」

教育の質を重視する基本理念に立てば、学生数の増加・確保だけでなく、「東女大のように小規模ながら歴史のある大学には、また別の考え方もあるのではないか」と疑問を呈すると、大学側は老朽化や耐震性の問題を挙げて、東寮も体育館も現在の耐震基準に適合しないと主張した。藤原は「当時のコンクリートは戦後の、とりわけ高度成長期以降とは、比べものにならないくらい堅牢だ」と、レーモンド設計事務所の建築士から聞いた話を披露し、阪神大震災でも生き延びたのは戦前の建物であると反論した。それに対して堀地常務理事は「現在の基準に照らして」不適格であるという。それでは他の七棟と同様、東寮・体育館にも耐震補強をするよう要望すると、「それには費用がかかる」と言う。「一体どのくらいかかるのか」と問うが、具体的な数字はやはり示されなかった。

話し合いの継続は……

結局もとに戻って「心に残すのはモノではない」と原田理事長が言い、「モノが心の拠り所になる」と藤原が返し、「アーカイブスを教育に活かしてほしい、そのために東寮を活かす……」「社会に重要な文化財を残そうという流れが出てきている」「考古学の専門家からもこういう意見はでている」などのやりとりで、気づけば約束の二時間が過ぎていた。

レ会側は懇談を継続するよう求めたが、理事長は「今日を踏まえて、何か提案があったら聞かせてください」と言うにとどまった。また、一カ月後に企画しているレ会主催シンポジウムのキャンパス内での開催と、それへの大学側発言者の出席を申し入れたが、即座に断られた。説明責任を果たす、よい機会なのに。

直ちに懇談記録を作成し、大学に送って原田理事長はじめ同席者に校閲を依頼、返却されてきた赤字を直して再度確認をとり、ホームページに公開した(→資料116)。懇談記録の公開については理事長の了承を得ていたが、ほどなく届いた理事長書簡は、記録公開の際にその書簡も併せて掲載することを求めていた。そこには「解体するほかないと考えざるを得ません」とあった（→資料008・二二三頁）。

基本財産売却金に使途制限なし

懇談の退出ぎわに、同席していたレ会の田邉は、原田理事長・堀地常務理事宛文書を堀地氏に手渡した（→資料006・二二二頁）。それは「基本財産（牟礼）売却金は基本財産（建物）にしか使えない」という理事会の主張に対して「基本財産売却金には使途制限はない」ことを論証するものであった。この問題の発端は、既述のように、四カ月前の七月、「卒業生有志の会（レ会の前身）」として懇談した折に堀地常務理事が繰り返した発言「建物は建物に……」にある（→七二頁）。

田邉は、この文書に「学校教育施行規則」を同封し、それを根拠に、基本財産売却金を何に使うかは文科省への届け出事項にすぎず、使途は法人（理事会）の自由、法人（理事会）の決定によることを述べた。そして「今なお理事会が、基本財産売却金の使途は制限されているという認識であるならば、その根拠を私学振興・共済事業団あるいは文科省に問い合わせ、その正式回答文書を得て、それを提示すること」を求めた。

これに対する一一月二一日付原田理事長からの返書は、「理事会として、牟礼キャンパス譲渡代金を原資として、第二号基本金六〇億円を組み入れたのは、文科省の縛りを意識して行ったものではない。また、今迄そのようなことを説明の中でも一切言っていない」（→資料008・二二五頁）とし、「建物は建物に……」という堀地常務理事の発言を事実上撤回するものであった。

緊急シンポジウムの開催

なぜシンポジウム開催か

レ会では発足当初から、署名活動とホームページ開設の準備と同時に、シンポジウム開催が念頭にあった。「広く社会に東寮・体育館の文化的・建築史的価値を知らせて保存・活用の世論を高める。東京女子大学に対しては、他大学にない、歴史ある大学だけが持ち得るかけがえのない財産であり、保存・活用こそが大学の将来につながるという認識を促す」、そのためにできるだけ早く開催しなければならない、と考えていた。

後押ししたのは兼松紘一郎氏や小西敏正氏ら建築家発起人たちであった。シンポジウムの学内開催は大学に受け入れられなかったため、歳末行事の多いなか、急きょ日本外国特派員協会（FCCJ）のメディアルームに予約を入れ、準備・広報を始めた。

✥――満席の参加者を迎えて

パネリストの依頼、会場設営、日本語版および英語版チラシ（→資料105）の作成、各界関係者の名簿作成と個人的呼びかけ、宛名ラベルの印刷、そして案内の郵送、当日の役割分担や録音や映像による記録の手配など、開催当日までに事務局メーリングリストで交わされたメールは七〇〇通に及んだ。

二〇〇六年一二月二日午後二時、主催レ会、後援日本建築家協会関東甲信越支部・DOCOMOMO Japan「緊急シンポジウム・東京女子大学レーモンド建築　東寮・体育館を考える――建学の志を伝える貴重な文化財を保存し、活かしていくために」が開催された。卒業生や建築関係者、新聞・雑誌・TVの取材陣など一一〇名を超える参加者で会場は満席であった。

総合司会の兼松氏が開会を宣言し、藤原代表が東京女子大学の創立と現キャンパス建設の歴史を簡潔に述べ、その費用は主に北米のキリスト教団体およびクリスチャンたちの祈りをこめた献金によることを指摘。設計は当時少壮建築家だったA・レーモンドに白羽の矢が立ち、新渡戸、安井、ライシャワーの意向を反映して案が練られ、最初に建てられたのが寮だった等々、東京女子大学のレーモンド建築の背景と、二棟が解体の危機にある現状を語り、続いて四名のパネリストの発言となった。

✥――永井路子氏「手触りを残すことの大切さ」

元西寮生の永井氏は、初めて経験した個室のありがたさを女性の自律の観点から語り、パーラーで行われた夕食後の礼拝でのエピソードなど、学寮に刻まれた大学の歴史を振り返った。さらに作家として日本各地の遺跡や歴史的建造物の保存に関わってきた豊富な経験から、それらの多くが、戦前には軍の要請、戦後は私企業の目先の営利のためにいかに無造作に壊されてきたかを、数々の例を挙げ、文字等の記録だけではなく現物の「手触り」を残すことに大きな意味があると強調した。

✣――時枝俊江氏「女性の自律を促した寮と体育館」

記録映画監督の時枝氏は、「東女大を卒業した」とは言わず「私は西寮を卒業した」としか言いようのない思いでいる仲間が多くいると、寮への郷愁を表現した。それを支えるものは三つある。①個としての自律を育てる個室、②一九二七年以来の自治寮の伝統、③寮を取り巻く優れた自然。こうしたなかで東京女子大学の精

❶――二〇〇六年二月二日、レ会主催シンポジウム。開会の挨拶をする藤原房子代表。
❷――レ会主催シンポジウム第二部・意見交換。向かって左から司会の兼松氏、西澤氏、藤岡氏、時枝氏、永井氏。

神「サムシング」(→二〇頁)が育てられたと振り返る。また戦後の物不足・物価高騰のなかで入浴日が東西寮交互で隔週だったため、寮委員会は体育館に男子学生を招いてダンスパーティーを開催、その収益で薪代を調達した。その時に斎藤勇学長が、寮生たちを大人として遇したことに強く感銘を受け、創立者たちから引き継がれた「女性の自律」という理念、これに形を与えたのがレーモンドの建築だったと感慨深げに語った。

✣――藤岡洋保氏「合理性と先駆性を具現したデザイン」

建築史が専門の藤岡氏は、九棟すべてが鉄筋コンクリートで造られたことに注目。ことに寮が鉄筋コンクリートで建てられたのは先駆的で、大学がいかに寮を重視していたかがうかがえると述べ、続いて東寮と体育館の建築的な特徴と魅力を、図面や写真を示しながら具体的に解説した。さらに本館やチャペルの構造にもふれ、九棟の構造にはそれぞれ違ったアイデアが見られることを指摘。いずれの構造形式も当時の日本の常識とは少し違うが、現在でも傾聴に値する発想が示されており、東寮も体育館も建築的に、また建築史、技術史的にも非常に意義のある、見るべきところの多い建物であると評価した。

✣――西澤英和氏「関東大震災に耐えた耐震性」

建築構造学が専門の西澤氏は、関東大震災(阪神大震災の一四・二倍の地震エネルギー)を耐えた東寮に対して、耐震性の心配など無用だと明言。次いで二棟の構造を詳しく説明して、ライト譲りのレーモンドの耐震設計を解き明かした。さらに戦前の鉄筋コンクリート建築の耐震強度の高さについて、阪神大震災では戦前の基準による建築物はほぼ無被害で、倒壊など被害をうけたのはすべて戦後基準のビルばかりだったこと、また広島の原爆投下の爆心地近くでも、戦前の鉄筋コンクリート造の小学校など、都市建築は破壊されていない事実を罹災後の写真で示した。会場には一瞬、驚きとも感嘆ともいえぬどよめきが起こった。

✣――フロアを交えての意見交換

四氏の後、兼松氏の司会で藤原も加わってディスカッションとなり、さらにフロアも交えて活発な話し合いとなった。残すことの重要性を大学側に理解してもらうためにはどうしたらよいかとの問いや、「老朽化」や「安全」の定義を具体化する必要があるとの提言、北米のクリスチャンたちの献金で造られた建物を簡単に解体するのは道義に反する、と大学の姿勢への疑問など、さまざまな意見が交わされた。最後に兼松氏が、数少ない保存運動の成功例として六本木の国際文化会館が、新任理事長の決断で解体を免れた経緯を語り、トップの意志決定の重要さを強調した。レ会顧問の山口廣氏は閉会の挨拶に立ち、学生生活における寮と体育館の大切さを語り、大学への説得は「我々がするしかありません」としめくくった。

なお、時枝氏の協力によってシンポジウムはすべて映像として記録されている（レ会所蔵）。

✣──記録の作成とその活用

このシンポジウムによって多くを学び、考え、「二棟はなぜ残さなければならないか」、その答えを胸に刻むことができた。その意味でこの催しは、以降ことあるごとに私たちが立ち返るレ会の原点となった。

この成果を、三日後には「速報・一二月二日緊急シンポジウム開催さる！」として全登壇者の写真入りでレ会ホームページに公開した。さらに西澤英和氏に、解体理由の主要な論点に挙げられている耐震性の問題についてさらなる解説をお願いし、特別寄稿「〝老朽化〟と〝中性化〟の誤解」を追加掲載した（→資料168・二三一頁）。

六日には毎日新聞（東京面）が、「東京女子大学東寮、体育館来年解体予定／東女の歴史残して　永井路子さん、時枝俊江さんら卒業生ら保存訴え」と題して大きく報道した（→資料193）。この記事とホームページの速報記事を、シンポジウム成果の第一報として大学理事全員とレ会発起人に送付した。

他方、レ会事務局は直後から記録冊子作りを始めた。テープを起こし、講演者はじめ発言者に校閲など協力を求め、綿密に校訂を繰り返しながらわかりやすい図版を作成し、カラー写真も多用して、A4判、五二頁の冊子『レ会編　緊急シンポジウム　東京女子大学レーモンド建築 東寮・体育館を考える──建学の志を伝える貴重な文化財を保存し、活かしていくために』（以下、『レ会・シンポジウム記録』と略）にまとめた（→資料117）。

年末から正月の繁忙期にもかかわらず、完成は翌年の一月下旬であった。

冊子の完成は間にあわなかったが、第二回理事長懇談（→次項参照）にはこの成果を携えて臨むことができた。また後日この冊子を同窓会理事全員に送って懇談を申し入れ、実現の運びとなった（→九八頁参照）。あわせて大学理事や全教員など学内関係者にも送付して、二棟の価値の再認識を願った。マスコミをはじめ多方面に支援や協力を呼びかける際、運動の意味や経緯を説明するのにも大いに役立った。関連する建築保存などのイベントに参加した際には、実費で販売（五〇〇円）した。一カ月後には増し刷りして計一四〇〇部作ったが、短期間で事務局保存用の数冊を残すばかりとなった。

ホームページには記録冊子のPDFファイルを掲載し、全ページ閲覧できるように整えた。なお、冊子を手にした多くの会員や賛同者からカンパが寄せられた（→資料118）。

第二回理事長との懇談

✣――再び懇談の申し入れ

シンポジウムの直後、藤原は第二回の理事長懇談を申し入れた。これに対し大学からはメールで「懇談の場を持つことは意味がない」「方針を変更することはまったくない」という返事であった。レ会はこれを承服しかねるとして、二棟の活用策についても提案したいと原田理事長に書簡を送り（一二月一九日付→資料009・二二六頁）、翌年一月一八日に第二回懇談が行われた。東寮解体まであと半年、この日に合わせて日本建築学会および日本建築家協会は保存要望書を提出した。前者は一五日付で郵送し（→資料072・二二七頁）、後者は当日朝、同会の責任者二人が大学に出向いて桃井事務局長に手渡した（→資料073）。

✣――原田理事長のエッセイ「対話が足りない」

第二回の懇談には、大学からは前回と同じ原田明夫理事長、湊晶子学長、堀地史郎常務理事、桃井明男事務局長。レ会からは藤原と永井路子のほか事務局メンバー四名が同席した。

前回同様、懇談は祈りをもって始まった。レ会の一人が祈りを捧げたのち、署名の第二次集約分（一四〇七名で累計八四八四名）を提出し、この日同席を望みながら来られなかった同窓生発起人のひとりで元荻窪南教会牧師鳥山明子氏から託された保存を願う書簡[★04]を手渡した。

冒頭、藤原は、たまたま五日前の日経新聞夕刊コラムに掲載された原田理事長の寄稿「対話が足りない[★05]」にふれて、昨今の対話不足に警鐘をならし、話し合いで意思疎通を図るべきというその趣旨に「大賛成です」と、これから始まる懇談への期待を滲ませた。

しかし原田理事長は「大学はすでに正式決定を経ており、こういう形でお会いするのは、これを最後にしたい」「これ以上やるとするならば、大学の決定を争うための法的手段をとっていただく以外に方法はない」と言う。例えばどういう方法かと尋ねると、「建築差し止め請求とか……」との答えであった。

レ会は改めて、大学と対立する考えはないこと、大学のより良き将来を思っていることを伝えると、原田理事長もそれは理解していると応じた。しかし理事長は、建物の老朽化、耐震性、安全対策、敷地の制限、資金の制限、そのなかで七棟は残そうとしていることなど、これまでの主張を切れ目なく話し続けた。

✣――三号館跡地利用案の提示

藤原は、「レーモンド建築九棟がそろったグランド・デザイン」に価値を見いだすことを説明し、東寮・体育館を解体せずに残し、代わりに三号館の跡地を利用するよう新たに提案した。研究室棟として使われていた三号館は、戦後の新しい建物ではあるがすでに傷みが激しく、今回の整備計画で東寮・体育館とともにすでに解体が決定していた。レ会はこの跡地に着目し、懇談に先だち杉並区建築課を訪ねて三号館跡地の建築条件を確認していた。キャンパスの南側に位置する三号館は「高さ制限や北側斜線等の規制を受けず、望むだけの高層建築が可能」ということだった。

レ会の提案趣旨は「この条件にそって三号館の跡地に高層の新棟を建てれば、その中に研究室を作ることもできるし、新たに教室を増やすこともできる。三号館跡地を利用すれば、敢えて東寮を解体しなくてもスペースを確保できるのではないか」というものであった。三号館の研究室は建て替えの間どうするのかという堀地常務理事の疑問には、東寮を改修して一時的に研究室にすることも考えられると答えた。これに対し堀地常務理事も湊学長も、三号館には研究室が八〇ほどあり東寮ではまかない切れない、費用もかかるし、はたして使い勝手よくリノベーションできるかどうか疑問だと否定した。しかし堀地常務理事は「具体的な提案があるのだから」と一応引き取って、「三菱地所設計に検討させ、文書で返事をする」と約束した。

✣――シンポジウムの成果を伝える

事務局メンバーのひとりは、持参した『Our College』という古い教科書[★06]を理事長に示し、この手作り教科書で一年かけて東京女子大学の歴史を学び、リベラル・アーツの何たるかを教え込まれた体験を披露した。そして建学期を語り継ぐこのような教育は絶えて久しく、大学の歴史や建学の精神を知らない学生や教職員が増えた今こそ、アーカイブスを開設し充実させることの必要性を提言した。藤原も完成前の『レ会・シンポジウム記録』原稿を取りだし、ページを繰りながら永井氏や時枝氏の卒業生としての発言や、さらに藤岡氏が指摘した「寮を鉄筋コンクリートで造った意義」、西澤氏の耐震性に関する説明など、シンポジウムで得た知見を紹介した。

✣――三〇年前のコンクリート調査

東寮をリノベーションするレ会の提案に対して、堀地常務理事は老朽化を指摘し、大学が依頼した専門家によるとコンクリートの中性化が進んでいると述べた。その言葉を受けて桃井事務局長が、昭和五四（一九七九）年のものという清水建設によるコンクリートのコア抜き写真を示した。閉寮五年前の同年に清水建設が検査したことは『東西寮六十年』にも記載されている。清水建設の調査報告は「コンクリートも鉄筋も耐用の限度に来ている」というもので、東西寮の閉寮と西寮の解体の根拠となった。[★07] それから約三〇年、かくも古い資料を提示するということは、それ以来調査をしていないということなのだろうか。レ会側に初めて開示された写真に注目しながら、「コンクリートが中性化すれば鉄筋が錆びて建物はもたなくなるというのは間違い、ないし俗説である」と反論した（→資料168・二三一頁）。

❖——レ会は大学の信用を失墜させているか

永井路子は、前回の懇談後に届いた原田理事長からの書簡（→資料008・二二三頁）の末尾に「このような形で保存運動を拡大されることについては、本学の信用や社会的評価に悪影響を与え、多くの本学を愛する方々に、不安感とマイナスイメージを与えることを深く懸念いたします」と書かれてあったことを問題にした。「このシンポジウム報告をご覧になって、東京女子大学の信用が失墜したと思われますか」と問いただすと、「正直言って、あると思います」と桃井事務局長。「何をもって信用を失墜させたと言われるのか、具体的に」と畳みかけると、事務局長は「個人に対しても大学に対しても誹謗中傷が起きている」と言葉を濁した。永井氏は「それは私どもとは関係のないこと。私どもの本旨ではない。『不安感とマイナスイメージを与える』の箇所は削除していただきたい」と強く申し入れた。

❖——「理事会決定を考え直す、それはできません」

「ところで」と永井、「聞くところによると理事長さんは三菱の……」と原田理事長の顔を見た。「三菱UFJフィナンシャル・グループの社外取締役です」と原田理事長、「そういう偉い方に一言『理事会決定を考え直す』と言っていただければ話が運ぶのではありませんか」と、解体決定済みの国際文化会館が理事長の決断で保存に転換した例を挙げた。原田理事長は「私はまた永井先生が、私がその取締役なので三菱に儲けさせているとか、そういうことをおっしゃるのかと思いました。そういうお話とは……」と言いかけて、「いやそれはできません」と否定した。

✣堀地常務理事の約束は反古に

懇談が終わると早速、記録(→資料一一九)を作成し、大学側の校閲を経た上でホームページに公開した。今回もまた原田理事長の書簡(→資料〇一一・二三二頁)を併せて掲載することが条件であった。その書簡には、堀地常務理事が「三菱地所設計に検討させ、文書で返事をする」とした三号館跡地利用案について、その前提となる東寮の改修のコストが「相当な金額になる」と、算定根拠を示すことなく否定してあった。以降も三菱地所設計による具体的な検討が行われた様子はない。約束の文書はレ会に届かなかった。

二つの取材――国も地方自治体も口出しできない

✣文化庁が示した無念

東寮と体育館以外のレーモンド建築七棟は一九九八年九月に登録有形文化財の指定を受けている。この制度は文化庁が九六年に設けたもので、所有者からの申請を受けて登録に適するものはその手続きに入り、登録されると地価税や固定資産税の減税、補修費用の補助など優遇措置を受けられる。★08

当時、東京女子大学のレーモンド建築が文化財に指定されたニュースは新聞などで報道されたが、短い記事であり、多くの人はレーモンド建築九棟すべてが文化財として登録されたと受け止めたのではなかろうか。しかし東寮と体育館の二棟は所有権者(大学理事会)の意志で申請から外されていた。最初の理事長懇談で尋ねてもわからないとされたこの登録の経緯について、藤原が文化庁の担当者を訪ねたのは、第二回懇談のあとの二〇〇七年二月八日だった。

担当参事官、専門官ら三人が対応。登録の申請は所有者の判断に任されており、文化庁は口を出す立場にはないが、東女大の場合は、九棟全てを申請するよう強く勧めたという。キャンパスの総合計画がはっきりわかる状態で残されている歴史的建造物をむざむざ壊すのはいかにも惜しい、と言葉を継いで、もし倒壊の危険があれば補強を、敷地の有効利用ならば移転を、用途廃止であれば別用途で生かすことも考えられると再三示唆したが、受け入れられなかったという。所轄官庁として、ぜひ文化財を守りたかったというせいいっぱいの意思表示と受け取れた。

✣——手厚い杉並区の文化財保護と補助金

文化財指定を行うのは国や都ばかりではない。善福寺キャンパスのある杉並区でも文化財保護条例を制定し、区内の有形・無形文化財の保護に努めている。区の文化財指定の実質的な審議は、教育委員会の諮問機関である文化財保護審議会に委ねられている。三月二五日、その委員の一人に事務局メンバー二人が取材した。

話を聞いて驚いたのは、区の文化財保護の手厚さだった。国の場合、補修にかかる全経費のうち、設計監理費（全経費の一割程度）の半分が補助される。つまり全経費の五％程度にすぎない。杉並区では、補修の全経費の最大八割が交付される。★09 区の文化財指定を受ければ、維持・補修費のかなりの部分をまかなえる。そしてその委員は「東寮・体育館は指定を受ける価値は十分にある。しかし所有者の同意が……」と言いよどんだ。所有者の申請なくして文化財指定はできない。

翌日、杉並区役所の文化財係に話を聞いた。もし今年二〇〇七年に文化財指定が決まれば、予算要求は来年から可能で、補助金交付は再来年から行われるとのこと。また、市民も建物を推薦できるというので、今すぐにでも推薦したいと申し出ると、「なぜこの二棟が国の登録有形文化財から外されたか知っていますか。解体後の跡地に新しい建物を建てるためです」と逆に大学の意図を解説されてしまった。「現在二棟解体の反対運動が起こっていることも知っています。区は、もめていることに手は出せません。大学が残すという結論を出したら、ぜひ推薦に来てください」と付け加えた。

東寮と旧体育館が登録有形文化財からはずされたことも、この二棟をめぐる現在の状況も、すでに関係筋の知るところであった。

同窓生の直訴はがき六六八枚

✣——卒業生一人ひとりの声を

第一回理事長との懇談会で七〇七七名、第二回懇談会で一四〇七名、累計八四八四名の署名を提出したにもかかわらず、大学側は「署名者すべてが卒業生ではない」ことにこだわった。また同窓会理事との懇談会（→九八頁）でも、web署名にみられる社会的関心の高さを伝えたが、「その署名の同窓生の割合はどのくらいか」と聞き返された。卒業生の意向を気にかけているのか、卒業生以外は問題外と考えているのか、いずれにしろ「卒業生の声」だけを集めて理事長・学長へ届けることにした。

二〇〇七年四月一二〜一四日、レ会会員および、発起人とカンパ者と署名者のなかからリストアップした卒業生に往復はがきを送付した。往信には藤原代表と永井路子が「理事長・学長へ率直なお気持ちをお書きいただきたい」と呼びかけ、復信に自由記入のメッセージ欄を設けて、住所、氏名、卒業年度・学科を明記するようにした。

✣——一〇日で三四二枚、総計六六八枚

復信の宛先は直接大学宛ではなく、レ会宛とした。反応は早く、続々と戻ってきた一枚一枚をはがきホルダーに収めて大学へ提出した。一〇日後の四月二四日に三四二枚、五月一五日、七月三〇日と三回にわたり、総計六六八通の直訴はがきを大学に持参し、提出した。直訴はがきのコメント欄には、一人ひとりの言葉で、東寮・旧体育館や母校に寄せる思い、大学の現状や将来展望への意見などが、細かい字でぎっしりと書かれており、いずれも限られたスペースに精一杯の訴えが丁寧に綴られていた。レ会では提出前にコピーを取って保管した。ほんの一部だがそのいくつかの抜粋を列記して紹介する（次頁。カッコ内は、頭文字と卒年・学科）。

直訴はがきのメッセージより抜粋

◘——新渡戸先生ご来校のときはいつも全校生が体育館に集まり、お話を伺った。慈父の如きお眼差しが心にしみついている(N・33英)。◘——体育館が学校工場に転用された時、その献納式? に体育部幹事として司会の大任を緊張しながら果たしたこと、戦後元の姿にもどった体育館を訪れた時の感無量の思いは忘れられない。その歴史を残していただきたい(N・44大学部英)。◘——少子化が進む時に質を下げない大学として生き残るために、箱物を増やすのではなく、古い物を活かしつつ維持・管理にお金を使っていただきたい(N・52文哲)。◘——理事会の本会への対応に、誠実に受け止める姿勢が見られなかったことは、残念だ。今回の問題に限らず大学のあり方/教育についての姿勢にも通じるものではと懸念し、憂慮する。理事会の構成の偏り(あまりにも同質集団)、自浄作用のないことと関連していると思う(K・55文心)。◘——東寮のチェコキュビズムの「優雅さ」に魅了されている。東寮は新渡戸研究及びその精神を体現する拠点として世界に発信し、貢献するセンター(語学研修の場など)になってほしい(S・58文英)。◘——近年学生数増加の事実はなく、今後も教育水準維持・内容充実のため増員は考えにくい。歴史的価値の高い2棟を破壊してまで、新たに建築する必要があるのか。貴重な資産を守ることは、90年の伝統を引き継ぎ、責任ある立場にある方々の使命であることを問う(I・61文英)。◘——「学び」の根本理念を見失い、時流に乗り遅れまいとひたすら経済効率を追い求めれば、早晩滅びの道をたどる。東女を東女たらしめている根本理念を見失わないでいただきたい(K・67文英)。◘——今回の整備計画に牟礼の地の売却金が遣われるとのこと、無駄遣いに思えてならない。少子化に向かっての将来像があきらかにされないまま、さらに研究棟・教室が必要か。今あるものを有効に活かしきれない体質こそ、老朽化しているように思う(M・70短英)。◘——レーモンドがグランドデザインから手がけた東女のレーモンド建築群は、9棟すべてを保存して価値がある。美しい樹木をなぎ倒し、体育館跡地を広場にしても雨風雪や暑さ寒さの中、緑も屋根もない外にいったいだれが集うのか。リベラルアーツの再構築が必要。根本的議論を願いたい(H・83文史)。◘——他の大学にはない建学の経緯やその後の歴史を独自性としてうまく活かすほうが、新しい箱物を造るよりずっと意味がある(I・85文史)。◘——建物は学生が日常的に使ってこそ教育効果があり、旧体育館や東寮は他のレーモンド建築にない価値を持っている。日本独自の「瓦屋根の洋館」の存在は、セミナーやイベント会場として大きなアピールポイント。旧体育館をただの芝生にしてしまうのは、とり返しのつかない損失だ(I・89文日)。◘——新体育館とは異なった趣が旧体育館にはあり、最新設備の必要性よりも心の豊かさを育てることに重点を置いて再検討いただきたい。古いものを大切にするのも東女のカラーではないか(N・97文社)。◘——校舎は女子大で学んだ人すべての大切な心の財産です。こうした東女を大切に想う気持ちは誰よりも湊学長ご自身がよくおわかりのこと。ご理解いただいていればこそ、同窓生に学長をして頂く意義があると思う。武蔵野の面影が残る今の東女の姿を誇りに思い、心のより所としている(K・04文日)。

❶──直訴はがき。第一回提出分三四二枚。
❷──一枚ずつホルダーに収めて大学へ提出された。

同窓会理事との懇談会

✣──初めての会合

レ会は、これまで同窓会会長や同窓会理事にも機会あるごとに書簡や冊子や資料等々を送付してきた。芳しい反応はなかったが、藤原はシンポジウムの成果をふまえて、高月三世子同窓会会長に懇談を申し入れ、二〇〇七年二月一六日に同窓会理事との懇談会が実現した。高月会長はじめ理事一一名がそろい、レ会側は永井路子氏、近藤富枝氏、時枝俊江氏、乗浩子氏の同窓生発起人四名と、藤原代表以下事務局メンバー四名の計八名。同窓会館の部屋にテーブルをはさみ、向かいあった。

懇談は高月会長の司会で進められた。事前に送付しておいた『レ会・シンポジウム記録』について、「感謝して読ませてもらった。大変すばらしい冊子だと思う」という高月会長の発言があり、それに応えて藤原代表が「母校のよりよい未来を創るために、キャンパスの資源を十分に活かすことを切望して二棟の保存を要望している」と述べ、「母校の将来を思うのは誰しも同じだが、発露の方向が違うのかもしれない。同窓会の中にレ会への批判もあると聞くので、ぜひ直接お話して交流したいと願っていた」と挨拶。続いてレ会側が自己紹介をかねて一人ずつ意見を述べた。

小さな紙片は語る

発起人の近藤氏は寮生活の思い出とともに「大学に恩返しをしたいと思い続けてきた。今回もよく考えた上で東女レーモンドの会に参加した」と語り、時枝氏も寮の思い出とともに、記録映画監督の経験から「建物の保存がいかに大切か切実に感じている」と述べた。乗氏は大学教授としての見地から「大学の中身とキャンパスは響きあう。価値ある建物を守るのは私たち世代の責務であり、東女大にとっても他大学との差別化になる」と訴えた。

永井氏は一九四四年の卒業時、寮の後輩が催した送別礼拝の招待状（筆書きされ絵も添えられた小さなカード。→資料169）を持参して皆に回覧した。安井てつ学長の説教の題は「國民性ノ缺點ヲ反省シテ」。一億火の玉とか一億玉砕などと叫ばれていた戦時下において、卒業生への餞《はなむけ》としてこのような説教をする安井先生の信念に思いを致し、手許に残った小さな紙片が物語る歴史は私たちへの貴重な贈り物であると語った。「二棟保存は単な

1

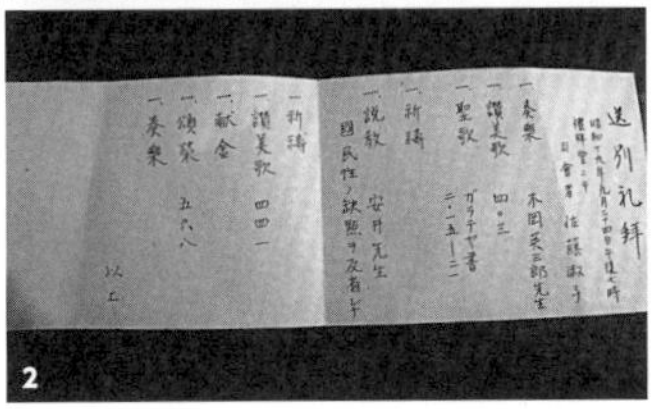
2

❶——送別礼拝の招待状。二つ折りで名刺ほどの小さな紙片。
❷——なかほどに「一、説教　安井先生　國民性ノ缺點ヲ反省シテ」とある。

るノスタルジーではなく、モノを残すことによって建学の精神を次代に伝える使命が私たちにあるのだ」と。

❖──疑問は解けたのか

「今回の整備計画について同窓会理事の皆さんはいつ大学から説明を受けたのか」との藤原の問いに、高月会長は以下のように答えた。二〇〇六年の二月か三月かまだ寒い時期にパワーポイントを使った説明会があり、[★10]当初いろいろ疑問をもったので、質問や意見を書面にして大学理事会へ提出した。それに対して大学から、施設の必要性や二棟の「老朽化」「耐震性がない」「補修に莫大な費用がかかる」と説明を受け、解体は止むを得ないと判断したという。

一方で、同窓会の意見が計画に反映された点もあり、新棟の高さは当初の計画より低くなり、新研究棟を安井記念館の玄関前から少し離すように移動させたとのことだった。[★11]

❖──募金活動の提案

保存にかかる費用について依田勝子副会長が、新築よりも高くかかると聞いたと発言。しかし具体的な数字は「知らない」という。永井が東寮リニューアルのための募金を提案すると、「同窓生は億という金額を集められない」と高月会長。「できるかどうか、やってみたらどうか。資金を集めようという意志が何より大事であり、大学へのメッセージになる」。「集まらなかったらどうするのか。そんな無責任なお金の集め方はできない」。「何より集める意志が重要なのだ」──。永井の忍耐強い説得は平行線に終わった。

❖──「同窓会はどちらの肩も持たない」とは

二時間の懇談の終わりに、高月会長は「大学が進めることを覆すようなことを、同窓会が間に入ってするつもりはない。もし皆さんが保存運動を続けたいなら、それは構わない。同窓会はどちらの肩を持つこともしない」と言う。

「大学が決めたことだから」と、解体理由の「老朽化、耐震性、補修費用」の具体的な根拠を問うこともなく大学を支持する同窓会理事会メンバーは、戦中の小さい紙片が語る安井てつ学長の、厳しい思想統制下にあっても、お上に盲従する「国民性の欠点」を指摘した信念とその危機感をどう聞いたのだろうか。レ会は、大学から自立した同窓会の意志を聞きたかったのだが――。

最後に藤原は、今日を出発点に、今後さらに話し合いを続けたいと要望したが、返ってきた高月会長の答えは、「こちらにその考えはない」であった。

二〇〇七年度園遊会にて

✣――「レ会はご遠慮いただきたい」

同窓会主催の二大定例行事は、四月下旬の園遊会と六月の同窓会定期総会である。四月の園遊会は、いわゆるホームカミングで、同窓生やその家族、地域の人々も訪れ、思い思いに過ごす。事前にクラスやグループで申し込めば催しを実行することもできる。この機会を生かして同窓生に二棟解体の危機を知らせ、保存の必要性を呼びかけたい。そう考えてレ会も同窓会に参加を申し込んだが、レ会には建築家など外部の人たちが加わっているという理由で「ご遠慮いただきたい」と拒否された。そこで事務局メンバーそれぞれが個人でできることを考えた。東寮解体予定の夏休みは目前であった。

✣――おしゃべり会

事務局のひとり堀江優子は、「大学の歴史的建物を保存して教育に生かす知恵・そこに同窓生はどう関わるか」というテーマで「おしゃべり会」を開いた。二〇名ほどの同窓生が参加して三時間にわたり活発な討論を展開し、最後に参加者の総意として高月会長に次の三点を問おうということになった。①「東寮・体育館の保存にいくら必要か（募金活動の目標金額）」、②二棟解体の賛否を問う全同窓生へのアンケートの実施、③「直訴はがき」（→九六―九八頁）出版への協力。

後日、堀江ほか二名が同窓会館を訪ね、高月会長、依田副会長と面談したが、①の回答は得られず、②③についても断られた。しかし同窓生の議論の輪が広がることを願って、作成した『おしゃべり会報告』に同窓会長との面談結果も添えて、大学理事や同窓会理事・支部長、大学の同窓生職員に送った。

✣――レーモンド建築見学ツアーと懇親会

同じく事務局の井上まゆみは、一一時三〇分から午後四時まで、東寮を主に、レーモンド建築九棟の見学会を主宰した。資料作成など、杉並たてもの応援団の協力があった。集まったのは卒業生、教職員、建築関係者や市民ら約四〇名。それぞれが東寮の階段の手すりや扉をなでたり、パーラーや公開されている個室を熱心に見て回った。ツアーのあとの懇親会では、レーモンド建築のスライド上映を行い、文化財としての価値を再確認して、保存のために何ができるかを話しあった。

✣――同期会や東寮お別れ会で

同期会で訴える試みをした事務局メンバーもいた。終了前二〇分を保存問題に割く同意を幹事から得て、出席した同期生約二〇名に『レ会・シンポジウム記録』を配り、それに沿って二棟解体問題を説明した。解体を知らなかった人が大半で、二棟にまつわる思い出や解体への疑問など活発な発言があった。閉会間際に「冊子が不要な方は戻してください。持ち帰ってお読みになる方は五〇〇円で購入してください」と呼びかけると、戻ってきたのは二冊だけだった。

別の教室では、「東寮お別れ会」が開かれていた。一九七七年から八三年まで東寮最後の寮監を務めた名古則子氏（レ会発起人のひとり）が呼びかけ、名古氏在任中に寮生だった学生のうち約七〇人が集った。元寮生たちは、名古氏持参の数十点もの寮の写真を眺めたり、東寮に駆け込んで別れを告げたりした。この「お別れ会」に出席した事務局メンバーのひとりは、レ会の活動を訴え、署名を求めた。戻ってきた署名用紙には、参加者の三分の二の名が記されていた。

第四章

東寮解体

解体目前の学内外の動き

✣――樹木のテープと工事用フェンス

解体の日が近づいた二〇〇七年五月半ば、東寮周辺の木々に青と緑のテープが巻かれた。赤いテープもあった。作業員にたずねても色が何を示すのか要領を得なかったが、木はやがて伐られる運命を宣告されてうなだれている風情だった。大型の重機やトラックが通る場所を確保するためか、想像以上に伐採は広範囲に及び、きれいな潅木はテープも巻かれないまま姿を消した。その一部は構内に移植されたはずだが、大きい木が倒されるのは何より惜しいと、作業をまかされた植木屋さんがしきりに残念がっていた。また安井記念館(学長住宅)玄関前の梅檀の木は創立一五年を記念して植えられたものだといい、東西寮の間の緑地にあった月桂樹は創立三〇年の寮生による記念植樹で、当時の東西寮委員会がやりくり厳しい寮費から苗木代を捻出、寮生の手で植え、育てたものだった。おおよその感じでは建物周辺の樹木で三分の一程度は残すように努めたと管財課の担当者は語っている。

東寮の解体は大学が夏休みに入ってからと聞いていたのだが、六月に入ると早くも東寮と塔の周りに白いフェンスが張り巡らされ、関係者以外は近づくこともできなくなった。フェンスのつなぎ目や、周囲の少し高めの所からなかを窺うと、建物内部の解体や樹木の伐採などが日々進行していた。

✣――杜を守りたい

テープをまかれた樹木の姿を目の当たりにして、卒業生七名が呼びかけ人となって、「緑と自然に囲まれたエリアの保存を求める」署名活動(略称「緑の署名」)を始めた。新研究棟の建設が予定されている安井記念館・体育館・東寮に囲まれたエリアは、四季折々の樹木が織りなす杜である。この杜は東女大創設初期の学生たち「杜の会」が植えた苗木が大きく育ったものであり、安井てつ学長はそれを「杜をして語らしめよ」という言葉で顕彰した（→第六章一四五頁および二〇一頁★04）。「安井学長の精神を後世に引き継いでいくためにも、歴史ある貴重な樹木の伐採を止め、学生の憩いの場である杜を守り、新研究棟の建設場所を変更するように」と「緑の署名」は要望している。七月一九日、学生一七二名を含む学内外六八八名（総計）の署名を添えて、要望書が原田理事長・湊学長に提出された（→資料055）。

また夏休み前の教授会では、キャンパス整備計画への様々な疑問が表明され、原田理事長あてに「質問書」や「再検討要望書」が複数グループから提出された。★01

❖——「レーモンド展」がやってくる

「話し合い続行」や工事日程の公表を求める藤原の書簡に対して理事長からの回答がないなか、二〇〇七年八月五日、朝日新聞「声」欄に、卒業生の滝本美穂子が「解体は今月中に始まる計画で、胸のつぶれる思いです」と訴える投稿「モダニズムの旧寮を残して」が載った（→資料200）。

そんな時に、世界巡回の「アントニン＆ノエミ・レーモンド展」とその記念シンポジウム「レーモンドを再発見する」の開催の知らせが入った。展覧会は九月一五日〜一〇月二一日、神奈川県立近代美術館・鎌倉で開催され、その二日目の一六日に、記念シンポジウムが開かれる。国内外から注目が集まるこの時期に「あえて挑戦的に解体工事を強行することのないよう」、レ会はもちろん、世界巡回展企画者のひとりワシントン大学のケン・タダシ・オオシマ准教授や、近隣在住の建築家川田伸紘氏を世話人とする専門家有志八二名からも要望書が出された（→資料077・078）。県立近代美術館は公的機関としては珍しく、レ会の要望を入れて、東女レ会のホームページにリンクをはり、レ会制作の旧体育館ポスター「今、そこにある危機」（→資料107）を会場入り口近くに掲示した。後日、大学側の働きかけにより撤去されていた。

一〇日発売の月刊『文藝春秋』九月号には永井路子の巻頭エッセイ「命、守れるか、小さな二棟」が掲載された。永井は結語に言う。「世界のレーモンド支持者の前で匕首を突きつけられている東寮の姿はあまりにも無慚すぎる。……ホンモノは『残さないでよかった』ことは一度もなく、『残してよかった』か『残せばよかった』しかない」（→資料228）。

卒業生が、学生が、教職員が、内外の建築家らが、東寮解体を目前にそれぞれ意思表示を試みていた。

二〇〇七年度同窓会定期総会

発言する場がない

東寮解体を一カ月後に控えた六月一六日に、同窓会総会が開かれる。この日までに大学が卒業生へ発信した整備計画に関する情報は、決して多くない。★02 いまだに二棟が解体されることに気づいていない卒業生は少なくない。しかし二棟解体は総会の議題にはない。しかも総会のどこにも自由に発言する時間が設けられていない。同窓会会則によれば、「会員は二〇名以上の同意を得て議案を提出することができる」とあるが、提出した議案を同窓会理事会が否決することはないのか、迷った末に当日その場で挙手して発言を求めることにした。

予算承認に関する質疑応答の時間にレ会会員のひとりが挙手し、同窓生のなかに保存を望む声が根強くあるのだから、この総会でぜひ討議してほしいと発言した。議長（高月同窓会会長）は「意見として承るが、総会の議題ではない」とした。

なおも保存を願う発言が続いたが、議題ではないという理由で、発言への制止が繰り返された。「この総会で無理ならば臨時総会を開いてほしい」という意見に対して、議長は「予算的に無理」と否定したが、牟礼の短大出身者の「一年前、牟礼キャンパスは突然に売却された。今回の解体もすでに決まったことだとして工事が迫る。このままではどこで意見を言えばいいのか」という悲痛な訴えに、議長は、議事が終了した後の時間に意見を受けると約束した。

同窓会の姿勢と会場の反応

議事終了後、質疑の時間として四〇分があてられた。質疑を受けるに先立って、高月会長が二棟解体問題に関する同窓会の立場を表明した。「二棟解体については反対もあるが、賛成している人もたくさんいる。反対運動のことを『同窓会報』で伝えてほしいという要望があるが、それはできない。なぜならば、そのためには大学の意向を説明しなければならないが、それはしない方針であるから。また賛成・反対双方の意見を討論の形で出しあうといった活動も同窓会はしない」というものであった。

フロアからは八名（うち二名は解体賛成）が発言した。レ会会員は、総会に質疑応答の場を設けること、コストがかかっても賛否の対話をすべきこと、二棟は歴史的文化的な資産であって一大学の私物ではないということ、一万を超える署名や多数の保存要望書等が意味する社会からの要請に大学は応えること、建設工事に対する大学側のチェック体制に懸念があること、話し合いがされていない状況に配慮して計画の一時停止を大学理事会に提案することなど、「時間がないので手短に」とせかされながら訴えた。しかし会場は、「大学のことは大学にお任せするのが筋です」という大学の立場に添う発言に拍手が起こるような雰囲気であった。

『レ会・同窓会総会報告』の作成と送付

総会を終え、体育館に続く桜並木の下に集まったレ会会員の顔には疲労と落胆がにじんでいた。大半の総会出席者には、一部の人たちのために総会が「荒れた」という印象かもしれない。東京女子大学同窓会にとって、フロアから発言が続くこと自体、初めてのことであったろうから。しかし、なぜ「荒れた」印象を与えてしまったのか、冷静な振り返りは大切だ。「同窓会はどちらの肩も持たない」と言いながら、同窓会執行部は、大学理事会の決定に沿った議事進行に終始した。そのなかで「議題ではない」という制止を振り切ってのレ会会員の発言には性急さがあったかもしれない。大きな会場で十分な情報を得ていない同窓生に対して、いきなり細かい複雑な話をしすぎた。簡潔でわかりやすい訴え方が必要だった。

そこで「荒れた総会」をきっかけに、同窓生たちに「本当に壊してしまってよいのか」を考えてもらいたいと願い、フロアからの発言だけにしぼって記録した『東女レーモンドの会・二〇〇七年度東京女子大学同窓会定期総会報告――キャンパス整備計画および東寮・旧体育館解体をめぐって』（以下『レ会・同窓会総会報告』と略→資料124）を作成した。★03 発言原稿はメモから書き起こし、それを各発言者に確認してもらって仕上げた。二名の解体賛成の発言者にも収録を依頼したが、一人には拒否されたため割愛した。また、挙手しながら発言できなかった人にも声をかけ、その中の九人から短い寄稿を受けて、報告の最後に付した。『レ会・同窓会総会報告』は会員にはもちろん、大学理事、同窓会理事・支部長、同窓生教職員にも送付した。

パネルディスカッションと会員懇談会

✣――「なくしていいのか建築文化」

総会から一カ月後の二〇〇七年七月二一日、（社）東京都建築士事務所協会・新宿区共催／東京都後援「建物ふれあいフェア二〇〇七」の特別企画として、レ会の企画によるパネルディスカッション「なくしていいのか建築文化――東京女子大学のレーモンド建築を中心に」が開催された。協会の情報委員長である建築家川田伸紘氏から保存運動の事例としてレ会の活動を取り上げたいという申し出があったことがきっかけであった。同窓会総会にどう臨むかで多忙な時期であったが、川田氏をはじめ、兼松紘一郎氏（DOCOMOMO幹事長）、倉澤智氏（日本建築家協会関東甲信越支部保存問題委員会副委員長）の全面的支援を受けて実現した。タイトルは、建築を文化としてとらえる視点をこの日本に根づかせたいという思いを込めて「なくしていいのか建築文化」とし、構成は、兼松氏が基調講演、その後のパネルディスカッションに建築専門家の小西敏正氏（宇都宮大学教授）と倉方俊輔氏（建築史家）、加えてレ会代表の藤原房子を配し、進行役は倉澤氏が担った。

会場の新宿駅西口イベント広場にはレ会の展示コーナーがしつらえられ、東寮・体育館を中心に東女大レーモンド建築の写真と、各方面から提出された保存要望書の全コピーがパネルいっぱいに貼り出された。川田氏は有志八一名と連名で二棟保存の要望書（→資料078）を大学に提出していたが、これを拡大したポスターも展示され（→資料106）、多くの来場者が足を止めて見入っていた。

✣——「経済最優先主義」への危惧と「風化の美」の再認識

この問題に関する社会の関心の高さを裏付けるものであろう、パネルディスカッションの聴衆は百人を超えた。兼松氏は「建築保存の現在」と題した基調講演で、国際組織DOCOMOMOの活動を紹介し、日本で近現代建築が存亡の危機にある現況を報告した。続いて藤原が、レ会活動の経緯を話し、多くの署名、卒業生の直訴はがき、メディアの掲載などすべてを一顧だにされない現状を訴えた。

小西氏は、近年とみに大学や美術館などが経済最優先主義に流されている現実と、それらが社会や企業組織の構造的な問題に起因することを実例を挙げて説いた。倉方氏は、老朽化や耐震性に問題がないことが実証されてもなお解体論が出るのは、「古い建物はボロい、汚い、よくない」という認識が一般にあるからではないか、むしろ若い世代には、時間の経過とともに醸成される「風化の味わい」への感受性があると、「風化の

❶——二〇〇七年七月二二日、パネルディスカッション「なくしていいのか建築文化」の会場。
❷——パネルディスカッション第二部・意見交換。向かって左から小西敏正氏、藤原房子、倉方俊輔氏。
❸——会場に設けられたレ会の展示。

美」の視点を提起した。

長年まちづくりに取り組んできた川田氏は、閉会の挨拶で「自分が提出した保存要望書に対する東京女子大学からの回答には、保存のための金がないことが挙げてあった。しかし新しい建物を造る金はある。牟礼キャンパスを売却したから。その牟礼を買ったのは、法政大学付属第一中学高校（東女大善福寺キャンパスのはす向かい）である。法政中高は牟礼に移り、その跡地は長谷工コーポレーションに売却され、低層住宅街に高層マンションが建とうとしており、近隣住民の反対運動が起きている」と述べ、「東女大の建物が失われることには、近隣の街並みが壊されていくという余波を伴っている」と指摘した。★04

たとえ足場が組まれても

パネルディスカッションの後、パネリストとレ会会員三〇名ほどで懇談会をもった。昼食会を兼ねたもので、会員・発起人の初の顔合わせの機会ともなり、東寮保存の思いを一つにし、「まだ躯体には解体の手が伸びていない、美しい外観は残っている、最後の最後まで諦めずに保存を訴えよう」と励ましあった。

理事会との進まぬ交渉

書簡の数は九対三

二〇〇七年一月の第二回理事長懇談以降、藤原代表は原田明夫理事長に書簡を送り続けた。レ会提案の三号館跡地利用案への回答を要請し、老朽化や耐震性に関する大学の主張に疑問を呈し、九月開催の「世界巡回レーモンド展」に配慮して東寮解体の延期を懇請した。永井路子から託された「二棟の登録有形文化財指定と保存を理事会に要望する」旨の手紙（→資料015・二四一頁）も同封し、文化庁の担当者が公的な立場としてはギリギリの表現で二棟の保存を願っていたことも書き添えた（→九四頁参照）。一月の理事長懇談から東寮の躯体に手がかかった八月二八日までに、藤原代表からの書簡九通（永井路子の一通を含む）、それに対する原田理事長からの応答書簡は三通であった。

なぜ「三号館解体」を変更したのか

原田理事長からの書簡三通は、堀地常務理事が「三菱地所設計に検討させる」と約束したレ会の三号館跡地利用案に関して、それぞれ次のように回答していた。

二月一三日付では「〔三号館の建て替えについては〕あえて触れない」(→資料011・二三二頁)。

三月一四日付では「〔三号館跡地は〕場所が近隣に近く、建築基準法の斜線制限の制約もあるため、高層化することは困難」(→資料013・二三七頁)。しかしこの主張は「望むだけの高層建築が可能」とする杉並区役所建築課の見解とは全く異なっていた(→九一頁)。

そして六月一三日付では「三号館は解体の方針であったが、……改修を行わずに活用の道も検討してみようということになった」(→資料018・二四五頁)。

これら一連の回答書からは、三菱地所設計に検討させた形跡がない。しかも理事会決定は変えないと再三言いながら、この時期になってなぜ、三号館解体を取りやめるという結論になったのか。「新棟建築のためのスペースは、東寮ではなく、解体が決まっている三号館跡地を利用する」というレ会の案は、理事会決定の突然の変更によって意味を失った。

公開質問状と理事長からの「最終回答」

情報公開と説明責任を求めて

レ会は、東京女子大学がキリスト教精神にもとづく大学として、同窓生のみならず、学内外の関係者・市民へ誠意をもって情報を公開し、説明責任を果たすことが大学の責務であると考え、一つ一つの問いに具体的に回答することを求めた総括的な公開質問状を三回にわたり原田理事長に提出した。六月一四日に第一回(回答期限つき→資料019・二四六頁、資料020）、七月九日に第二回（第一回公開質問状への回答の督促→資料021・二四六頁、資料022・二四八頁）、七月三〇日に第三回（七月一九日の原田理事長の第二回公開質問状への回答を踏まえたもの→資料024・二五〇頁、資料025・二五二頁）。公開質問状は、レ会の認識・記述に誤りがあるならば指摘することも求めていたが、反応はなかった。

なお、原田理事長は七月一九日の書簡で、同窓会総会におけるレ会会員の発言に不快感を表明し、「これが最終回答」であるとした（→資料023・二四八頁）。

以下に、公開質問状の主たる三つの論点について述べる。

✣——整備計画決定プロセスへの疑義

キャンパス整備計画が始まった当初から、大学側は牟礼の売却金を新棟建設に使用する根拠として「建物の売却金は建物にしか使えない」という主張を流していた。この主張が誤りであることは、第二章（→七二頁）および第三章（→八五頁）で述べた通りである。

この問題について、第二回公開質問状に対する原田理事長回答とその添付文書（→資料155）から、はからずも次のことが判明した。

一、「建物の売却金は建物にしか使えない」という前提で教職員にキャンパス整備計画が説明されたこと、

二、それに対して二〇〇七年五～六月頃に教職員のいくつかのグループから疑義が提出されたこと、

三、その疑義は一部の教職員の誤解というものでなかった。それは、その後、全教職員向け説明会が複数回実施され、さらに説明文書が配布されたことからもわかる。

「建物の売却金は建物にしか使えない」という誤った前提でキャンパス整備計画が決定・周知されたこと、およびそれによって牟礼売却六〇億円余を何に使うべきかという、根本的論議を封じ込めたであろうことに

対し、レ会は疑義を呈し、説明を求めたのである。

キャンパス整備内容への疑義

レ会はやみくもに東寮・体育館の保存を主張したわけではない。名建築であっても解体せざるを得ない場合もあるであろう。二棟解体によって、このキャンパスでは何がどう変わるのかが重要だが、その内容が二〇〇七年四月にレ会の要請で実現したキャンパス整備計画スライド上映会で判明した（→資料121）。

学内への説明用資料であるスライドは、漠然としたイメージ画像でしかなく、教室数は三〇〇人の大教室が二つ増えるだけで中・小教室は全く増えない、研究室数も増えない、体育館は二つから一つになり、面積は増えないということであった。★05 特に中小教室は、東女大のハード面では最も必要性の高いものと聞いていただけに、レ会の出席者全員がこの報告には思わず驚きの声をあげた。東京女子大学は少人数教育を重視する大学ではなかったのか。

学内からも、大学の説明が不足している、現場の意見を聞いてくれない、障がいのある学生の存在を無視した設計である、なんのための樹木伐採か、といった不満が聞こえていた。一〇年前の八〇周年記念建築事業（キャンパス統合）で学生四千人体制に対応するキャンパス整備は終えたはずであった（→五七頁）。それに加えてさらに六〇億円余の投資、東寮・旧体育館解体、東寮前樹木の大規模伐採等に値する計画なのか、説明を求めたのである。

解体理由への疑義

保存か解体か。その主要な争点は、老朽化と耐震性の問題、またその補修・維持にかかる費用である。この問題について、日本の建築界を代表する学会・協会・専門家集団が保存要望書を提出し、老朽化と耐震性について、得られる限りのデータで診断した結果、解体しなければならない理由はないという見解を、その根拠とともに提示している（→資料178）。

一方、大学側は、具体的な根拠を示さないまま、東寮・体育館の二棟が老朽化している、耐震性に欠けていると主張し続け、補修費用の予測の数字も開示しない。専門家の提言や調査協力の申し入れも拒否してきた。これは、東京女子大学の創立にかかわった先人たちや、レーモンドと東女大レーモンド建築にたずさわった全ての関係者の願いや祈りを裏切るものではなかろうか。

東寮の解体が始まる

✣――井戸とヒマラヤ杉のお祓い

東寮解体着工がいつなのか、問い合わせても回答のないまま、七月半ばに準備工事が開始され、樹木の枝葉が払われ、一部の木は移植され、寮内の什器類が運び出された。

二〇〇七年八月二〇日の早朝、東西寮の中間にあった古井戸を埋めることと、東寮の南西角に沿って聳えていた複数のヒマラヤ杉を伐る前に、日本の慣行として型どおりの神式によるお祓いが建設会社によってとり行われた。太い木は直径七、八〇センチもあったが、みな切り倒された。寮の中庭の百合の木は二階の屋根から突き出るほど高くなっていた。そのため東寮を全壊させてから倒された。

✣――解体に抗議「ここで逢ったが百年目」

作業員が引き揚げた夕暮れ、地を覆う緑が除かれ、むき出しの更地と化した広い現場には切り倒された樹木の太い幹の山と重機だけが残された。その無惨な光景の向こうに、いつにかわらぬ静謐なたたずまいの東寮が見えた。八月二七日にこの報告をうけた永井路子は「(海外滞在中の)藤原さんがお留守のいま、東寮に手がかかる時には私が行かなければなりません。行って東寮のために祈りましょう」と言った。

翌二八日正午、永井ほか事務局メンバーら六名が炎天下に正門に集合、抗議のため原田理事長、湊学長、堀地常務理事に面会を申し込むが、三氏とも休暇中で不在であった。しかし偶然、東寮前で桃井事務局長に遭遇。「ここで逢ったが百年目」と永井が「私どもは、東寮崩壊を悲しみ嘆くために来たのではない。ここに展開されている東京女子大学史の重大な歴史的ひとこまを見届けに来た。あなたはこれをどう考えるか」と工事現場を指さして問う。「仕事ですから責任を果たさざるを得ませんが、複雑です」(桃井氏)、「仕事だからと言いましたね」と畳みかけた永井は、東寮解体がいかに承服できない暴挙であるかを縷々述べて抗議し、「ここに至っても東寮解体を納得していないが、後世に伝えるべく、中のものを一つ一つ大事にきちんと保存すべきだ」と、それを大学として本気でやるかどうかを具体的に問いただした(→資料126・127)。

❖――事務局長の案内でフェンスの中へ

すでに昼休みが終わる一二時二五分まで一〇分しかない。「事務局長の権限で東寮のなかを見せてください」の声があがり、それに気おされるように桃井氏は六名をフェンスのなかへ入れ、解体中の東寮の内部へ先導した。一階の各部屋は床も天井も剥がされて、すでに内装の解体は終わっていた。塔のほうに回り込んでみると、食堂があった一翼が重機で食いちぎられていた。

◉――二〇〇七年八月二八日、東寮解体に抗議。

やはりこの日に躯体の解体は始まっていた。現場監督（清水建設）の「工事を始めます、出て行ってください」との声に促され立ち退かされるまで、三〇分近くかけて東寮の最期の姿を見届けた。

翌二九日から轟音とともに本格的解体が進む。数日後にはロの字型の東寮は白い外壁一枚を残すだけになり、九月四日に完全に倒された。

塔（エントツ）も解体へ

❖「塔の会」の緊急呼びかけ

東寮から集会室へとつながる先の堂々たる白い塔は、当初は解体せずに残すと原田理事長との面談の席で聞かされ、学生新聞でも公表され[★06]、誰もがそう思っていたが、東寮に続いて塔にも解体の手が及んだ。

「塔までも!?」と衝撃が走るなか、九月三日に「寮の塔を保存し、アーカイブスに」とレ会会員のなかから立ち上がった卒業生グループがあった。「塔の会」である。

塔の会は、「東寮全体が……文化遺産であることは周知のことですが、なかでも塔の部分の重要性が最近わかってきました。寮を訪れた建築家によると[★07]、タワー部分にはレーモンドの創意工夫が込められており、洗濯室、調理室、料理を上下に運ぶダムウェーター、一九二〇年代のコイン式ガス台、雨水利用の水洗トイレ、煙突と採光と換気の機能を果たしたタワーなど、まさに貴重なわが国の先駆的女子寮の博物館ということです。……[解体中の]東寮の記念物などを加えて、貴重な教育博物館として残す努力が必要」とし、九月二〇日予定の大学理事会まで解体をストップするよう、①管財課・事務局に電話をかける、②理事にはがきを書く、③塔の修復のためにカンパするなど、直ちに行動を起こすようにと呼びかけた（→資料056）。

❖跡形もなく消されたエントツ

しかし、連日休むことなく数台の巨大な重機が四方から容赦なくエントツを襲った。轟音と強烈な放水、崩

❶——二〇〇七年八月二八日、重機による東寮の躯体の破壊が始まる。
❷——同日、解体される寮の内部。天井部分に二階床の構造が見える。かまぼこ型に曲げた鉄板の上にコンクリートが打たれている。
❸——解体中の寮内部から中庭を望む。
❹——塔も工事用フェンスで囲われた。
❺——二〇〇七年九月二日、東寮ついに壁一枚。

れ飛ぶコンクリートの塊、上部から始まって地下のコンクリートまで、かみ砕かれて徐々に低くなっていくエントツの姿を、レ会会員だけでなく、数人の卒業生がほぼ毎日、隣接する建物の外階段からカメラを構え、ビデオを回し、記録した。そして九月一七日、エントツは跡形もなくなった。

専門家による解体写真の分析

✣――東寮はヤワだったか

東寮躯体の解体直後から、「東寮を毀してみたらヤワだった」という話が学内外に流布されているのを知った。「塔の会」のひとりも桃井事務局長の口から直接聞いている。学生の生命を守り心を養う空間が、こともあろうに安普請であったといわんばかりの無責任な風評は、建設に心血を注いだ先人たちをおとしめ、名誉を著しく傷つける。また人命への敬意に欠けている。それが事実に反していることを、レ会は折あるごとに大学側に伝えていた。解体正当化のための宣伝であるならば、改めてこのいわれなき中傷に対応しなければならない。そのため、レ会は撮り続けた数百枚の解体現場の写真を構造専門家である西澤英和・小西敏正両氏に送って分析・検証を依頼した。

✣――学術的記録を残す責務

「現場を検分せずに専門的な判断を下すことはしない」としながらも、両氏の見解は、「東寮解体工事の一連の写真を見て」と題するレポートにまとめられた（→資料172・二六〇頁）。

東寮の解体半ばのこれらの写真は、レーモンドの明快な構造方針――軽く・強く・経済的――を示していること、建物の解体が容易であることと建物が耐震的に弱いのとは全く別のことで、解体の容易性から建物の耐震強度に話を短絡させるのは論理的でないこと、解体の容易さは環境問題の観点からも建物を評価する上で重要な要素の一つであることを指摘していた。大学が解体理由とした「材料劣化」については、解体によって出たコンクリートや鉄筋等を大学や工業試験所等の機関に依頼して分析し、「耐震性不足」については、耐震診断書を再検証するよう求めてもいた。そして、その結果の公表なしには解体は納得しがたいと改めて述べ、東寮の価値を考えれば、専門家からなる記録保存のための委員会を組織して学術的な記録を残すことが「文化の担い手である大学としての最小限の義務ではないか」と締め括っている。

このレポートは、九月一五日に藤原代表および会員一同の「東寮解体抗議文」（→資料030・二五九頁）を持参したのに続き、同月二〇日に大学に提出された。

記録と資料保存の要望

たとえ一部でも

八月二八日に抗議に出向いたその現場で「中のものを一つ一つ保存すべきだ」と主張する永井路子に、桃井事務局長は「個室内部の机・引き出しやパーラーの一部を保存します」と答えた。すかさず「加えてパーラーの暖炉、欄間、アーチ型の窓辺に沿って作りつけられた椅子等もぜひ保存を」という声があがった。このとき永井は、「全面保存と一部保存では意味が全く違うことは確かです。例えば唐招提寺を壊し、鴟尾《しび》や柱の一部と図面と模型を残しても保存とは言えません。しかし極めて限定的な意味で一部でも保存できれば歴史の証言者としては役に立つでしょう」と申し入れた。

消された歴史ミュージアム

解体を現場で見届けた永井路子は、九月七日には原田理事長に書簡を送り、①東寮破壊に抗議し、②理事長の考えを問い、そして③塔をアーカイブスにすること、④旧体育館を解体せずに残すこと、⑤レーモンド展へ大学として協力することを要請した（→資料029・二五八頁）。前後して立ち上がった「塔の会」（→一一六頁）も、東寮の記念物などを加えて「教育博物館」として塔を残すよう大学に要望した。しかし大学からはなんの返答もないまま、塔は解体されて終わった。

後日、永井は、桃井氏から「アーカイブス委員会の実質的責任者」として名前の挙がった教授に面談した。数日後、藤原も同教授に会って提案したが、積極的な反応は得られなかった。私学はもちろん国公立大学でさえ、他大学との差別化のために歴史ミュージアムを設け、自校の歴史を内外に謳い上げようとしている時代に、東京女子大学は、目に見え、手で触ることができ、身体で感じられる歴史そのものを自らの手で葬り去ったのである。

❖——東寮段ボール箱入り資料の行方

一〇月の初め、「東寮解体にともなって委員会室から段ボール一一箱の資料が出てきたので、一〇日に見に来て、各自選んで欲しいものを持ち帰ってほしい、不要なものは廃棄します」との連絡が、解体に賛成する元東寮生の間に回った。このことを知った藤原はすぐに桃井事務局長に連絡をとり、廃棄だけは待ってほしいと申し入れ、同窓の二人の女性史研究者に相談、大学に見に行ってもらった。東寮最後の寮監を務めた名古則子氏に問い合わせたところ、一九八四年の閉寮のときに委員会室にあった書類を一括して段ボール箱におさめ、大学側の担当教授に「整理と保存」を依頼して引き渡したものだと言う。それが今日まで放置されていたのだろうか。

段ボールの中身は、委員会や寮生大会の記録、外泊記録、戦中戦後の配給関係書類、金銭出納帳、献立やカロリーなど栄養関係ほか、一九二〇年代のものも含め、六〇年代終わりころまでのさまざまな記録が納められていた。これらには、戦前戦後の女子高等教育の側面あるいは生活史研究にとって貴重な資料が含まれていたであろう。

後日、高月同窓会長より「専門家の指導を受けた東寮同窓生ボランティアが、分類作業をしている」「大学は［この資料を］重要に取り扱うことを決めている」「［レ会の］ご心配は杞憂である」という手紙が届いた。そうであるならばなぜ桃井事務局長は藤原にそれを言わなかったのか。疑問に思いつつ、史資料は大学が責任を持つことが当然と考え、全理事、アーカイブ準備委員会、大学資料室委員長や女性学研究所長らにその旨の手紙を送って、レ会は手を引いた。しかし、現在どのように整理保存されているか、大学資料室に問い合わせても「散逸はしていません。どこかにあるはず」との返答であった。

❖――塔と歩んだガスメーターの落ち着き先

東寮の破壊直前に塔を見学した人からコイン式のガス料金メーターがあることを聞き、藤原が東京ガスに連絡。早速、「GAS MUSEUM がす資料館」からたいへん興味があるとの返事が届いた。事務局メンバーが塔の二階からこれを運び出した桃井事務局長と連絡をとり、了解を得たうえで東京ガスの担当者と引き合わせた。担当者の調べで、前金式ガスメーター（C型3LTS前金式ガスメーター　製造メーカー：品川製作所、製造年：一九三四（昭和九）年二月）とわかり、二〇〇八年三月二七日に大学より東京ガスのミュージアムへ寄贈された。

　その後、がす資料館よりレ会へ、「昭和一四年ごろの設置でしょうが、戦時体制の中で物資が不足してくる時代の中で、用途の異なる製品を改良して活用したのではないかと考えられ、前金式のガスメーターが転用

◉――寮の塔に備えられていた前金式ガスメーター。

され、通過メーターとして設置されたまま長い歴史を刻んだ建物と共に歩んできたため、今当館にて収蔵することが出来たと言えます。資料自体の希少性もさることながら、歴史的な建物と共に歩んできたという付帯事項が、よりこの資料の歴史的な価値を高めることになるのではないかと思います。収蔵にお力添えをいただき誠にありがとうございました」との手紙が届いた。

なお、地下にあったドイツ製ボイラー（ブデルス社、現ボッシュ・ターモテヒニク社、一九二七年製造）も、生産地にさえ残っていない貴重なものであった。田中辰明お茶の水女子大学名誉教授（建築設備）の尽力により、同社が運営するドイツ・ロラー市の暖房博物館へ移設された。★08

「東寮喪失」という現実を前に

✣ 愛する寮が消えた

東寮が解体された直後の二〇〇七年九月一五日付で藤原代表は原田理事長・湊学長宛に抗議文を送った。この文書には、冒頭から東寮を失った悲嘆と憤りにあふれている。

「私たちは二〇〇七年夏の終わりの衝撃的な出来事を、生涯忘れることはできないでしょう。（中略）晩夏の青空の下でホースの激しい撒水を浴び、ゆがんだ鉄の棒鋼でつづるコンクリートの断片となってゆくいたましい姿を、その場で目撃した会員有志らはただ息を飲んで佇むばかりでした。大学執行部の方々のうち何人が、この無惨な光景をご覧になりましたか。そしてどんなご感想をもたれましたか。あえてお伺いしたい。」

（→資料030・二五九頁）

✣ 体育館に迫る危機

東寮は解体されてしまった。落胆は大きい。だが終わったわけではない。残る体育館をめぐり、この後も保存活動は続く。その体育館保存については、多少楽観視する向きもあった。東寮と違って学生全員がこの建物に出入りして、そのよさを知っている。また跡地に新棟建設の予定はない。現に授業や部活に週日はむろん土日も活用されている。保存の要望が高まれば、計画を変更する余地もあるかに思われた。しかし東寮の解体が終わると、すぐさま体育館の入口の柱に包帯のような布がグルグルと巻き付けられ、「危険」と書いた札が立てられた。このあからさまな解体へのデモンストレーションを見れば、甘い期待は捨てざるを得なかった。

✣――次へ――

ちょうどこの頃、レ会でも次の行動を開始していた。東寮が取り壊されたその時に至っても、この問題について正確に知らない人たちがいかに多いことか。学内外、特に学内に「残したい」という気持ちが充満しなければ、保存への道はない。そのためにはやはり「知らせる」ことが第一である。

関係者への資料送付はこれまでにも試みてきたが、今回は東寮解体の現実と体育館保存の重要性を伝える資料を六つ選び[★09]、学内の全教員および学科研究室にあてて送った。同じものをメディア関係者、保存運動関係者、建築家等にも送付。会員、カンパ協力者、発起人、大学理事、同窓会理事、一部の同窓会支部長、その他関係者にも発送して、合計三九〇通、祈りをこめて次への種をまいた。

第五章

体育館保存に学内が動いた

東寮は救えなかった。気持ちを切り替えて体育館保存に向かうために、発起人および東寮保存で協力・連携した個人や団体にも声をかけ、二〇〇七年一〇月一四日、一八名が参加して、第二回発起人会議を開催した。

レ会の再出発

✣――第二回発起人会議

東寮と塔は跡形もなく消され、新研究室棟と新体育館棟の建設が始まろうとしていた。

事務局が、署名活動の報告、会計報告およびレ会発足から東寮解体までの一年余の活動の総括を行い、「緑の署名」「塔の会」の代表からも報告を受けた。

「体育館は寮と違い、卒業生であれば誰もが同じような関わり方をしているので連携がとりやすいはず」「歴史的意義を訴え、文化財を壊すことは恥ずかしいという認識をみなが持つことが大切」、また建築家の発起人からは「体育館を残してキャンパス整備を進める提案など、大学をサポートする形で保存を主張するなどはどうか」など、さまざまな意見や提案が出された。

日本の建築界を代表する三大組織、日本建築学会、日本建築家協会、DOCOMOMO Japanの支援を受け、数多くのマスコミにも取り上げられ、署名も一万を超えた。それでも原田理事長を動かすことはできなかった。体育館を守るためには、学生や教職員など学内との連携が必要という認識があった。

✣――路線変更をはかるべきか

翌二〇〇八年三月の事務局会議の席上、メンバーの中から微妙な路線変更案が出た。原田理事長はレ会を無視する態度を固めており、このままでは話し合いは望めない。話し合いなしに体育館は守れない。この際、大学が行った東寮解体と新棟建築を是認し、その上でキャンパス整備計画をよりよく活かすために体育館を残した方がよいという提案をしてはどうか、という意見であった。しかし仮にも東寮解体を是とするような態度は、レ会に対する信頼を裏切ることになるのではないか。いや、すでに東寮が壊された現在、それを認めないのはむしろ非現実的なのでは――。メンバーの意見は分かれ、それぞれに迷った。この日、同席の発起人の建築家、兼松紘一郎氏も小西敏正氏も、理事会と話し合いのテーブルにつくための方策を探ったが、答えは出なかった。

❖――「歴史をつくるということ」

半月後の事務局会議には、永井路子が同席。幾つかの議題の後、理事会との交渉再開のために路線変更をすべきかどうかの意見が再び交わされた。黙って耳を傾けていた永井が、「理事会がレ会と再び懇談を持つ可能性はほとんどないでしょう。路線変更は無駄であると同時に、運動の主張が曖昧になる危険性がある。これまでの経験に照らしても、路線変更してうまくいった試しはない」と発言、事務局メンバーは黙って頷いた。誰もがそれを知りながら、体育館を守りたい一心で迷っていたのだ。

永井はさらに「恐らく体育館は壊されるでしょう。たとえ壊されたとしても、運動をしたという事実が重要。それが歴史をつくるということです」と語った。その言葉の重みを噛みしめつつ、この時点ではまだ誰の胸にも「諦めるには早い」という思いがあった。

学内当事者の危機感

レ会会員は、当初から足繁く大学に通い、学内で開催されるイベントに積極的に参加し、あちこちからもれ聞こえる情報を収集して、学内状況の把握に努めていた。そして「次は体育館」となる前から、旧体育館保存のために熱心に活動する人々がいることに気づいていた。閉寮になって四半世紀、寮の当事者はすでに学内から姿を消していたが、旧体育館を愛おしむ人々はいた。週日だけでなく土日も旧体育館を使っている健康・運動科学の教員や体育系・ダンス系サークルの学生たちである。彼女たちは旧体育館の危機を見据えて地道に次に備えていた。

✣――体育教員の強い意志

二〇〇六年三月に三菱地所設計による教職員へのキャンパス整備計画の説明会で、初めて旧体育館がなくなることを知らされた健康・運動科学研究室の二教授（以下、体育教員と略）は、以後、理事長、理事会、学長、事務局長等に対し、「旧体育館解体および体育館建設計画について」再三にわたり要望書を提出し、申し入れを繰り返した。★01 しかし主たる施設利用者である体育教員や学生のところに設計者がヒアリングに来ない、設計図も見せてもらえないという状況が続いた。今ある新・旧二つの体育館に代わる「新体育館棟」がどのようなものになるのか、現存二棟の体育館で多彩なプログラムを可能にしてきたこれまで通りの授業が保証されるのか。ようやく提示された設計図には、「これでは授業がやりにくい」と懸念される幾つかの問題点が明らかになった。危機感を募らせて教授会で発言しても、健康・運動科学研究室の問題とみなされて全学の問題とは受け止められなかった。

そして〇七年九月、東寮は取り壊された。その跡地に新しい二棟（新研究室棟と新体育館棟）の建設工事が進み、〇九年春には新体育館棟は完成する。その完成を待って現存二棟の体育館は解体される――。

四〇年にわたり体育および体育館に込められた建学の精神と伝統を実践してきた体育教員は、誰よりも旧体育館の、身を置いて知る快適さを熟知していた。それはおのずと、ここで行われた授業やサークル活動を通して、在校生や卒業生たちにも共有されていた。

✣――少数の行動と多数の無関心

かつての武蔵野のおもかげは東寮と体育館を包むように広がっていた。春には旧体育館二階のテラスからは満開の桜が眼下に広がり、地上には無数の花びらがやわらかいピンクの絨毯を敷き詰める。新学年が軌道に乗るころ、若葉がもえ出し、周辺の緑も日々濃くなってくる。この空間をキャンパスのどこよりも愛し、自分の居場所として大切に思っていたひとりの学生が、東寮解体前の二〇〇六年一一月中旬に、「旧体育館及び五号館（東寮）の保存・活用を要望いたします」と署名活動をひとりで始めた。在校生の最初の動きであった。署名用紙を箱に入れ各研究室などにそっと置いたという。地にまかれた一粒の麦のようなその動きはあまり知られないまま時が経った。

しかし東寮が解体されると、「次は旧体育館だ」という思いが旧体に愛着を持つ誰もの胸に迫った。ダンス競技部やフォークダンス部、バレーボール部等の学生や、それを知らされた各サークルOGによる署名活動が始まった。学友会長と体育系サークル協議会長の連名で「新体育館の建設について――要望と意見」が学生生活課に提出された。だが他方で、年に一度の学生大会では議題にも採り上げられないという現実があり、学生全般の無関心の壁は厚かった。

✣――建物を丸ごと使った旧体イベント

この壁を前に、旧体に愛着をもつ学生たちは、多くの人に旧体のすばらしさを体感してもらうことが先決と考えた。体育授業のひとつ「日本の踊り」の受講生たち（署名活動をはじめた学生もそのひとり）を中心に、「おどるin旧体の会」が立ち上がり、〇七年三月三日雛祭りの日に、イベント「旧体で踊る、舞う、翔ける!!!」を開催した。共催はフォークダンス部。この授業担当の非常勤講師も、日頃から旧体で共に練習に励んできた国際基督教大学や慶應義塾大学の男子学生も共演して協力した。

窓は開け放たれ、両翼の二階の部屋もテラスも開放され、どこからでも思い思いに鑑賞できるよう、旧体は丸ごと使われた。★02 その日集まった学生・卒業生・市民・建築家らは、好きなところに席をとり、また気の向くままに移動して、視角の変化を楽しんだ。

赤い被りにだらりの帯の大原木踊り、山伏神楽の鳥舞、豊穣を祈るこきりこ踊り……、お囃子の銅太鼓に鉦《かね》に笛、それに足拍子がゆっくり、ときに激しくフロアをたたく。一転して民族衣装の若い男女によるロシアの、マケドニアの、メキシコのフォークダンス。旧体は古き日本を、多様な世界を大らかに受け容れる。[★03]踊りのあとは暖炉のある部屋で懇親会。招かれた一九四三年卒の作家近藤富枝氏の旧体の思い出話は、女子学生の自由が横溢した姿を活写して軽妙洒脱、そこには戦時でありながら外界とは別の世界があった。

使ってみて改めて味わったこの魅力、それはどこから来るのか、学生たちはそれを探りたいと考えた。

✣――学生たちの旧体育館研究

東京女子大学には全教員で構成する東京女子大学学会があり、学部・学科・学年を超えた学生グループの研究を支援する「学生研究奨励費」制度がある。旧体イベントを企画・開催した学生のなかの田代桃子・斎藤治子氏ら何人かがこれに応募し、「旧体育館を中心とする校舎の研究」に取りかかった。旧体の建築的特徴を調べ研究する過程で「体育兼社交館」と名づけた安井てつやライシャワーら創立者たちの体育および体育館に寄せた期待を初めて知った。「われわれは本学の歴史や建学の精神をほとんど知らないということに気づかされた。しかし、校舎一つ知ろうとしただけで、その一端に触れることができることを確信した。こうした研究は九〇年という長い伝統をもち、歴史ある校舎を有する大学の特権である[★04]」と論文を締め括った。

この研究は、二〇〇七年度学生研究奨励費研究最優秀賞に選ばれ、翌〇八年四月に、全新入生と教職員の前で始業講演を行う機会を与えられた。その講演（研究発表）が学内に思いもかけぬほどの反響を呼び起こした。

同窓生の中へ――連携を広げる

学生たちの旧体育館研究の最優秀賞受賞始業講演の報はレ会の保存運動への新たな刺激となった。目前に四月下旬の園遊会、続いて六月に同窓会定期総会がある。レ会も同窓生の中へ改めて入り、理解の輪をさらに広げようと努めた。

二〇〇八年度園遊会──体育科卒業生と語りあう

四月二九日の園遊会、旧体育館は午前も午後も「十一会（体育科卒業生の会）★05」主催の催しが開かれていた。午前中はフロアを使ったパフォーマンスで、午後二時からは二階の談話室でアンチ・エイジングをテーマにした懇談会であった。その合間の一時半から「学生たちによる旧体育館研究」の発表がフロアで行われた。誘いあって参加したレ会会員を含め、五〇名ほどが耳を傾けた。「建学の理念が込められた校舎群について学ぶことで、あらためて東京女子大学で学ぶことの誇りを得た」と結んだ学生たちの言葉を胸に、多くは引き続いて二階の教室に移動した。

椅子を輪に並べた会場の部屋には、体育科出身者をはじめレ会およびその他の卒業生約三〇名が集っていた。誰よりも旧体育館に思い出をもっているであろう体育科出身者たちは、一年余り後の旧体解体をどう思っているのか、その考えを知り、できれば思いを共有したいと願っての参加であった。

保存を願う者たちはおのおの旧体への思いを語った。かつて謡曲部が旧体で喜多流能楽師の教えをうけて稽古した歴史や、病身のため体育の時間を旧体の談話室で自習をした体験、故有吉佐和子氏と芝居を旧体で上演した思い出、持参した旧体の写真を回覧に供する者もいた。そして牟礼出身者が牟礼を失ったことの喪失感の深さを語ったときは、会場は静まりかえった。終了時には「体育科出身でない方々がこんなにも体育館のことを考えてくださっていることにお礼を言わずにはいられない」との声もあがった。

建物見学会と三沢浩氏講演会

同じ時間帯に別の教室で、昨年に続いて事務局メンバーの井上まゆみ主宰の集まりが杉並たてもの応援団の協力を得てもたれていた。前半はナビゲータ（建築家）による小グループ別の建物見学会、後半は三沢浩氏の講演であった。会場の教室には金澤良春（建築家）氏の手になる東寮の貴重な実測図や三沢浩氏が持参した体育館のレーモンド図面の写しなどが展示され、卒業生や近隣地域の人々、教職員やその他建築や保存関係者ら約七〇名が参加した。

レーモンドのもとで働いた経験のある三沢浩氏の講演は「建築家A・レーモンドの設計作法について――F・L・ライトからレーモンド、前川、吉村へ」と題するものであった（→資料176）。日本の近代建築の礎を築いたレーモンドは、日本家屋に近代建築の原理を見いだし、日本家屋がもつ自然と一体化した哲学をもって、徹底して使う側に立って設計したことを解説し、「古い建物は記憶の索引」「建物は実物があってこそ実感できる」「レーモンドの作った校舎の中でお話する、これこそが真の『空間体験』である」と感激の面持ちで締め括った。

✣――二〇〇八年度同窓会定期総会と永井路子の要望

さて今年の同窓会総会は落ち着いた雰囲気の中で討議ができるように、藤原代表は高月会長に、自由な質疑の時間を設けるよう書簡を提出し、発起人で作家の永井路子氏および発起人で元荻窪南教会牧師鳥山明子氏、更に前年の総会の最後に「大学の現状報告にたいし、質疑の時間が用意されるべきです。それがないから混乱します」と発言した西田和子氏（一九五二年卒）にも高月会長への説得を依頼した。このはたらきかけで「自由な質疑応答の」時間を設けるようにいたします」という高月会長の言葉を引き出すことができた。

六月二一日、午後一時から始まり、参加者二六一名。自由な質疑応答の時間は、議事が終了した四時過ぎ、議長解任後の懇談という扱いであった。

何人もの手が挙がるなかで最初に黒板擴子（永井路子）が指名され、用意した原稿を手に　大学へ二つの提案を伝えて文書で回答を得るよう同窓会へ要請した。その一つは、東寮、旧体育館の史料を残すこと。その史料を残す準備として、さまざまな関係者との話し合いの場を設けること、その話し合いの記録も残すこと。二つめは、なくなった東寮も含め全部の寮について、二一世紀の東京女子大学としての全考察を一冊にまとめることであった（→一七三―七七頁）。永井氏に続いて数人の発言が続いた。しかし旧体育館の保存を願って挙

●――二〇〇八年六月二二日、同窓会定期総会で配布したレ会のチラシ。

なぜ旧体育館保存をねがうのか

今あなたに知っていただきたい３つのこと

1. かけがえのない「価値」があります

「体育館兼社交館」と呼ばれた旧体育館。建学の精神・教育理念を具現し、常に時代に先駆けて自立した精神を身体で表現できる女性を育て続けてきた「全人教育」の貴重な証。その堅牢な構造や細部にわたる意匠など、日本建築学会をはじめ内外から高く評価されている美しさ。大学淘汰の厳しい時代に、東女の魂の礎とも言える旧体を解体してしまうことが、東京女子大学生き残りの最善策なのでしょうか。

2.「安全性」は専門家のお墨付き

老朽化と耐震性、学生の安全確保が解体の理由とされています。本当に危険なのでしょうか？　最近も、若者に人気のロックグループ EXILE の撮影に使用された旧体は、現在も体育授業やサークル活動に使用され、健康・運動科学科の先生方も維持を切望しておられます。関東大震災にも耐えた現在の堅牢性については、構造専門家のお墨付きです。

3. 補修や維持の「お金」は？

解体跡は更地。わざわざ更地にするための解体に大きなお金がかかります。これを補修・維持にあてることが可能です。区の文化財指定を受ければ、高率の補修費補助を受けられるという選択肢もあります。残したいという気持ちがあれば、旧体は残せます。

同窓生のみなさま、あなたは残したいと思いませんか
残すための知恵と力をだして、大学の未来をともに考えましょう

―――――――安全性に対する専門家の見解―――――――

●関東大震災（阪神・淡路大震災の 14.2 倍のエネルギー放出量）に耐えた実績
※被災で耐震性が低下することはありません（構造専門家の常識）。

●計算し尽くされた耐震構造
◆フロアを掘り下げて「身をぐっと低く構えた」構造　◆体育館フロアの大空間を両翼の２階建教室棟が強固に支えるダブルコア構造　◆天井をはしる３本の鉄パイプの「揺れ止め」効果 etc.
西澤英和氏（関西大学：耐震工学・建築構造学）をはじめ、多くの建築専門家が同様の見解を示しておられます。

大学理事会は、耐震性・老朽化に関する客観的なデータをいっさい開示していません。

東京女子大学レーモンド建築 東寮・体育館を活かす会
http://homepage2.nifty.com/twcu-raymond/

手した何人もの同窓生たちに、発言の機会は回ってこなかった。

✣───チラシの配布とその反応

レ会は、前年（二〇〇七年）の総会で発言を試みたにもかかわらず、「荒れた総会」という印象ばかり残し、その真意が必ずしも十分に浸透しなかったという反省に立って、チラシ「なぜ旧体育館保存をねがうのか──今あなたに知っていただきたい三つのこと」（→資料109・前頁）を用意した。三つとは「価値」と「安全性」と「維持・補修費」のことであり、それぞれに簡潔な説明を付して、「残すための知恵と力をだして、大学の未来をともに考えましょう」と呼びかけた。

チラシの配布は総会の進行を妨げることがないよう閉会直後に行った。会場に散って席をとっていたレ会会員が、周りの出席者に手渡した。胡散臭そうに退ける人、拒否する人もいたが、たいていの人は受け取ったし、近づいてきて手を伸ばす人もいた。総会翌日の支部長会に出席した湊晶子学長は、挨拶の中で「このチラシを信用しないでください」と言ったという。

立ち上がる教職員、二分する学内

二〇〇八年四月の学生による旧体育館研究発表を機に、学内の雰囲気が変わったと言われる。しかしその一年あまり前から、レ会は資料や冊子を全教員や研究室に送り続けていた。それにもかかわらず、東寮が解体され、体育館に危機が迫るまで、教職員がこの問題に持続的な関心を持つことはほとんどなかった。なぜか──。以下に、日本の校舎保存運動史上初と言われる教職員有志の粘り強い運動の、その画期をなした〇九年春の「三・一四シンポジウム」までを追う。

✣───何も知らなかった

二〇〇七年早春、レ会事務局メンバー二人は、一面識もない博物館学の教授を訪ねた。博物館学研究者ならば、東寮・体育館への理解も深いのではないか、という期待からだった。しかし教授は「なぜ、あんなに古くて汚くて暗い建物を残したいの？」と言う。東寮・体育館がもつ建築的・文化財的価値も、東女大にとっての意味も、大学の歴史もご存じないのだろう。教職員の、特に大半を占める男性教員にとっては、若い女性の寮や体育館は入ることも近づくこともためらわれる場所である。建物自体に馴染みがない。

閉寮後四半世紀近く手入れもされず、部室棟として自由気ままに使われている東寮は確かに「古くて汚くて暗い」状態になっていた。それ故、レ会は〇六年一二月のシンポジウムの記録冊子を全教員・全学科研究室に送った。この冊子には、二棟がもつ価値と魅力と東女大にとっての意味のほぼ全てが詰まっている。読まれないまま捨てられたのか。「そういえば何か来ていたね、何処に行ったかな」と教授。

✣――知っても動けなかった

一カ月後、再び研究室を訪ねたとき、教授は立ち上がって出迎え、開口一番「不明を詫びる。東寮・旧体育館は残すべきだ」と深々と頭をさげられた。後日、教授会で同様の発言をされたともれ聞いた。学者としての矜持であろう。

このことが機になったのであろうか、教授会では整備計画に関する個別の疑問表明が始まり、再検討の要望書が複数、理事会に提出された（↓一〇五・一一二頁）。だが続かなかった。このとき教授会は差し迫っていた学部再編問題で多忙だったのである。「〔東寮と〕旧体育館の解体計画が明らかになったのは、二〇〇六年三月の三菱地所設計による教職員への説明会が初めてである。当時、教員は〇九年からの学部再編の検討に時間とエネルギーを費やさざるをえず、整備計画については十分な注意を払うことはできなかった」★06。一学部制への移行問題は、全学的な課題であると同時に、一人ひとりの教職員にとっても自身の今後がかかった大問題である。学部再編の前に整備計画問題は霞んで消えて、東寮は計画通り解体された。

✣学生の旧体育館研究がきっかけに

東寮が跡形もなく消えた二〇〇七年秋、学部再編はようやくピークを越えた。その一一月には、取り壊され更地となった東寮跡地で、新研究棟と新体育館棟の建設工事が始まった。新体育館棟の完成を待って旧体育館は解体される。「ただの更地《オープンスペース》にするために旧体をなぜ壊さねばならないのか」という声が上がりはじめたところに、前述の学生の「旧体育館を中心とする校舎の研究」発表（二〇〇八年四月）があった。それまで孤軍奮闘を続けていた健康・運動科学研究室の二教授の周りに次第に学部学科をこえた有志が集まった。「従来から旧体保存を望む内外の声は小さくなかったが、この発表を機に学内教職員の意識は確実に変わった」[★07]のである。

✣過半数に達した「解体再考」署名

二〇〇八年六月、二一人の教員が呼びかけ人となって「旧体育館解体再考に関する要望書」（呼びかけ人代表、健康・運動科学研究室、鳥越成代教授）の署名活動が行われ、ごく短期間に四八名を得て計六九名、教授会の過半数に達した（→資料156）。

教職員にとって勤務先である大学に対する異議申し立ては大きな決断を伴う行動であったろうが、大学側にとっても見過ごせない動きだったのだろう、原田理事長はただちに全署名者へ「署名した理由を聞きたい」と個別に呼び出し状を出した。理事長のこの対応に反発した人もいたし、授業その他があって出られない人もいた。七月一八日、六九名のうち四〇名が理事長との会合に出席した。参加者のほぼ全員が一人ひとり立ち、質問をし、説明を求め、反論し、提案したが、理事長は「聞き置く」という態度で終始したという。この会合記録は、署名呼びかけ人の手によって冊子にまとめられたが、大学側が公開を拒否したため、教員以外は読むことができない。九月に入って原田理事長は、教授会の過半数を超える「解体再考」の要望に対し、「意見は聞いたが変更する根拠にはなりえない」と回答した。[★08]

しかしこの理事長との会合は、「解体再考」の次のステップを準備した。ここで初めて教員たちは、同僚の率直な意見表明を聞き、学部・学科の壁を超えて、互いに——どのような考えをもっている人間かを——知ったのである。「東京女子大学に所属する人間として、大学の将来を見据えたキャンパス整備という難しい問題を、人々が一堂に会し冷静に意見交換しあう」[★09]ために、学内での公開シンポジウム開催は必須と考えた教職員有志が、シンポジウム実行委員会を形成した。

教職員有志主催「三・一四旧体シンポジウム」

✣——旧体育館を会場に

学部再編（新一学部制）での初の入試を終えた二〇〇九年三月一四日に、旧体育館シンポジウム実行委員会（委員長・森一郎教授）主催の公開シンポジウム「東京女子大学旧体育館の解体を再考する」が開催された。実行委員会はこの公開シンポジウムを、解体されようとしている旧体育館を会場とすることを強く望んでいたが、大学の許可はあり得ないと思われていた。しかし実行委をはじめ他の教授会メンバーが大学へ粘り強く働きかけて、からくも実現した。それだけにシンポジウムの運営に実行委がどれほどの神経を使ったか、想像に難くない。

実行委はまた、シンポジウムが公平で理性的な対話になることを強く望んで、[★10]原田理事長はじめ大学理事一三名、キャンパス整備計画委員会[★11]の教員八名に出席の要請を返信用はがきを同封して送った。しかし、理事二名、委員二名から欠席の返事があったにすぎず、実行委側を落胆させた。[★12]

✣——二五〇名が参集

このシンポジウムは、新聞にも開催案内が掲載され、[★13]当日は悪天候にもかかわらず、約二五〇名の参加者が一階フロアを埋めた。卒業生、学生、教職員、同窓会関係者や建築家、保存運動グループや市民やマスコミ関係者等々、あらゆる方面からの参加者が揃った。

一階フロアの周りの壁には、旧体育館の写真や、そこに刻まれた歴史を語る写真、さらに各方面からの保存要望書や旧体育館活用のイメージ図、雑誌や新聞の記事が拡大されてびっしりパネル展示されていた。そのなかに一週間あまり前に原田理事長あてに出された杉並区長の保存要望書（→資料084、二七〇頁）もあった。この日のために二階テラスの二つの大きな花鉢や階段の踊り場には、学生と卒業生の協力で花が美しく活けられ、暖炉を備えた談話室にはお茶が用意された。休憩時間に訪れた参加者は、旧体育館の往時の社交館としての魅力、温かい雰囲気を味わったことだろう（別例ではあるが、口絵F7―❷参照）。

✣――主催者の思いと理念

司会の石井信夫氏（数理学科教授）は、自己紹介を兼ねて、ゆったりとした口調でこう切り出した。「生物学、なかでも野生動物の保全が専門です。一度失われたものは二度と取り戻すことはできない、ということを日々痛感しています。旧体育館についても、ひょっとしたらこれをなくしてしまうかもしれない、という思いがあって、司会まですることになった」と。

実行委員長の森一郎氏（哲学科教授）は、「昨今の大学をめぐる閉塞状況と無力感の蔓延を打破するには、学問の原点に立ち返り、言葉への責任と信頼を持して理性的対話に臨むことが、何よりも重要です。私たちは高等教育に携わる者としての責任において、伝統ある学園にふさわしい志操高き集いとすべく」企画し、準備してきたと開催趣旨を説明した。

シンポジストのトップは、鳥越成代氏（健康・運動科学研究室教授、教職員有志代表）の「旧体育館解体再考を願い続けて――本日までの経過報告」。旧体を使い続けてきた体育の教員として旧体育館の「使い心地の良さ」を証言し、「創建以来現在まで、全ての学生が授業で使い続けてきた、そして、土日も含め一年中使われている現役の体育館」を、納得できる説明もなしに「理事会が機関決定を既にした」ということだけで諦めるわけにはいかないと述べ、学内聴取を含め手続き上問題なしとする理事長説明に対し、事実経過をもって疑義を呈した。★14

✣——卒業生は訴える

続いて斎藤康代氏（一九五八年卒、東女大名誉教授）は「自分が大学で学んだこと、それは、地位とか権力にかかわりなく、誰の言葉のなかにも真実を見いだすことが大切であるということ。その力は直面する問題に真摯に取り組み、人の意見もよく聴き、自らも考え、そして発言していくことで養われる。その精神がこのシンポジウムに生きている」ことの喜びにふれ、建物について無知であったことを恥じて『創立十五年回想録』の読書会を二〇〇七年春から始め、その学びのなかから、「現在たまたま責任を負っている一部の者が、本学の貴重な宝物の命を絶つことが、果たして許される行為なのか、問いたい」と静かに述べた。

旧体育館研究を立ち上げ、学生研究奨励費研究の最優秀賞を受賞した田代桃子氏（二〇〇八年院卒）と、その後継者である斎藤治子氏（現代文化学部二年生）が並んでマイクを持ち、「おどるin旧体」等のイベントや旧体育館研究で学んだこと、考えたことを披露し、「この大学の歴史や校舎、創立者たちの思想について、統一的に学ぶクラスが一つでもあってほしい。それがあれば、学生

◉——二〇〇九年三月一四日、旧体育館を会場に開かれた、教職員有志主催「公開シンポジウム　東京女子大学旧体育館の解体を再考する」

たちは自らが学ぶ大学に誇りを持つことができる」と、会場の先生方や先輩に向かって訴えた。

永井路子氏(一九四四年卒・作家)は、学生を育て、文化を育んだ旧体育館固有の歴史を「東女大旧体育館物語」としてエピソードで紡ぎ、「形ある物は全て滅びる」(原田理事長はじめ解体賛成の人々の言)を口実に法隆寺を壊すことができないのと同じように、旧体育館は自ら壊すべきものではない、生きた歴史資料として継承させたいと述べ、遺跡保存に関わった経験から「ホンモノは残さないでよかったことは一度もない」と結んだ。

✣──建築専門家の証言

鈴木博之氏(東京大学大学院教授、建築史、DOCOMOMO代表)は、DOCOMOMO選定の「保存すべき近代遺産」として東京女子大学のレーモンド建築群がリストアップされており、二棟の登録有形文化財申請を「[大学が]」なぜか忘れちゃったのは耳なし芳一のようだ」と述べ、体育館のモダニズム建築としての魅力をあちこち指しながら解説した。その指先を追って、聴衆の頭が上へ下へ、左へ右へと波打ち、納得と感嘆のため息が漏れた。これは、守りたい建物のなかでシンポジウムを開くことの意味を感得する貴重な体験となった。

鈴木氏は、「次代のキャンパス創造は古い建物群を核にすること、キャンパスの魅力とは大学の魅力の非常に大きな要素であり、これからの時代はその魅力の意味がさらに増すであろう。文化遺産を守って、それを活用しない手はない」、これが結語であった。

続くDOCOMOMO会員で構造専門の松嶋哲奘氏(松島建築研究所所長)が、争点の耐震問題に切り込んだ。前年(二〇〇八年)一〇月二四日にDOCOMOMO(鈴木博之代表)は原田理事長へ「旧体育館の耐震診断書」(→資料039・二六八頁および資料178)を提出したが、その作成者が松嶋氏である。理事長からは「第三者に助言を求めることは考えていない」という回答だったという。

松嶋氏は大学からの協力が得られない制約の中でどういう手法で診断書を作成したのか、専門的な話をかみ砕いて説明し、当時のコンクリートの強度の半分で計算しても耐震はクリアしていることを突き止めた。

また、DOCOMOMOはこの日のために改修案のパース「旧体育館を残したオープン・スペースの一例」[15]を用意したが、日本建築家協会の災害対策委員でもある松嶋氏の目から見ても防災上なんの問題なく、レーモンドのデザインの素晴らしさがより引き立つ案であると推奨した。

✣——「寄る辺」としての社交館復活を

シンポジスト最後の土合文夫氏(外国語研究室教授)は、旧体を保存した上でどう活用するのかを提案した。現在の学生たちの使用頻度からいっても、新体育館棟ができてもなおこの旧体育館のスペースが不可欠なこと、大学が言う「オープンスペースを憩いの広場」として機能させるためには、広大な更地の一角に人々が身を寄せあう「寄る辺」が必要であること、その「寄る辺」は、旧体を社交館として復活させ、広場と一体化するように改修することでより素晴らしい空間になるというものであった。[16]

✣——明らかにされた「いまだ解けぬ疑問」

司会の石井信夫氏は、全体討議に入る前に議論の一つの土台として、三枚綴りのレジュメ「なぜ旧体育館を解体しなければならないのか——理事会・キャンパス整備委員会側の説明とそれに対する疑問」(→資料161・二七〇頁)を紹介した。[17] 教職員が、教授会やその他の場で問うた疑問に対する大学側の説明を「安全性に関する問題」「財政上の問題」「手続き上の問題」「その他」の四点に整理したものである。学内での質疑応答の全貌が詳細に窺える貴重な資料であり、教職員がなぜ解体に納得できないかがわかる。

✣——アピール文の採択

全体討議では、フロアの多彩な参加者からの発言が続いた。[18] レーモンド設計事務所設計部長をはじめ、遺跡学会や民俗建築学会の会長、東女大教員や他大学の教員、元職員や卒業生、そして在校生。最後に発言した学生は「なくなってしまうことが決まってから、価値ある建物だということが分かるのはとても悲しい」と述べた。

最後に四点からなるアピール文(全文→資料085・二七二頁)を採択し、閉会となった。

一、東京女子大学の来し方行く末に関わるこの重大問題を、今後もねばり強く考え続け、真剣に論じ合っていきたい。
二、旧体育館の解体計画を、新体育館のそれとは切り離して、いったん凍結するよう強く訴えたい。
三、大学の公共性にかんがみて当然公開すべき耐震調査報告書のすみやかな開示を要求したい。
四、旧体育館をなぜ解体しなければならないか、に関する適正な説明会の開催を、シンポジウム参加者の総意として、理事各位にあらためて要求する。

❖――『三・一四シンポジウム記録集』とその成果の共有

この公開シンポジウムは、二週間後（三月下旬）には詳細な記録冊子にまとめあげられた（旧体育館シンポジウム実行委員会『公開シンポジウム記録集　東京女子大学旧体育館の解体を再考する』→資料134）。授業や研究やさまざまな業務を縫っての膨大な作業であったろう。四月に入ると教授会で「旧体解体凍結」の賛否が諮られる。その前にすべての教授会メンバーにシンポジウム内容を知らせることが急がれたのである。

このシンポジウムに招かれ発言した永井路子は、四月の中旬、この記録冊子を国内の全同窓会支部長五四名へ手紙（→資料045・二七五頁）を付して送った。「この冊子を読んで、東女精神のシンボルを残すにはどうすればよいか、静かに見つめ、語りあって、支部の方にはもちろん、同窓会本部へ働きかけてほしい」と。

❖――「壊してしまえば文句は出なくなる」

シンポジウム終了後の三月一九日に実行委員会は大学理事全員に公開書簡を送り、同封した資料「なぜ旧体育館を解体しなければならないのか」に誠実に応答するよう求めた。その中で、キャンパス整備計画委員会において「壊す前に反対運動が起きていても、いったん壊してしまえばもう文句は出なくなる」という発言があったことを問題とし、シンポジウムがこれほど盛り上がった今、説明会抜きの計画続行はあり得ないし、解体再考の声を握りつぶして大学が解体を強行するならば未来に禍根を残すと、原田理事長に英断を求めた。★19

第六章

体育館、最後の日々

三・一四旧体シンポジウム以降のうねり

高まる期待と「凍結決議」の否決

二〇〇九年三月一四日の教職員有志主催シンポジウムは学内外の耳目を集めた。高まる「解体再考」「凍結」の声をもって理事会を動かせるかもしれないという期待が、保存を願う者の胸を躍らせた。しかし四月二二日の教授会で、旧体解体凍結を求める決議は、僅差で否決となった★01。解体着工は一カ月後に迫っていた。レ会も、学内外のめまぐるしい動きに呼応して、最後の努力を傾注することになった。

有識者の会とメディア報道

校舎保存運動史上初といわれる教授会の過半数にのぼった「解体再考」署名につづく「三・一四シンポジウム」の成功に力を得て、四月初め、これまで三年ものあいだ支援を続けてきた建築家たちが協働して「東京女子大学旧体育館保存を要望する有識者の会」（以下、「有識者の会」と略）を立ち上げた。呼びかけ人代表は前野まさる東京藝術大学名誉教授（イコモス委員長）★02。その直後の教授会での「解体凍結決議否決」は、動き始めたばかりの有識者の会の重要性を高め、より多くの社会の声を結集するよう、賛同者への呼びかけに拍車がかかった。

呼びかけ人のひとり鈴木博之教授（DOCOMOMO代表、東京大学名誉教授）や同会の事務局担当の兼松紘一郎氏（DOCOMOMO幹事長）ら建築家の要請を受けて、レ会から藤原代表ほか同窓生発起人も賛同者に名を連ねた。賛同者から新たな賛同者へ、その輪を広げて総計一八八名、さまざまな分野の人々の名が並んだ。四月一七日、同二九日、五月一一日、同二〇日の四次にわたり、賛同者名と共に、理事会、評議員会、教授会のそれぞれの長と構成員宛に「旧体育館保存のための緊急アピール――体育兼社交館のルネサンスのために」を提出、「今や、旧体育館解体問題は、近代建築や文化保全というテーマ、そして教育と大学の将来展望にかかわる重大な公的関心事となっています」と宣言し、解体計画の変更を強く求めた（→資料087・二七六頁）。

三・一四シンポジウムに続く有識者の会の結成は、メディアの関心をさらに呼び、旧体育館解体着工の報道は五月末までに一〇件を超えた（→巻末年表「メディア掲載」）。同窓会鳥取支部長（当時）は、五月九日付朝日新聞「やまぬ『待った』の声」（→資料212）と永井路子のエッセイ「命、守れるか、小さな二棟」（→資料228）のコピーを全支部長に送付した。

✣——二〇〇九年四月二九日園遊会にて

当日朝一〇時半から西荻窪・吉祥寺駅頭で同窓の杉並区議が「文化財の保護を！」とアピール。その周りで同窓の教職員を中心に卒業生や在校生がチラシ「旧体育館に行こう」（アンケート兼用→資料111）を千数百枚配布。哲学研究室（三号館一階）には旧体関連資料とアンケート★03箱が用意され、チラシを手にした卒業生やその家族が途切れずに来室し、資料を受け取っていった。

正午、チャペルの前には開会の礼拝を終えた原田理事長・湊学長両氏を待つ幾つかの同窓生グループがいた。「有識者の会」の賛同者二人が「第二次有識者の会緊急アピール（賛同者八五名）」を学長に差し出すが、「理事長に」と言って立ち去り、理事長は「こんな時になんですか」と受け取らない。「ライシャワー文化財保存要望書（田澤和子代表、署名者一七五名）」も、署名簿の入った紙袋を押し戻された。続いてレ会事務局の二名が「東女レーモンドの会保存要望署名の追加分（累計一万一六三五名）」を差し出すと、原田理事長は思わず手に受けたが、次の瞬間、傍らの桃井事務局長に署名簿を渡して立ち去った。

受け取りを拒否された二グループはのちに桃井事務局長に届けた。以上の三グループとは別に、同窓会支部「さがみの会鎌倉」の署名（約四〇名）は、前もって内容証明で大学に送付された。

午後三時、旧体で同窓の教職員有志を中心とする企画「演武・演舞」が始まる。旧体に来て知って良さを体感してもらうためにと企画された。約六〇名が参加した。

続いてその場で斎藤康代氏（一九五八年卒、東女大名誉教授）が「『杜の会』復活宣言」（→資料135）を発表し、同会顧問の矢沢静江氏（一九四五年卒、元助手）が旧体育館解体反対の願いを滲ませて挨拶。正面入り口の受付には入会希望者を募る記名用紙が置かれていた。

「杜の会」はレーモンドの校舎建築が進む最中の一九二八年、松やススキの原っぱだった武蔵野の校地に「美しい森を」と、資金も自主活動で調達し、開墾し、種を蒔き、苗を植え、育てて、東京女子大学の代名詞ともなる鬱蒼たる緑のキャンパスの基を築いた一〇年に及ぶ学生たちの会である。学生数四〇〇名時代に会員二〇〇名を超えたという。★04 今、キャンパス整備で緑樹が伐採されるなか、この先輩たちの志を継いで緑を守りたいという「復活宣言」であり、会結成の呼びかけであった。

✣――五月五日、旧体暖炉は美しく燃え

二〇〇九年五月五日、奥村昭雄東京藝術大学名誉教授（建築家）・まこと（建築家）夫妻が旧体の暖炉に会いに来校した。招いたのはシンポジウム実行委員会の教職員有志とその関係者。マントルピースというお飾りの暖炉を嫌ったライト、彼から暖炉を学んだ弟子のレーモンド、レーモンドの弟子の吉村順三、その弟子の奥村氏は、「おじいさんの暖炉」は「さすがにうまく出来ている」と感慨深げであった。★05

奥村氏は、旧体にある六つの暖炉（一つはキッチンの料理用暖炉）を丹念に実査し、周りの条件も調べたうえで、一つの暖炉に薪をくべた。奥村氏も驚くほど、瞬時にそれはよく燃えた。半世紀使われなくても、レーモンドの暖炉は性能を保っており、見事にその機能を発揮した（↓口絵F7―❶・第一章五〇頁）。

✣――五月二一〜二二日「旧体メモリアルウィーク」（↓資料110）

主催者は「東京女子大学の建物に関する研究会」、学生研究奨励費研究最優秀賞に選ばれた「旧体育館を中心とする校舎の研究」を引き継いだ学生たちである。旧体育館全体を使った二週間のイベントは多彩で、常設的にフェアトレードのコーヒーと紅茶の試飲会や生産者のトーク＆手作りワークショップを開き、英文科教員による旧体ライブも実現させ、メインの「講演＆フリートーク」も二回開催された。

COLUMN——●「旧体育館の暖炉」

旧体育館の五つの部屋には五つのそれぞれに異なるデザインの暖炉があった。レーモンドの生地チェコに唯一つ残る国宝的文化財のそれと同じチェコ・キュビスムのデザインである。人間は古来、燃える火を見てものを考えてきた。暖炉のある部屋は静かに思索するスペースである。東京女子大学はそのような贅沢な空間を学生のために整えていた。

解体直前の二〇〇九年五月五日、半世紀もの間、ただそこに放置されたままだった暖炉に薪がくべられ、たちまち力強く揺らめく美しい炎が立ちのぼった（↓口絵F7—❶）。それを目の当たりにした人々は——それを伝え聞いた人々も——「旧体は生きている、本当に生きている」と心が震えた。半世紀使われなくても、見事にその機能を発揮するレーモンドの暖炉。「生きている、だから殺すな、最後まで諦めるな」という声を、炎の中から誰もが聞いた思いであった。

二つの暖炉が解体前に運び出されたという。どこでどのように「復活」するのか、見守りたい。

一回目は一四日で、三沢浩氏（建築家、レーモンド研究家）と内田青蔵氏（神奈川大学教授、建築史）。三沢氏は「建築とは内部空間です。空間の素晴らしさ、心地よさは、音と温度と空気です。旧体がいちばんそれに成功している。音と温度と空気は肌で感じるもの、記憶にとどめておけない。写真でも記録でもダメなのです」と述べた（→資料182）。

二回目は二〇日で、鳥山明子氏（一九四三年卒、日本基督教団元荻窪南教会牧師）と永井路子氏（一九四四年卒、作家）、それに兼松紘一郎氏が登場。鳥山氏は、「創立以来の、知的（＝東西校舎）、霊的（＝チャペル・講堂）、身的（＝東寮・旧体）の三本柱はゆらいではならない」と建学の歴史から説き起こし、永井氏は「旧体は終わったのではない、第二章が始まっている。一八八名の有識者の会のアピール、朝日・毎日・東京等の新聞報道、保存を願う人々が一つの大きな川になることが大事」と励ました。

このメモリアルウィークの間、旧体育館には学生が足しげく出入りし、講演＆フリートークには同じ思いをもつ教職員や卒業生たちのほかに、学外からも聴衆が集まった。

✣——創立九〇周年記念『東寮・旧体育館写真集』

二〇〇九年五月一六日、大学は創立九〇周年記念式典を執り行った。すでに九〇周年は過ぎているが、四月一五日に竣工引渡し式をおえた新研究棟と新体育館棟のお披露目をかねてであろう、講堂での式典のあとは、新体育館棟で祝賀会が催された。

招待客に手渡された記念品の中には『東寮・旧体育館写真集』★06があった。A４判のハードカバーで、プロの建築写真家の手になる豪華な美しい作りであり、原田理事長の解体に触れた巻頭言も載っている（→資料147）。しかし写真に付されたキャプションは、寮や旧体に親しみを持つ卒業生からみると全体的に素っ気ないトーンで、「違う」と違和感を覚える箇所も散見された。

例えば「厨房」とある塔の二階部分、これは「アイロン台」だ。明らかに間違っている。二〇〇人の食を賄っ

COLUMN ──●「花鉢に寄せて」

旧体育館の東西の談話室はテラスで結ばれていた。テラスは一階のメインエントランスの上にあたり、地震の際の揺れ止め効果を担っていた。テラスから蔀戸《しとみど》のような広いガラス窓越しに、フロアの全景を見下ろすことができる。振り返って南側の手すりからは、眼下に季節ごとに衣装を変える桜の並木が広がる。

　手すりにはコンクリート製の大きなライト風の花鉢が二つ備えられていた。コンクリートをどう打って作ったのか、その技術はいまだ分からないという。この二つの花鉢に、旧体でのイベントの度に、叶谷渥子ら卒業生有志が学生たちと水を張り、溢れんばかりの花々を活けて旧体を飾り、参加者たちを楽しませた。イベントには、学生有志主催の「おどるin旧体」(〇七年三月)、「音を楽しむ会」(〇七年六月)、「お花見――桜の花を上から見よう」(〇九年四月)、「フェアトレード・コーヒーと紅茶の試飲会」(〇九年五月)、二回の「講演&フリートーク」(〇九年五月)などがあった。

　旧体育館の二つの花鉢は、東寮跡地に建った新体育館棟の玄関入口に移設された。

た厨房は塔の一階部分で、黒光りのする大きなオーブンや釜・鍋などが堂々と並んでいた。残念ながらすでに撤去されていたのか、貫禄のある厨房の写真は一枚もない。また、寮の正面玄関を「南面入口」としている。入口には違いないが、正確に言うと戦後もある時期までは来客用の表玄関であり、寮生の通用口は食堂への渡り廊下の靴棚の並ぶ場所だった。これらは時代によって使われ方が変わっている。また旧体育館の写真は「西面」「南面」「東面」とあって見開きページの「全景」と続くが、瓦を剥がされ白く光る金属板で補修された屋根が大写しになった空中写真である。テラスのコンクリート造りの優美な花鉢がなぜ「正面入口左右の上部」としか書かれないのだろうか。★07

八五年の歴史をもつ東寮・旧体育館には、塔をエントツと言ったように親しまれた呼び名があった。歴史的な由来や建築的な魅力や利用者の実感等々を、キャプションに正確に映してほしかった。地上から消され、写真にしか残らない東寮・体育館を後世に語り継ぐための写真集であるからこそ――。だが文化財登録から外されて以降十余年の歳月、関係者の意識の上でも放置されてきた痕跡が、補修や散文的なキャプションにも見てとれた。

工事用フェンスを横目に続く解体凍結要請

✣――五月二五日、有識者の会緊急記者会見

有識者の会は、説明責任を十分に果たさないまま解体工事を開始しないよう、四次にわたり要望書を大学に届けた。しかし、理事長からの返答はいっさいなかった。

二〇〇九年五月二二日、旧体前に「旧体解体工事作業日程表」が張り出され、周りの樹木の伐採や移植が始まった。この事態を受け、有識者の会は二五日午後六時から、「旧体育館解体工事着工に抗議する緊急記者会見」を開いた。会場は、千代田区内幸町の日本記者クラブ大会議室。取材参加メディアは一一社一八名。

マイクの前には、正面右から兼松紘一郎氏（同会事務局・DOCOMOMO幹事長、レ会発起人）、内田青蔵氏（神奈川大学教授、建築史家、レ会発起人）、矢田部英正氏（武蔵野身体研究所所長、造形作家）、藤原房子（ジャーナリスト、レ会代表）、柏木惠子氏（東京女子大学名誉教授、心理学）、平野健一郎氏（早大・東大名誉教授、国際関係論）らが並び、出席できなかった三沢浩、永井路子、鈴木博之の三氏からもコメントが寄せられ、鈴木氏のそれは兼松氏によって読み上げられた（→資料089）。

同会は多くの資料を用意して配布した。★08 トップの兼松氏は緊急記者会見に至った経緯を説明するなかで、「本日学生が数百の署名を持参したが、湊学長が受け取りを拒否した」ことに触れた。藤原は「レ会は三年前の東寮問題から活動しており、旧体問題で学内がやっと動いた」と前置きして、いまだに納得できる説明が大学からないことを訴えた。マイクは順に回り、「旧体は東女のものだけではなく、公共の財産」「文化財としての価値だけでないさまざまな価値を持つ旧体」「旧体の喪失は教育理念の喪失」「旧体をクラブハウスとして復活させたい」「そこに卒業生の業績（著作物）コーナーを設置してほしいと指定寄附を申し出たが無視された」等々——。最後に平野氏が、新渡戸稲造に連なる国際文化論研究者の立場から、「グローバリゼーションによる個別文化の破壊が起こっている。旧体問題はまさに同じ。新渡戸氏ならば『活用せよ』と言ったはず」と述べた。

メディアからは「解体工事の現状は？」「大学が強行する理由は？」等々の質問が相次ぎ、会見は二時間にわたったが、途中退席する人はいなかった。

最後に「一、保存できない理由を明らかにし、［同会が提出している］緊急アピールに対して誠実に回答してほしい。それまで『旧体育館』解体工事の停止を求める。二、解体／保存の如何に関わらず、今後の建築物・建築史学的研究のために、構造その他に関する詳細な学術調査の実施の許可を求める」との声明文（→資料088）を読み上げた。

翌二六日朝刊では朝日、東京、読売が、二七日には毎日が、記者会見内容を報じた（→巻末年表「メディア掲載」）。

五月二六日、「旧体、ありがとう!」――別れの輪が旧体を囲む

二六日には、旧体に足場が組まれ、そこから延びる金属棒が暖炉のある五つの部屋の窓ガラスを突き破り、白い工事用フェンスが旧体を覆っていた。何人もの教職員が旧体にせわしく出入りして、新たに建った新体育館棟への引っ越しに大わらわであった。所々に廃棄された物品の山があり、「好きなものを持っていってください」という紙が無造作に置かれ、学生たちが物色していた。卒業生であろう、もう最後だからと部屋を回って、それぞれの暖炉に手を触れ、写真を撮ったりしていた。

この日、四時限にあわせて英文科教員らがコーディネイトした「柴田元幸・きたむらさとし対談・レーモンドからビートルズへ――ことば、空間、響き」が学生対象に講堂で開かれていた。柴田元幸氏（東京大学教授、アメリカ文学）は翻訳家・エッセイスト・小説家として活躍する人、きたむらさとし氏（ロンドン在住の絵本作家）も著名なイラストレーターである。

四時限が終わったのか、講堂から出てきた人々が旧体育館へ向かう。柴田氏と、もうひとりの教員はギターを手にし、旧体へ続く学生たちの波の中にいた。みなフロアに靴を脱いで立った。時間切れとなった講堂での質疑応答が短く交わされ、ビートルズナンバーが一曲披露された。一同の歌声と手拍子、足拍子が楽しげに響き渡ったのも束の間、弾き語りの二人は、参加者とともに歌いながら外に出てきた。柴田教授は裸足のまま、外に出てから靴を履いている。土足でとび込んできた桃井事務局長に追い出されたという。

ひとりの学生が叫ぶ「アピコ旧体!（旧体を抱きしめよう!）」その声に、周りにいた人たちも加わって、あっという間に人間のチェーンが旧体を囲んだ。真っ青な空を背に白いフェンスで覆われた旧体、それを仰ぎ見て、つないだ手を高く振り上げ、皆が一斉に声をあげた。「旧体、ありがとう!」柴田教授が解散を告げて最後に歌うビートルズ「SHE LOVES YOU」。愛する「あなた」に別れを告げることができた。

✣——五月二八日、抗議の意思表示に大学へ

高いフェンスで囲まれた旧体の内部はうかがい知れない。二二日に張り出された「旧体解体工事作業日程表」によると、二八日には土壌汚染検査のために旧体の床を剥がすという。レ会はこの日を解体着工日として、二年前、東寮躯体解体着工のその日に現場で桃井事務局長に抗議したように、原田理事長・湊学長にその場で抗議したいと考えた。しかし前日、理事長・学長に面会を申し入れたが、理事長は来校日でなく、学長は時間がないという回答であった。

当日の正午、せめて桃井事務局長に手渡そうと用意した手紙を持つ藤原代表とレ会会員七名は、霧雨のなか、フェンスで覆われた旧体を見上げていた。その近くで学生が小さなチラシを道行く人に手渡している。そのチラシには、「学長先生と語る会　5/28（木）昼休み　@小ホール」とあった（→資料110）。学長の話が聞ける、レ会の者たちは小ホールに急いだ。

✣——「学長先生と語る会」の学生たち

ホールには学生がびっしり集まっていた。★09 空席はないかと中に入ったとたん、湊学長の「ここには学生さんだけですよね、卒業生の参加は聞いていません。約束が違います、中止します」の声が聞こえた。「マイクは渡しませんから」と取りなす司会学生に、「卒業生への説明の場を別に設ける」という学長の言葉。それを聞いてレ会会員はホールを出た。ある者は隣接するロビーのソファで集会が終わるのを待ち、ある者は仕切のドアの前に立ち続けて学長と学生のやりとりに耳を傾けた。

司会学生は原田理事長・湊学長あてに提出ずみの「回答を要望する質問」からいくつかを読み上げ、湊学長に確認をとることから始めた。「耐震性の情報開示については『開示できない』ということですね」「学生の安全のために夏休みまで解体延期をという要望に対しては『理事会決定に従う』ということですね」といったやりとりのち、挙手を求めて一問一答形式で進んだ。

「なぜ旧体は文化財になっていないのか」「原田理事長から学生への説明がないのはおかしい」「解体する前に調査はしたのか」「旧体解体は誰のためになのか」、様々な質問が続いたが、湊学長は「なんでも疑ってかかる態度は非常に悲しい」と応じ、質問の多くに「それは私が決めることではない」「私も聞いていません」「理事長に文書を出しなさい」「私は理事長に取り次ぐだけ」と、「自分には権限がない」といった趣旨の返答が続いた。それに対して学生が「でもあなたは大学の代表者です」「解体されようとしている今でも、学長としてできることがあるはずです」と言う。「最後にひと言」と司会学生に促された湊学長は「皆で東京女子大学を愛しましょうー、以上」と声高く叫んだ。

学生たちは以前から、「質問に対する回答が得られ、また学生の納得が表明されるまで、解体工事に着手しないことを求める」署名活動を続けていたのである。そしてこの「学長先生と語る会」を実現させ、六月八日には同要望書を六二三名の署名とともに提出した(→資料064・二八二頁)。

✣書簡を手渡す

集会の終了を待つこと三〇分余、出てきた湊学長に藤原が近づき書簡を差し出した。「なんですか、これは」と身構えた学長は、それ以上は何も言わず書簡を手に、学生の追及に緊張したままの堅い表情で、教職員とおぼしき数人に守られて足ばやに去っていった。

この日藤原が手渡した書簡は、「解体抗議文」ではなかった。この時点になってもなお、原田理事長・湊学長に解体決定を覆すよう、誠意ある英断を促すものだった。有識者の会への無回答に象徴されるように、問答無用のまま解体を強行することが、社会に対してどれほど東京女子大学の品位を損ねるか、三年にわたる原田理事長との交渉を総ざらいするかのように、懇々とぎりぎりの説得を試みている(→資料046・二八〇頁)。返事はなかった。藤原代表の理事長・学長への書簡も、これが最後となった。

❶――二〇〇九年五月二六日、体育館解体直前。すでに足場が組まれている。
❷――六月七日、体育館内部から解体が進む。左手にエントランス、右手にはフロア部分。
❸――六月七日、二階のテラス。
❹――六月二三日、教室棟の屋根の取り壊し。
❺――七月九日、フロア部分が破壊され、東側のステージと二階部分がむき出しになった。

アスベスト問題の浮上と住民署名活動

大学近くに住む建築家川田伸紘氏は、大学の工事用看板にアスベスト撤去の記載があるのに気づいた。大学周辺は（杉並区側も武蔵野市側も）保育園、小・中学校の通学路になっており、解体に伴う有害物質やアスベストの飛散だけでなく、それらを運び出すルートがどうなっているのかも懸念された。川田氏は、二〇〇九年五月二九日、原田理事長・湊学長あてに「東京女子大学体育館解体に関する近隣住民への説明要望」の書面を提出し、同時に杉並区・武蔵野市両首長にも、自治体から大学へ適切な指導を行うよう要望書をだした。両区市の市民・議員その他にもメールを送付して署名を呼びかけたところ、近くの保育園の父母たちが真っ先に応じたという。

六月一二日、川田氏は、賛同者五四人の丁寧なコメント付き署名簿と共に、「大学が説明責任を果たそうとしてこなかった」ことに対する抗議文を提出して区切りをつけた（→資料065）。この時点でアスベスト除去作業も搬出も、すべて終了していたことが判明したためである。川田氏は「大学は、近隣住民に対して、区の『要綱』の遵守義務からズレるところがあったが、それ以上に、授業期間中に解体を急いだことのほうが問題だ。学内関係者、特に第一義的に守られるべき学生・寮生への遵守義務が守られなかったのではないか」と言っている。

二〇〇九年度同窓会定期総会

重機の投入

二〇〇九年六月早々、新・旧体育館に重機が入った。週ごとに張り出される「工事日程表」の六月二二日からのそれに「二暖炉の保存段取り」の文字があった。下旬に入ると旧体育館両翼の教室棟の瓦屋根が取り壊され、コンクリート部分の解体が始まった。

六月二〇日には二〇〇九年度同窓会定期総会が迫っていた。〇六年に始まった三年越しのレ会の保存活動にとって、最後の総会である。

❖──最後の機会への意欲

藤原代表は湊学長あてに五月三一日付で書簡を送り「卒業生へ旧体解体の説明会を開くよう」要請した（→資料047・二八一頁）。これは「学長先生と語る会」で学長が「卒業生への説明の場を設ける」と発言した約束の履行を求めたものである。同時に高月同窓会会長に「総会での学長説明を議題にし、質疑応答の時間を設けるよう」要請文を送った。学長からは回答がなかったが、総会二日前の一八日に高月会長より「時間をとるよう腐心している」旨の連絡があった。

保存について訴える最後の機会である。レ会会員メーリングリストで総会での発言を呼びかけたところ、十数人から発言予定稿が届いた。力のこもった長いものが多い。レ会事務局は「ひとり二分以内、四〇〇〜五〇〇字で、この問題を初めて聞く人に説明するつもりで明快な主張を」と返信した。

❖──強まった発言への規制

総会出席者二七九名、型どおりの議事が全て終わったあと、自由な発言は一〇分余というごく短い時間が残されたに過ぎなかった。発言は一人三分限り、質問への回答はなしとの条件だった。

何人もの人が挙手するなか、最初に藤原代表が指名され、冒頭で平野健一郎氏（早大・東大名誉教授）が有識者の会の記者会見で語った「新渡戸稲造先生がもしいらしたら、大切に活用しながら保存しなさいときっとおっしゃるでしょう」という言葉を紹介し、さらに安井てつ先生が二代目学長就任の辞で「四つの方針のうち体育の重視を二番目に挙げられ、社交館という性格をも期待された思い入れの深い建物だ」と続けていると、はやばやと制止が入り、時間ですと印刷した大きい紙を目の前に何度も突きつけられ、やむなく話を終えさせられた。記録では三分五秒。

すぐに司会者が「今と違うご意見の方」と言ってマイクを渡したのは、一昨年も昨年も大声でレ会への攻撃発言をした人で、今年も五分弱と時間制限を大幅に超えた。続いて「こういう対立があるのは、納得いく対話が出来ていないということ、解体を一旦止めて、東女らしい対話の場をもたせてほしい」との発言があり、会場から拍手が湧いた。

最後に指名された人の発言は、旧体シンポジウム実行委員会委員長が同窓会理事二二名あてに『三・一四シンポジウム記録集』を同窓会館に届けたが、一カ月近くも本人に渡されず会館に留め置かれたという。そのことを問い質すものであった。議長を解かれていた高月会長が弁明、要は「申し訳ないが、本当に他意なく、失念していた」というものであった。

高月会長はこの総会終了をもって二期の任期満了で退任、一柳やすか氏が新会長となった。

✣――チラシの配布とその没収

レ会事務局は前年に続きチラシ「『凡そ真なること』は何処へ？――多くの声を封じて、東寮についで旧体育館も今解体中です」（→資料112）を二二〇枚用意した。総会終了後に参加者に手渡したところ、同窓会理事や職員から制止を受けたが、一八〇枚は配布することができた。

後でわかったことだが、レ会のチラシ配布のまえ、総会のさなかに「旧体育館を愛し、慈しみ、手入れをして、使い続けられるよう、保存を求める署名」（略称「旧体ラブ署名」）の有志が、三〇〇枚用意したチラシ（→資料061の六月一九日添付書簡に同じ）を配布しようとしたが、大半没収されたという。

✣――変わらぬ総会、されど……

同窓会執行部の姿勢は相変わらずであり、レ会対策を強めたのではないかと思われる総会運営であった。しかし、それでも確実に今年の総会の空気は変わっていた。二棟保存を語れる最後の総会でレ会の藤原代表が発言の機会を得た意味は大きい。同窓会側は避けたかったかもしれないが、藤原代表をまっ先に指名せざるを得なかった。議事終了後とはいえ、質疑応答の時間が設けられるようになったことも、当たり前への一歩と言えよう。二棟解体に関わる発言に対して、二年前のようにレ会が排除され、孤立しているという感じは薄くなった。総会後の支部長会議でも、前年と異なり湊学長も高月会長も理事や支部長たちは誰も、レ会のことに触れなかったという。

✣——記憶はことごとく抹消された

旧体育館解体は急ピッチで進んだ。七月半ば、隣接の図書館の窓際に座って見つめているレ会会員の目に、最後の小さな敷石がえぐられて転がり、全体がほぼ真っ平らな更地になる瞬間が映った〈↓付属ＣＤ収録の旧体育館解体写真〉。

一〇月一三日、新・旧体育館跡に現出したオープンスペースの竣工引き渡し式が行われたという。九〇周年記念のメインとして登場した高さ三〇メートルの新研究棟と八〇周年事業で建てられたビルに囲まれた芝生のマウンドである。その周囲を夜間の照明灯の列が歩道から整然と区切っている。かつてレーモンドや創立者たちが創造した伸びやかな空間の自然なイメージはかき消された。人工的なデザインには往年の姿を思い出させる何ものもない。

●——東寮南側の正面玄関を東から見る。
行儀よく並ぶ個室の窓。桜並木の若葉が陽に映える。

【特別寄稿】

人と建築を考える

不条理と闘う考

――東京女子大学キャンパスの二つの建築

兼松紘一郎

歴史の一証言として

――原田明夫理事長との往復書簡

永井路子

不条理と闘う考——東京女子大学キャンパスの二つの建築

兼松紘一郎

建て替えて、集中管理センターとなった建物の一角にある守衛所で記帳し、哲学科の森一郎教授を待った。二〇一〇年六月の或る朝、表に立つ守衛とにこやかに挨拶を交わし研究室に向かう教員や、ノートや教材を抱えた女子学生が足早に教室に向かったりしている。久し振りに訪れた東京女子大学（以下東女）の一日が始まっているのだ。

深い緑の大木群のなかに見える初夏の日差しに映える芝生の先に、本館（旧図書館）が浮かび上がっている。いつもの美しい景色だ。でも私はこの背後に、かつて私の心を打った奥深いキャンパスの姿を変えた光景が現れることを知っている。東寮や旧体育館の建っていたその姿を想い起こしながら、初めてここを訪ねたのはいつだったのだろうかと考えた。

日本で一番美しいキャンパス……だった

ほぼ八年前になる二〇〇二年八月、A・レーモンドに学んだ建築家吉村順三がニューヨークの近代美術館に建て、その後フィラデルフィアに移築された書院造〝松風荘〟の存続をサポートする「日本松風荘友の会」の主催による東女キャンパスの見学会をコーディネートしたことは覚えている。その一カ月後には、世界を巡回するレーモンド展のために、日本に建てられたレーモンド建築の現状調査に日本を訪れた数名のアメリカの若い研究者を案内した。このキャンパスはA・レーモンドや日本の近現代建築を考える時に欠かせないのだ。それが〇七年九月に鎌倉の神奈川県立近代美術館に巡回された「アントニン&ノエミ（レーモンド夫人）・レーモンド展」に結実される。初めて訪れた日を思い出せないが鮮やかに覚えているのは、こじんまりしているが「日本で一番美しいキャンパス」だと感じたことだ。

ことに正門から校内に入った時に現れる芝生の大きな前庭の裏手に回ったときの、樹林の中に浮かぶ東寮など数々の建築や、東大生と優雅に社交ダンスの稽古を楽しむ女子学生の姿が垣間見えた旧体育館をみてこれはたまらないと思った。建築家シーザ・ペリやジェームス・スターリングが創設の後に関わったヒューストンのライス大学キャンパスを訪ねて感じ入ったことがある。アメリカ・テキサスの平坦で広陵な大地であっても、その豊かな自然を取り込み、自然と共存しているキャンパスで多感な青春時代を過せる学生はなんて幸せなのだろう、うらやましいと思ったものだ。

いや東京杉並に東京女子大学のキャンパスがあった。溜息が出た。

美しいだけでなく、つくられたという言葉では言い表せない空気感がある。生まれ出でた（と言いたい）建築が時を経て紡ぎ出したもの、それが創設者「新渡戸稲造」や「安井てつ」、そして「A・K・ライシャワー」の建学の精神なのだ。そう思うに至ったのは「東京女子大学レーモンド建築 東寮・体育館を活かす会」（以下「レ会」）の方々と共に、東寮と旧体育館の保存活動に関わって東女の歴史を知り、OGの方々の青春時代を共に過ごしたこの建築群に対する想いに触れたからだ。想いは建築に宿る。

ぼんやりとしていたら目の前に森教授の笑顔があった。笑顔といっても微妙な笑顔！ 森教授に東寮と旧体育館の無くなったキャンパスと、本館に開設された「新渡戸記念室」を案内していただくのだ。

DOCOMOMO 100選に選定した建築群

DOCOMOMOという組織がある。二〇世紀の建築遺産の価値を認め、モダン・ムーブメントに関わる建物

（モダニズム建築）と環境形成の記録調査およびその保存を訴えることを目的とする、世界五二支部（四八カ国：二〇〇九年現在）が加盟している非政府国際組織DOCOMOMO（Documentation and Conservation of buildings, sites and neighborhoods of Modern Movement）の日本支部である。

DOCOMOMO Japanにとっては、モダニズムの魅力を伝え、掛け替えの無い建築を選定して拡充していくのも大切な作業だ。二〇〇三年東女キャンパスのA・レーモンドの設計した一連の建築群（九棟）をDOCOMOMO100選に選定した。

一九一九年、帝国ホテルを設計するF・L・ライトの弟子として来日したレーモンドは一年後にライトのもとを離れ、二一年善福寺に東京女子大学のキャンパス総合計画をつくった。三三歳だった。二四年に寄宿舎（東寮・西寮）、体育館、西校舎、外国人教師館が建つ。この四棟によって日本における「個の確立を目指す」女子高等（大学）教育がスタートしたと言ってもいい。そこに創設者の建学の精神を汲み取ることが出来る。

この大学の原点、つまり何よりも必要だと考えた建学の精神の宿る「東寮」と「旧体育館」を解体したことは、東女にとって何を失ったことになるのかと慄然とし、部外者の私であっても歯軋りしたくなる。まあ憧れの東京女子大生への想いは歳を取っても変わらないので、危うい論理だが、黙っていられないのである。

私の建築家としての心が震えたのは、このキャンパスの建築群の建築としての魅力である。そして三〇歳代でこの建築群を構築したレーモンドの底力だ。ここには、師として学んだF・L・ライトと、故郷チェコの現在《いま》では本国でも失われつつあるというチェコ・キュビズムの影響とがまだ色濃く残り、それは外国人教師館や「旧体育館」、その花鉢や暖炉、本館や「東寮と塔」（西寮は既に失われていたが）の意匠に見て取れるのだ。

空間があっての建築とはいえ、建築家の力量はディテール（詳細）に表われる。それにしても建築としての完成度が高いのには驚く。

建築群を見ながら思うことがもう一つある。地の持つ力だ。

創設時には数少ない樹木しかない原っぱの土地に「杜の会」の学生たちが植えた木々が育ち、個々の建築が対話する絶妙な隣棟間隔によって、いまでは武蔵野の杜といわれる豊かな風景が醸し出されている。この地（場ともいいたい）でしか生み出されなかった建築、そして木々に応えて建築も育っていくのだと感慨を覚える。

レーモンドはコンクリート打ち放しによる自邸を一九二三年霊南坂に建て、日本におけるモダニズム建築の先駆者として建築界を率いていくが、モダニズムとの相克がチャペルのコンクリート打ち放しによる円形柱に見て取れる。この一連の建築群はレーモンドの建築家としての初期から中期への変遷を映し出しており、レーモンドの建築界における位置付けを考えると、DOCOMOMOの選定建築を考察するに際して欠かせないのだ。

レ会に所属する親交のある東女のOGから相談があった。東寮と旧体育館の解体が六月の同窓会総会で表明されたのだという。DOCOMOMO Japan幹事長を担う私は、事務局長だった藤岡洋保東工大教授と打ち合わせてDOCOMOMOの会議にかけ、解体が具体化し始めた「東寮」に関する理事長宛の保存要望書の提出をきめ、東女に持参して桃井事務局長に提出した。二〇〇六年八月三日だった。これが私の東女キャンパス建築の保存活動のスタートである。

〈緊急シンポジウム：東京女子大学レーモンド建築　東寮・体育館を考える〉から

二〇〇六年九月一日ジャーナリスト藤原房子さんを代表とした「レ会」が正式に発足した。相談を受けて述べたのは、この建築の歴史的な価値と建築としての魅力、レーモンドという建築家の、そして東寮と共に旧体育館の存在も検証して其の意義を伝えたい。それに此処で学んだ多くのOGの想いを共有し、学内と広く社会に伝えるために「出来得れば学内で『シンポジウム』をやるのがいい」。解体すると海外の会員にまで告知した六本木の国際文化会館が、同じように提言したシンポジウムを会館内で開催することが出来、理事長の決断を得て時代の要求する機能を加えながら増改修することによって存続できた事例に関わって、ささやかながら自信を持っていたからである。今でも其の信念が揺るがないのは、私が残し得た建築は全て、立場が違っても価値観を共有できたからだ。言い方を変えれば〝敵対〟しては残せない。

この寄稿文を書き起こしながら「レ会」や「教員」の東女の未来への限りない思いへの強固な意志の強さに少々たじろぐ。永井路子さんはこういう。「たとえ壊されたとしても、運動をしたという事実が重要。それが歴史をつくるということです」。

活動は運動になったと思う。〝しかし〟とも思うが、様々な建築の「保存運動」に関わっていた私は現在《いま》振り返るとこの永井さんのコトバが心に響いてくる。保存活動を超えて闘わなくてはいけないこともある。（世の）不条理に対して。「生きる」ということはそういうことなのだと。これが東女で私が学んだことだ。

学内では開催できなかったが、一二月二日に日本外国特派員協会で行った「緊急シンポジウム」のサブタイトルは、「建学の志を伝える貴重な文化財を保存し、活かしていくために」。コーディネーターとしてパネリストメンバー構成と組み立て方を提言した。「レ会」発足の趣旨と現状を伝え、建築関係者には校舎の建築としての存在を解き明かすこと（これはつまるところレーモンドという建築家の存在を伝えることになるのだが）、OGに寮や体育館で過した学生時代への思い出を語ってもらう、建学の精神は建築に色濃く宿っていると考えたからだ。

会場に詰めかけた多くの人々やプレス関係者とも、企画した私たちの想いの共有が出来たと思う。寄宿舎（東寮・西寮）だけでなく、他校にはない「社交館」ともいわれた「旧体育館（以下旧体）」の果たしている役割、二棟の建築としての学術的な価値や耐震問題（安全性）についても明快になった。男子校並の寮でのストームのエピソードが面白かった。東女はいい！　誰しも思っただろう。会場から山口廣日大名誉教授が〝まいった〟と発言され、会場が沸いた。以後「レ会」は自信を持って格式のある粘り強い（驚異的な）活動を繰り広げることになったと拝察する。そしてそれが旧体に対しての教員の活動や、学生の学術的な研究発表に繋がっていく。

二〇〇七年八月二八日、東寮解体が始まった。

思いおこして溜息をついていても仕方がない。私の関わった活動の一部を簡単に記して、其の後の稀有ともいえる教員や有識者の会の活動報告に進みたい。

二〇〇七年九月一六日、鎌倉の神奈川県立近代美術館で開催されていた「アントニン＆ノエミ・レーモンド展」においては、後半は五年前に案内したアメリカの研究者を中心として、前半は私のコーディネートによってシンポジウムが行われた。商工会議所ホールで行われた会場にはレ会の人も多数詰めかけたが、東寮解体中の画像を映して報告すると満席の会場が溜息ともつかぬざわめきに満ちた。客席の藤原さんの涙ぐむ姿を見て壇上の私も一瞬声が詰まった。

東京女子大学旧体育館保存を要望する有識者の会へ

「体育兼社交館のルネッサンスのために」という副題を掲げた有識者の会四〇余人による保存要望書を、二〇〇九年四月一七日に理事長原田明夫氏と学長湊晶子氏あてに提出した。呼びかけ人には鈴木博之東大名誉教授、松隈洋京都工繊大教授など六人が名を連ね、代表には前野まさる東京藝大名誉教授、私が事務局を担った。更に五月二〇日には賛同者が一八八人になったことによって緊急アピールとして再度提出する。

ここに至るのは学内の教員が立ち上がったからだ。更に学生も素朴な形で、例えば旧体育館についての研究発表（学生研究奨励〇七年度最優秀賞受賞など）とか、この体育館を部活の拠点にする体育系サークルが何故壊すのかという問いかけを行うなど、この問題と対峙する。

二〇〇八年に入った六月一九日、過半数を超える教員六九人の署名による「解体再考」の要請が理事長に提出される。言い方は悪いかもしれないがこれは前代未聞、他の大学では考えられない画期的なことだ。体育系の教授だけでなく学内の様々な分野の教員が旧体育館の存在とその歴史的な価値を認識して声をあげた。ここに東京女子大学の伝統をみる。

いつの間にか東女の先生方との交流を持つことになった私は、旧体育館が老朽化して構造的に危険だという解体理由がいまだに大学側から言われると聞き唖然とする。DOCOMOMOのメンバーの松嶋哲奘さんと打ち合わせをし、レーモンド事務所から図面のコピーをもらい耐震に対する一時診断をした。言うまでもないことだが、安全であるという結果を得た診断書を日大の岡田章教授（構造学）に検証してもらい、DOCOMOMOの会議を経て提出した。理事長からは丁寧だが部外者からの支援は不要というやや語気の荒い回答を頂く。しかしそれ以降老朽化という言い方はされなくなった。

私の手元に教員が構成した「旧体育館シンポジウム実行委員会」が二〇〇九年三月一四日に主催した「東京女子大学旧体育館の解体を再考する」と題したシンポジウムを記録した冊子がある。会場は旧体育館。パネリストには実行委員長の哲学科森教授をはじめとする教員や斉藤康代名誉教授、永井路子さん、DOCOMOMO代表の鈴木博之東大教授（現青山学院大教授・東大名誉教授）、松嶋さん、それに卒業生と多彩、OGの田代桃子さんのメッセージにぐっと来た。「ふだん何気なく使っていてそこにあるのが当たり前の存在になっていたこの旧体育館に光を当てたいと思って仲間たちとこの場所でイベント活動を行ったり研究をしたりした」。私のブログに書いた学生主催の踊りの会「踊る、舞う、翔ける」は彼女の企画だったのだ。

この日の私はDOCOMOMOのメンバー二六人を率いてDOCOMOMO Koreaの代表の案内による韓国近代建築ツアーに出掛けていた。冊子には私がスケッチをし、旧体育館を残し、新体育館解体の跡地を中庭としてそこと出入りが出来る小さなホールをつくる東海大学の院生に作成してもらった画像が掲載されている。こうあって欲しい。これも森教授との信頼関係の中で策定したのだ。

学生と教員のパワーは凄い。体育兼社交館研究会を組織し、五月一四日には三沢浩さんと内田青蔵神奈川大教授を招き、講演とフリートークを行い、其の五日後「旧体復活イベント」と題するシンポを開催。私は永井路子さんやOGの鳥山明子さんたちと参加、旧体への想いを語る。

そして二五日、日本記者クラブ会議室（プレスセンタービル）において「有識者の会」の緊急記者会見を行い現状を訴えた。参加者は矢田部英正さん、内田青蔵さん、藤原房子さん、柏木惠子東女大名誉教授、それに平野健一郎早大・東大名誉教授。私は改めて旧体育館の位置付けと、賛同者が二〇〇人近くになった有識者の思いを伝えた。

平野健一郎教授が国際文化会館の「新渡戸塾」の塾長をなさっていることを踏まえ、「国際関係論の研究者としての私は新渡戸稲造の系譜に連なる者です。新渡戸先生も近代日本の文化の変容に指導的な発言をなさったわけですが、今、新渡戸先生がいらっしゃったら〝旧体育館を活用しながら保存しなさい〟とおっしゃるに違いないと思っております。やはり、文化の多様性が、グローバリゼーションの中でことさらに求められるということは、人々が文化に、いわゆるアイデンティティの核を求めることだと思います。ですから、旧体育館全体の『革新的保守』ということが、グローバリゼーション時代の文化のありかたを考える態度ではないかというふうに思っております」と述べられたのが心に残った。

二〇〇九年五月二八日、旧体育館の解体が始まった。

解体最中の六月、私たちの想いを汲んで平野健一郎教授と鈴木博之教授が、旧体解体中断を願って原田理事長に会った。待っていた私にお二人は首を振った。言葉が通じない。

現出した風景

ああそうか！　と思った。森一郎教授の研究室は新築した研究棟に移っていた。コンクリート打ち放しを多用した建築は、キャンパスの持つしっとりとした味わいに欠けるが、建築単体としてみればよく出来ている。しかしレーモンドの設計した建築群と対話しているとは言い難い。設計者が「対話する」ことに対して何も考えていないのか、それがクライアント・理事長の思惑なのかはわからないが、建築家の一人として残念だ。私の言う対話とは、意匠を模して媚びるのではなく、隣棟間隔や高さの調和を志し、場を読みとり、時を越え、先達の築いた建築文化とコラボレートすることだ。難しいが、それにトライしそれをクライアントに提示するのが〝建築家〟であって欲しい。

森教授と窓から見える樹木をじっと見つめた。

教授に案内していただいて事務局の許可を得、本館に設置された「新渡戸記念室」を拝見する。大学の設立から現在にいたる経緯が写真とコメントによって展示されている。戦争があり迷彩のために黒く塗られた校舎の姿があった。旧体は電池をつくる工場にもなった。東女の建築群は日本の歴史を担ってきたのだ。放映されているビデオでは、東寮と旧体の姿とその素晴らしさが綿々と映し出されている。見入っている私を、森教授が教え子を伴って迎えに来た。

旧体の無くなった中庭は中央に築山があり、研究棟のくり抜かれた一階から図書館や学生ホールに向う通路になっている。要望書提出時に、旧体を解体するのは学生がたむろできる広場をつくり緊急時に消防車を入れるためだと説明を受けたが、車はこれではひっくり返ってしまうだろう。通路しかないのだからここにたむろする学生なんていない。恐かったのは何度も訪れた旧体の建っていた場所が一瞬わからなかったことだ。当然のことながら新しい体育館が建った場所に東寮の痕跡は何処にもない。東女の歴史が抹消されたのだと思った。

旧体研究をして冊子にまでまとめた聡明な(愛くるしいといわれるほうがうれしいかな!)女子学生は、新しく出来た鉄筋コンクリートの渡り廊下を見ながら、暗くなると間接照明に照らされたこの通路が素敵なんですよ! という。森教授と目を見交わし思わず溜息が出た。

東京女子大学の希望たち

考えることがある。ただ一人の人間が数十年にわたる大勢の人を育んできた歴史、つまり人の記憶を抹消する行為が許されるのか、それに与する人のいることを私は許せるのか。繰り返しになるが「たとえ壊されたとしても、運動をしたという事実が重要。それが歴史をつくるということです」。許せないから永井路子さんはこう述べるのだ。

キャンパスは美しいほうがいい。でも美しければいいというのでもない。人の叡智が内在した風景、それが美しいということだ。二つの建築を登録文化財からはずしたことが事の発端だが、踏みとどまることのできなかった大学の執行部、でも東女には東女を愛し行動する叡智に満ちたOGと教員がいる。

蝉の声が消え季節が廻る。過去があっていまがある。いまはすぐに過去になるが目の前には未来があり、未来はまたいまになる。時に放ちたい。OGや教員、学生、そしてこのキャンパスに想いを寄せた大勢の人と語り合ったことを。それが東京女子大学の希望だ。

歴史の一証言として——原田明夫理事長との往復書簡

永井路子（本名　黒板擴子）
一九四四年九月国専卒

はじめに——記録として残すために

レーモンドの会のメンバーでありながら、体力的に毎回の会合に出席できず、申し訳なく思っているが、その代り、会員の方々とは別に、二棟問題について発言したり、書簡を残したりしているので、この機会に資料として記録に止めさせていただく。冗漫すぎることに躊躇《ためらい》もあったが、原文のまま保存すべきという助言を得て、それに従うことにした。

✣——原田明夫氏あて書簡（二〇〇八年六月二一日、同窓会定期総会発言として読み上げたもの）

（自己紹介のみ省略）同窓会へのお願いは、かねて私の懐いておりました考えを大学にお伝えいただきたい、ということです。

二つございます。一つは、今回取り壊された東寮、また取り壊されそうになっております体育館についての史料を残したい、ということです。初めに申しあげておきますが、この二棟の取り壊しについて、私は納得できない思いを持つ人間でございます。このことは昨年月刊『文藝春秋』（→資料228）にも書いておりますので、詳しくは申しあげませんが、単なる卒業生の建物に対する郷愁ではなく、それぞれに、創立者新渡戸稲造先生の本学に対する深い思いがこめられているからです。またそれぞれについて、建築の専門家から、大変価値のあるもので、アントニン・レーモンドの建築手法の残る建築史上意義のあるものだ、と伺っているからでもあります。

また、建築家がごらんになって、技術的にも保存可能であるとも伺っておりますし、さらには、東寮はそのまま保存しても新校舎建設は可能だったという外部の御意見もあったとか。

体育館につきましても危険だから取り壊しもやむを得ないという御意向だと伺っております。たしかに中国の大地震で校舎が倒壊し、多くの犠牲者が出たのを見ますと、体育館でこのような事が起らないようにとお考えになるのも当然です。

これについて、日本も全国の学校の建物の点検、調査を始め、危険のあるものは修理を急ぐ、ということになったとかラジオで報道しておりました。が、直ちに何十校かを取り壊すということではないようです。では体育館はそれらの校舎より大変危険なものか、保存の対策はないものか、桃井事務局長よりいくつかの建物の耐震対策が進行中であると伺いましたが、その中にこの体育館も入れていただけないものか、その存在意義と考えあわせてどうか、等々の思いはございますが、これらのことは、また別の方からの御発言があるかも知れませんので、これに止めます。

今日ここで私の申しあげたいのは別のことです。

『大日本史料』というものがございます。

東京大学史料編纂所の編集によるもので、各時代の史料を年代順に並べてある大変貴重なものです。明治時代からその仕事が始まり、現在も続いている史料集で、歴史ものを手がけております私には最も頼りになるものです。編纂方針にも紆余曲折がございましたが、とにかく原史料を徹底的に調査研究し、それに個人の意見や解釈を加えない厳正な編集をするという方針を貫いており、これが一番価値のあるところです。

たとえば天正十(一五八三)年六月二日の項を見ますと、御存じのように織田信長が本能寺で明智光秀に襲われて自決しておりますが、その前後の当時の史料があますところなく取りあげられてあるのです。

今、私は東京女子大の二十一世紀の歴史に大きな意味を持つ二棟の存続問題について、『大日本史料』のように、個々の意見を混えず、できるかぎり多くの客観的史料を残したい、という希望を持っており、そのための準備として、さまざまの方の話しあいの場を、まず設けていただきたい。これが今日のお願いの一つでございます。

私の実感からいわせていただきますと、二棟問題について知ることが少なすぎます。

危険だから壊す、新校舎を建てるために必要だから壊す、というだけでは、織田信長が本能寺で死んだ、という事実だけを突きつけられているようなものです。そこにはどういう経緯があって、当時の人々はどう見ていたか、事実の背景が客観的に明らかになってこそ歴史はわかるのです。

はっきり申しあげますが、『大日本史料』同様、あくまでも客観的な史料として残すのであって、ここで討論したり、戦ったりするのではありません。さまざまの御意見を発表する場を設けていただき、それを記録に止めたいのです。御出席は、取り壊しをよしとする建築専門家、取り壊すべきでないとする建築専門家、それぞれをお招きし、わかりやすくご説明いただく。

その他いろいろの方の御出席を希望します。体育館について、在校生の方々がすぐれた研究をまとめられたとか。これも披露していただきたい。その他、先輩方から、当時の学生生活の中で寮や体育館がどういう意味を持っていたか、それをまとめていらっしゃる方があったらそれも伺いたい。また出席者からの質問も歓迎です。

つまり戦いではなく話しあいです。それについては原田理事長にも多分御理解を得られるのではないか、と思います。元検事総長であられる原田理事長は、こういうエッセイを書いておられます。

「対話が足りない」(『日本経済新聞』二〇〇七年一月一三日夕刊)。

要旨を申しあげます。「目覚ましい通信技術の発展で、情報量は増大したが、その反面、膨大な情報量を消化しきれず、思考を深められないまま、真の対話が成立しない現象が生じつつある」と。

そして国連の二〇〇一年十一月の「分裂を越えて――文明間の対話」という報告書を紹介しておられます。つまり国内でも国際的にも、現代社会が直面する様々な問題を解くための真の対話が必要だと思われるのに、逆に不足しているのではないか、と。

ほんとうにいいお言葉です。これを小さな問題として、二棟問題についても適用できるのではないか。対話、話しあい、これを私も心から望んでおります。

扨て、このお願い、同窓会から大学へ伝えていただくのが私の希望で、その際大学からのお答えがイエスかノーか、そしてその理由を文書で明確にお答えいただければ、と切にお願いする次第です。

また、イエスとなればどうするかもいろいろ考えておりますが、大学へのお願いとしては、話しあいの場を大学内に提供していただくこと、在校生の方が一人でも多く来てくださるよう周知徹底していただく。同窓会では各支部にひとことお伝えくださると同時に、口《くち》コミで知人の方をお誘いくださることだけを、ここでお願い申しあげます。

第二は、東寮はなくなりましたが、この意義ある寮について、二十一世紀の東京女子大としての考察を一冊是非作ってくださるよう、同窓会から大学に、私の考えを伝えていただきたい、ということです。

ここに日本女子大学の作った『女子高等教育における学寮』〔ドメス出版刊〕という二百七十余ページの一冊があります。サブタイトルは、「日本女子大学の百年」。日本女子大学叢書の一冊で、日本女子大学学寮一〇〇年研究会の執筆によるものです。

刊行は二〇〇七年、この年、われら東京女子大学は、それまで残っていた東寮をむざんにも取り壊しましたが、それとはいささか皮肉な対照を見せています。

その内容を詳しく御紹介できないのが残念ですが、たしかに内容充実、単なる母校の寮への賛歌ではなく、目配りも広く、また寮生活への批判も入っております。さらに感心するのは、寮費や献立まで入っていること。これは貴重な近現代史の史料です。

どうか東京女子大も、こうした寮の歴史の一冊を作っていただきたい。今から発足すれば、創立一〇〇年に間にあうのではないでしょうか。執筆者は卒業生の方を含めてたくさんいらっしゃると思います。また聞くところでは東寮取り壊しの折、面白い書類が発見されたとか、それも直ちに資料になります。また私も寮生活について書かれた『玄海だより』〔一九七頁★06〕を拝読した記憶があります。これもそのまま役立ちましょう。

このことを同窓会から是非大学にお伝えください。そしてイエス、ノーの御返事と、その理由を同じく文書でお答えいただけるようにお取計いください。

黒板擴子

❖——原田明夫氏からの書簡(二〇〇八年八月二日付)

私の発言に対する返書と見るべき書簡を、原田氏から頂いた。原田氏自宅から黒板擴子(私の本名)宛。平成二十年八月二日付。公表については、氏より承諾を得ているので、まずここに掲載し、やや煩瑣にわたるが、それにかかわる経緯の説明をその後に付け加えたい。以下は原田明夫氏の書簡の全文である。

拝啓　盛夏の候黒板様におかれては益々御清祥のこととお慶び申し上げます。

私は、先般六月の東京女子大学同窓会総会の折には後述のとおりやむを得ない事情で出席できず、失礼致しました。その総会の際、黒板様におかれては、歴史に対する深い洞察に基づくご発言を頂いた趣で、その内容について、後日高月同窓会長からお話を承り、併せて黒板様の自筆原稿の写を拝読させて頂きました。

去る六月一八日は、一九〇八年の同日、最初の日本人ブラジル移民が汽船笠戸丸に乗ってサンパウロに近いサントス港に到達してから百年目に当たり、同日を中心としてブラジル各地で記念行事が行われました。私は、文化庁派遣芸術家として先年サンパウロ州立大学に留学した日本の若い石彫刻家から、日系移民の皆様が戦前戦後を通じて幾多の辛酸労苦を乗り越えて今日のブラジル社会に確固とした地歩を築かれたことに対する敬意と、同時に、彼らを受け容れてくれたブラジル人社会に対する感謝の念を顕わすために、ブラジル産の赤色の巨石と日本産の白い「みかげ石」を配した彫刻群をサンパウロ市郊外のカルモ公園に設置して記念として贈呈するという志をお聴きし、そのプログラムを実現する計画の発起人の一人として支援致しました。その彫刻群が見事に完成し、さる六月二〇日に現地で除幕式を開催することになり、日本側の責任者としてブラジルに赴いたのです。式典は、同地を日系移民百周年を期して公式ご訪問中の皇太子徳仁親王殿下のご臨席も賜り、誠に感動的なものになりました。その式典の始まる前にたまたま隣におられた方が米国ロスアンジェルス在住の本学卒業生だとわかり、地球は狭いと思いました。

さて、黒板様の同窓会を通じての大学へのお申し出については、従来の「レイモンド建築東寮・体育館を活かす会」のご活動とは別に、個人としてのものとして受け取らせて頂きました。その中で私の書いた拙文にも触れて頂き恐縮いたしました。私は、すべてにわたり誠に未熟で至らない者ですが、本学の理事長として、可能な限りどのような方とも対話し、ご意見を承って理解に努め、共通の関心事に意を用いつつ、本学が時代の変化と要請に応えて、今後とも建学の精神を大切にしつつ我が国の女子高等教育の分野で応分の役割を果していって欲しいと願っています。その過程で、本学の経営責任を担う者として、大学のすべての関係者、就中、現在及び将来の学生、教職員の皆様の安全を計りつつ、魅力あるキャンパスを整備してゆく義務があると考えています。

今回のお申し出の趣旨は、大学がその歴史を残すために努力すべきであり、「大日本史料」を範として、東寮・体育館についてもその観点から資料を残すべきということであると承りました。大学としては、これからも、引き続き、出来るだけその観点から様々な機会に資料を整えて参りたいと考えます。歴史的資料については、関係者がそれぞれの立場で資料を残すことが求められていることで、「レイモンド建築を活かす会」の皆様の活動とその記録もいずれも歴史的資料として価値あるものになるでしょうし、永井様のお書きになった文春の文章も同じだと思います。

このように考えますと、偏らない史料を残すために、大学が主体となって部外の色々な考え方その他関心をお持ちになる方々を過不足なく集めて、それぞれの多様なご意見をお聞きし、その記録を客観的な資料として保存するようなことは、現実的にはおよそ無理なことであろうかと存じます。

お申し出に対して「イエスか、ノーで答えよ」とのことですが、大学の経営に責任を持つ者としては、「ノー」と申し上げざるを得ません。

厳しい暑さが続く中、ご自愛の上一層のご健勝をお祈り致します。

敬具

平成二十年八月二日

原田明夫

黒板擴子様

❖――原田明夫氏への返信（二〇〇八年八月一〇日）

右原田書簡に対する私の返信は次の通りである。私の癖で、日付は入っていないが、「書留配達記録郵便物等受領証」によれば平成二十年八月一〇日に発信している。

御多忙のところ御懇書頂き厚く御礼申し上げます。原田様が東京女子大学のためにいろいろ御尽力下さっていることは存じ上げてはおりましたが、こうした御達筆の御芳翰を賜りますと、まるでお声を直接承るような思いがいたします。

しかも私がお願いした「資料を残すべき」という考えを、全く無意味なものとは思っていらっしゃらない御様子、それどころか、大学にもさまざまな機会に資料を整えていく、というお考えがあることも初めて伺うことができました。じつは、大学がどのようなお考えなのか伺えないもどかしさを感じておりましただけに、まことにお手紙をさしあげた甲斐があった、と思っております。

また、「東京女子大学レーモンド建築　東寮・体育館を活かす会」（以後東女レーモンドの会と略させて頂きます）の活動とその記録、および私の文春に寄せた拙文等を「歴史的資料として価値があるものになるであろう」とするお考えも初めて伺いました。原田様が同会を単なるやかましい反対グループと切り捨てておられるわけではないことを承ることができましたのも、お手紙をさしあげた甲斐の一つと申しましょうか。

ただ、資料の有意義性をお認めになりながら「大学が主体となって保存するのは現実的にはおよそ無理」というお言葉には、ちょっと首をかしげざるを得ません。多分私の頭が悪いため理解が届かないのだと思いますが、これは「大学として反対意見まで保存する気はない」ということかと思うのですが、そう受け止めてよろしうございましょうか。

しかし、『大日本史料』は一つの事件についてＡＢＣＤ……等相反する史料を併記し、編纂者の意見をここに加えないところに意義があります。後世はこれをどう読みとるか必死に取り組み、ここに歴史研究があり『大日本史料』の存在意義もあるのです。

私はこのように女子大の歴史の重要な一部として、東寮・体育館についてのさまざまの意見の収録を、と申し上げたわけで、その準備段階というか、出発点としてさまざまの方々にお集まりいただき、意見を伺う機会を、とお願いしたのです。

これは御無理でしょうか。くどいようですが、もう一度おたずねさせて頂きます。その「現実的にはおよそ無理」の理由を立ち入って伺いたいのです。たとえば、①煩わしい②人手がない③経費が問題等々。理由によっては、非力ながら私もお手伝いさせて頂きます。そしてこの集まりを出発点に、「各方面の意見を後世に」と願っております。つまり、

① 集会は可能か、不可能か、その理由

② 私の希望するような資料収録は不可能か、その理由

をもう少し詳しく。

頭の悪い私にもう一度お聞かせ下さいませんでしょうか。

お手紙を拝見いたしますと「大学は独自にやる。別の考えにも歴史的価値もあるであろうから、それはそれでやったらいい」という御意思のようにも思われますが、集まりの開催有無にかかわらず、そうした意向をお持ち、と受けとめてもよろしうございましょうか。これが③のお伺いで、恐れ入りますが、御返事をお待ちいたします。

又東寮ほかの百年史編集のお願いについては御返事がございませんでしたので、その点も再度お答えをお待ちいたします。

思えば東寮破壊から一年になろうとしております。炎暑のあの日駆けつけたことは一生忘れられません。最後まで「私たちは破壊には納得できない」という意思表示のために参りましたが、残念なことに、湊学長の姿はなく、東寮の死を見届けてはくださいませんでした。

今もあの日についての無念の思いを深めておりますのは、その後に学習院大学の有名なピラミッド校舎が、同じ取り壊しの運命を辿ったためです。しかし、これに対応する両大学の態度があまりにも違い過ぎるのです。

ピラミッド校舎については取壊しに反対するシンポジウムも開かれたのですが（東女では大学としてはこれもありませんでした）、結局同校舎は解体、姿を消しました。しかしこれに先立ち、この校舎の保存すべき部分について、建築史学者、建築家ほかさまざまの分野の専門家の助言を得て、残す部分を決定し、さらに工事担当者とも慎重に打ち合わせをして、工事着手の当日は学内外の見学者も招いて、その目の前で、保存する部分をクレーンその他の器材を使って慎重に切断し、決めておいた保存の場に運びこみました（見学者一斉に拍手）。その経緯が、大学史料館の機関誌にわかりやすい写真つきで説明されました。何日にどうなったかと逐一の報告があり、まさに私の望む「資料」が作られたのです。

女子大でも両棟についての保存要望書が、専門家の方々からあったとか。その折対話を重ねていれば、全体保存は不可能としても、一部保存についての助言が得られたはず、と大変残念に思います。私たちは現場に入り、無惨な破壊現場の写真は撮りましたが、もっと大規模に部屋の全体（壁も含めて）を保存すべきではなかったか、と悔まれます。

当日現場で御目にかかり、内部を御案内頂いた桃井氏はその後もヘルメットを被って埃の中から、寮の中のものやパーラーの部分は運びだされたとか、その労は大いに感謝しますが、大学はもっと女子大の歴史を大切にし、保存の意義をしっかり認識して処置を講じるべきではなかったでしょうか。

なお、学習院大学のこの件の資料は、東女レーモンドの会とは全く無関係に私が集めつつある資料の一部でございます。

ところでもう一つおたずねがございます。御手紙は御自宅からのもので、理事長の肩書きもお書きになっておられません。これは私信として御受けすべきでしょうか。しかし私の申し出についての「イエス」「ノー」はやはり理事長様のお考えかと思われます。

しかも私の手紙について「東女レーモンドの会」の活動とは別に、「個人としてのものとして」受け取られたとしております。私も先の手紙につきまして、「東女レーモンドの会」には全く相談をしておりませんので仰せの通りでございますが、私も同会を脱会したわけではなく、依然として会員であることに変りはございません。もちろん総会の日「東女レーモンドの会」の会員も出席し、この発言を聞いております。この点お互全く微妙な問題を含みながらも、ともかく対話を果したといえましょう。

ここでまずお伺いは、これは全くの個人としての御私信とすべきかどうか、でございます。一応御意向を尊重すべく御書簡の公表は留保しておりますが、理事長としての御考えも含んでおりますので、それについての率直な御考えをお聞かせ下さいませ。

（高月同窓会長にはこの後お手紙頂きましたことは御報告いたします）

なお私信として付け加えさせて頂きます。東寮が消えて以来、私は旧体育館の存在意義をより一層強く感じるようになっております。

各校舎やチャペルも勿論大切ですが、体育館は、それと違ったものを持っており、東女の大きなシンボルでもございます。これを何とか残していただけないものか。湊学長は既定方針に強い責任を感じておられるようですが、保存は湊様の敗北では決してありません。勿論保存を要請する私共も「勝った」などとは思いません。今はこうした次元を超えた寛容と、お互いの未来への思考を再確認すべきとき、と思います。そして大所・高所からの御判断をもって御助言を頂ければと存じます。またこれについて大らかに対処できる方は原田様を措いて他にはいらっしゃいません。何卒湊学長の心をゆるやかにしてさしあげてください。ただちに「イエス」か「ノー」ではなく、いわば継続審議の時間を持つということでしょうか。御理解賜われば幸でございます。

酷暑の砌御自愛を。御奥様にくれぐれもよろしく。

黒板擴子

原田明夫様

玉案下

私の第二便についての原田氏からの返信はなかった。

内容を読んでいただけば解るとおり、原田氏の返書は、肩書はないものの、あくまで理事長としての御意見である。永井も返書の中でこの点に首を傾げているが、ここでは立ち入った解釈を加えず、まさにそのまま二棟取壊しの「史料」として記録しておく。

✣――原田明夫氏への書簡（二〇一〇年××月××日）

私としては、慎重を期して、この経緯を公表せずに手許に止めておいたが、いま、いよいよ総括のときを迎えたので、全体の記録作製のためには、やはり公表すべきではないかと思い、次のような書簡を原田氏にさしあげた。私の癖で日付を入れていないが、原田氏の返信の日付から推定して、平成二十二年六月末から七月にかけてのころと思われる。

失われた二棟（東寮・旧体育館）についての記録作製の時がまいりました。各人が分担してまとめております。私は直接タッチしておりませんが、大体次のような目次になる様子です（これはあくまで現状の一案で、最終的なものではありませんが）。

1、東寮・体育館の魅力と価値、その意味

2、運動の始まりとその展開（体制作り、資金調達など）

3、交渉の経緯（理事長との懇談など、残された資料を手がかりに）

4、東寮解体・体育館最後の日々

5、なぜ二棟を救えなかったか。その他

私はレーモンドの会員ではありますが、年齢的にも体力がなく、具体的な仕事は十分しておりませんので、ここでは先般の同窓会での発言、及びそれについての原田様からの御返信、さらに私が原田様にさしあげた手紙（これについての御返信なし）などの記録に止めたいと存じ、それについての御了承を賜りたく、お手紙をさしあげる次第です。

私の同窓会での発言は要約しますと次の通りです。

二棟の破却は実に残念だが、ついては後のために、なるべく客観的資料を残したい（例えば歴史畑における『大日本史料』のようにさまざまの意見を記録者の私見を混えずに列挙する）。ついては、

1、この件に関して、同窓会及び大学に残っている史料の整理公表

2、この問題は周知されていないので、二棟についてのシンポジウムを開催し、破却について、専門家の賛否両論を聞き、これを記録に止めたい

3、女子大寮についての全考察をまとめた一冊の刊行を（日本女子大にその例あり）

4、以上のことを同窓会より大学に進言していただきたい

これについて、当日御出席なさらなかった原田様より黒板宛詳細なお便りを頂戴いたしました。そこで、そのお手紙の全文の公開を改めてここでお願い申しあげる次第です。

もちろん、その御書簡についての黒板の御返事も公開させていただき、こういうかたちで『大日本史料』的な記録を残したいというわけでございます。

以上のような次第でございますので、改めて原田様の御書簡の全文公開をお願い申しあげたく、それについての諾否の御返事を、書面にて頂戴いたしたいのです。

これをお許しくださいませんでしょうか。もしかして、その一部分ならお許しいただけますでしょうか。

とすれば、どの部分かを御指示下さい（御書面の控はお持ちと思いますが、お手許になければコピーしてお送りします）。

それにつきまして、もしどうしても御書簡の全文ないし一部を、私が私の文章の中に引用して公表することを御承知頂けないときは、私としては報告書の中に「第一信を差しあげた後、原田理事長から私の要望をお断りする旨の御返事を頂戴いたしましたので、では、この御返事の全部ないし一部を引用することを御承諾いただきたいとお願いしたところ、これについても御承諾いただくことができませんでした。そこで残念ですが、原田理事長の御返事は御紹介できません。原田理事長のお手紙に対し、私が原田理事長にさしあげた第二便は次の通りです。この第二便に対しては全くお返事を頂戴することができませんでした。私としては原田理事長に直接働きかけたにも拘らず、何の成果もあげられなかったことを残念に思っております」というような文章を書き添えたい、と考えておりますので御承知おきくださいますように御願い申しあげます。

黒板擴子

原田明夫様
玉案下

文中同窓会での発言など重複する部分があるが、正確を期するためには省略せずにそのまま掲載すべきだとの助言があったのでこれに従った。

原田明夫氏よりの返信（二〇一〇年七月六日付はがき）

拝復　御申越しの件、どうぞご存分におやり下さい。
一層のご健勝をお祈り致します。

敬具

七月六日夜

原田明夫

七月六日は二〇一〇年のことである。

このお葉書を得たことから、今回の私の報告となったことを付け加えておく。

あとがき——最後に、かえりみて、いま

人は思い、人は語る。

その思いは同じでも、語られたものは、全く違うものになることがある。例えば「戦争をすべき」か、「いや戦うべきでない」か、といったように。いずれも国を思い、人々の幸せを願っての発言なのだが、意見は真向から対立してしまう。

こうした例をかえりみつつ、いま、東京女子大の二棟問題を振りかえるときを迎えている。大学側もレーモンドの会も、同じく大学のこと、学生たちのことを思っていることはたしかなのだが、一方は二棟は取壊すべきだと考え、一方は保存すべきだと切に願った。経緯についてはここでは触れない。ただ大学が取り壊しの理由に掲げた耐震性、建築法違反などはレーモンドの会の真摯な探求、専門家の意見によって、はっきりクリアーしていることだけを付加えておきたい。

つまりレーモンドの会の観点からすれば、二棟の保存は可能だったはずなのだが、大学は既定方針だからとして二棟を取り壊したのである。が、レーモンドの会の努力を私は徒労とは思っていない。この問題に無関心、あるいは傍観に終止しなかったという事実は、それじたい東女の歴史だと思っている。だからこそ、

それらの総括を残したいと願うのだ。

私事にわたるが、私は和島誠一賞を受賞している。文化財や遺跡の保存に努力した人々に贈られるこの賞に値するほどの仕事はしていないが、たしかにこれまで、幾つかの保存にかかわってはきている。

もちろん保存の願いが叶わなかった経験もかなりある。最初は遺跡の保存より、新しい建物を建て、新しい仕事の場を作り、人々に働く場を提供する事こそ、世の中にとってプラスだ、という考え方が支配的だった。経済効率の優先といおうか、この考え方に押されて、歴史的に重要な意味のある遺跡の保存が認められなかったのだ。

しかし、次第に風向きが変ってきた。

「ちょっと待て。ここでもう一度考えよう」

本当に壊してしまっていいのか、という問いかけが起こったのだ。ある遺跡を分断して自動車道を作ろうという計画が起ったときに、潮のように湧きあがった意見である。これによって、遺跡はともかく破壊を免れた。

その遺跡だけではない。その前後から、取り壊しを免れる建物が増えてきた。ともかく、何とか残せないか、という動きは、歴史への認識が変ったことによるのだろう。それまでは古い遺跡には敬意を表しても、近現代の建築物は単に「古くさい建物」としか見なかったのが、これを近現代史の視座の中で捉えなおそうとしはじめたのだ。

この流れの中で眺めるならば、東女の二棟は、まさしく近現代史に遺すべき、貴重な文化遺産ではなかったか。

最後にご支援を賜った方への御礼を。

お名前は上げないが、文化財保存のために活躍されている方からは、東寮を東京女子大学博物館として活用すべきだ、という助言を頂いた。

また、文化関係の高官を経験された方が、わざわざ面会の機会を与えて下さり、私の意見を文化庁に伝えて下さった。これに対し文化庁参事官（建造物担当）付から得た意見も送って頂いたので、その一部を紹介しておく。

「東寮・旧体育館について

両建物については、これまで所有者（大学）から登録することの同意を得られておらず、登録有形文化財となっていないものについて、文化庁として口を出す立場にないが、歴史的建造物が取り壊されることは、文化財保存の立場からは残念である」。

（注 「歴史的建造物が……」以下の文章には、私にお手紙を下さった方の筆跡と思われる線がつけられていた）。

この「残念」という言葉に注目したい。お役所としてはぎりぎりの表現であろう。取り壊し中止の命令をする立場ではない、としながらも、この言葉は重い意味を持つ。大学からは、これについて何の意見も表明されなかった。ここで「残念」に加えて、「遺憾」の意を表したい。

また、遠くに住む同級生にも感謝したい。この方が他の同窓生たちにこの問題を語ると、「えっ、何も知らなかったわ、取り壊すなんてとんでもない」という反応が殆どだったという。同窓会からの情報は徹底していたとは言えないようである。

おわりに——感謝をこめて振り返る

✣——歴史教育の大切さ

行動して学んだことは多い。最たるものは歴史を学ぶことの大切さだった。日ごろ見慣れたキャンパスの建物が、解体という事態を前にいきなり重い問いを投げかけ、同時にそこに学んだ者は豊かな恩恵を受けながら、創立以来の大学の歴史を、いかに知らないまま過ぎて来たかを思い知らされた。キャンパス整備計画については、大学の広報として卒業生全員に向けて発信されたというが、それを正確に知っている人はあまりに少ない。情報の浸透の程度をまざまざと知らされた。

活動の折々に遅すぎる気づきではあったが、在学中に創立期の歴史を学ぶことの大切さを考えさせられた。特に独自の建学の理念をもつ私学においてはその意味が大きい。五〇年代に英文科で外国人教師らの手作り教科書で行われたという草創期の物語を含む講義、東寮解体直前の時期に行われた学生による校舎の研究（東京女子大学学会学生研究奨励費研究最優秀賞受賞）と全新入生への講演などの例はあるが、それら以外に草創期の歴史を学んだ事例をほとんど聞かない。母校を大切に考え、誇りを持って学生生活を送る上で、知ることがいかに重要かをあらためて考えさせられた。知ることはより深く愛することに繋がっていく。いうまでもなく風雪に耐えた校舎群は、キャンパスに繋る樹木や文書類とともに、歴史を語る生きた教材なのである。

✣——多くの理解と協力の輪

レ会からの建物保存への衷心からのお願い、あえて言えば二棟の「助命嘆願」が、三年半近くも息切れせずに続けられたのは、周囲の方々の熱心な励ましと多彩な支えがあったればこそだった。組織も活動のノウハウも無く、資金もゼロからのおぼつかないスタートに、同窓生からの温かい声援と募金が立ち上がりを助けてくださった。お会いしたこともない高齢の同窓生からのカンパや声援のお手紙の数々、働き盛りの若手からは時間的に手伝いはできないが、せめて資金の一助にとの嬉しい申し出が相次いだ。整備計画の内容をあまりご存じない同窓生や学内外の関係者に情報を送り出すのが初期の大きな作業であり出費を要するものでもあったが、幸い最後まで活動資金に不足をきたすことはなかった。

募金は手紙やメール等でお願いをし、二〇〇六年九月からの第一期には、延べ二八五件から二三三万三八一五円もの多額のカンパ、続く第二期には三八件、四八万九四五四円、第三期は三六件の三二万〇七五一円、第四期は一七件で一二六万六四五〇円（本書出版への指定寄付を含む）、二〇一一年八月までの第五期には五件で一三万三〇〇〇円が集まっている。五年間に延べ三八一件からのカンパが寄せられ、総額は四五四万三〇〇〇円を超えた。会計報告は毎年、厳正な監査を経てホームページに公開している（資料118・付属ＣＤに収録）。

活動には何よりも情報が重要な手段だった。ホームページは随時新しい情報を盛り込んで更新し続け、正確な情報を適切に発信するためにシンポジウム等の冊子はその都度まとめた。関心をもっていただくことを最優先して活動を広げるレ会にとって、発信のための資金と専門的なスキルがいかに心強く、またありがたい支えであったことか。コアと称する事務局メンバーのなかに編集経験者やＩＴ技術のプロがいて、多忙な職業のかたわら生活時間を削って力を注いだ。すべて無償の奉仕だった。

❖——冷静かつ合理的な方向性を視野に

建築史、構造、設計、デザイン等諸分野の専門家からいただいた視野の広い助言は、素人集団にとってははかりしれない大きな支援となった。多忙な学者、建築実務家、文化財保存にくわしい活動家など、専門性の高い方々の惜しみない助言はレ会が方向を見誤らないために貴重な羅針盤の役割を終始果たしてくださった。

加えて学生を含む多くの人の関心と観察が、貴重な発見をもたらしてくださったことも特記したい。

冷静な話し合いを求めて大学に最初に申し出たときから、レ会では運動という言葉を意識して使わないように努めてきた。言葉は多かれ少なかれ背後に思想を秘めている。運動という言葉は時に争いを暗示、あるいは内包し、声高に言いつのったり、策略をもって狡猾に行動し、あるいは煽動することさえ連想させることがある。理事者側との面談にも最初から「争うのが目的ではない」と述べ、祈りから始めたいと申し出た。

しかし理性を尊重する対話を切望したつもりでも、影響の広がりとともに「保存運動」と外から呼ばれることが増え、同窓会総会での発言でも、レ会以外の人から対立の構図で捉えられたのは遺憾なことであった。

✣——記録本作りに向けて

解体の直後、二棟が跡形もなく消えて整地されたキャンパスに足を運ぶには勇気が必要だった。正門から入って左手奥の旧体育館へと広がる落ち着いた緑樹の中に気品のあった白い体育館が姿を消し、その先の白亜の壁に行儀よく窓が並び、色とりどりのカーテンがひるがえる寮もない。

レ会はかねての計画通り、気を取り直して消えた建物の価値を書き残し、保存に取り組んだ足跡を記録に残そうと努めた。二〇〇九年一一月のコア会議には永井路子が参加、出版の基本方針と全体の構想などを話しあった。できるだけ客観的に、正確に、解釈を交えずに事実を伝えること、歴史作家の貴重な経験から『大日本史料』の例を引き合いに出しながら、基本的にその精神を踏襲し、各種資料を時系列で整理し、反対意見も入れることなど、懇切に助言、力強く督励された。

事務局メンバーは二棟解体にいたる一部始終を書き残すことが、建学以来の痛切な歴史の一コマを、間近に見てしまった者としての責務とさえ感じていた。レ会自身の行動はもとより、他の卒業生や在学生や教職員の取り組み、専門家ら支援者から学んだこと、おびただしい無形の援助、その他批判を含む書簡や文書などを含めて、整理し記録する必要があった。

資料収集、整理、執筆等の作業は事務局メンバーが手分けして行い、ようやく全体像を描き出すことができた。二棟解体の公表から消滅までの三年余、解体以降の二年半、一〇人の事務局に一人の脱落者もなく出版にこぎつけられたことはまことに幸運であり、誇らしくもある。

✣——忘れじの会での懇談など

二〇〇九年の師走、不況とは言いながらも世間は「年忘れの会」が真っ盛りの季節に、お世話になった方々を交え、神田・学士会館であえて「忘れじの会」を催した。これまでの活動を総括し、お礼を申し上げるべき内輪のささやかな集いではあったが、申し訳ないことに会費は各自負担とし、ご招待はできなかった。しかし歳末の公私とも多忙の中を最初から関わられた建築家や学者ら関係者および、レ会顧問で最高齢の山口廣氏、同窓生発起人からは永井路子、大藪郁子、乗浩子の各氏ほか、事務局メンバー七人のあわせて二五名が出席、活動の総括、反省など、楽しい雰囲気の中で語り合い、記録本作りにも話が及んだ。

最後のご紹介になったが、東女レーモンドの会は学部・学科・卒業年を問わず同窓生のみで構成されており、会員はメールで交信する人六〇名、パソコンを使わないため郵便で連絡する人が五五名、計一一五名を数える。ときおりお手紙などを頂戴して、世代を超えた新しい出あいも生まれている。また会員ではないが学生の保護者の立場などから署名をはじめ大学の将来を共に考え援助してくださった方々にもこの事実を長く記憶に留めていただければ、これにまさる喜びはない。皆様方のご協力に心からの感謝を申し上げたい。

なおレ会は、本書の出版とその報告などを終えたのち、解散する。

二〇一二年一月

藤原　房子

注

序章

★01——以下創立に関わる歴史は主に左による。

『東京女子大学創立十五年回想録』(以下『十五年回想録』と略)東京女子大学、一九三三年。

『東京女子大学五十年史』(以下『五十年史』と略)東京女子大学、一九六八年。

『東京女子大学の八〇年——一九一八—一九九八』(以下『八〇年史』と略)東京女子大学、一九九八年。

青山なを『安井てつと東京女子大学』(青山なを著作集第三巻)慶應通信、一九八二年(初版『安井てつ伝』東京女子大学同窓会、一九四九年)。

エー・ケー・ライシャワー博士伝刊行会編『準縄《はかりなわ》は楽しき地に落ちたり——エー・ケー・ライシャワー博士伝』(以下『準縄』と略)教文館、一九六一年。

松川成夫『日本キリスト教教育史(思想篇)』キリスト教学校教育同盟、一九九三年。

★02——新渡戸稲造(1862-1933)　南部藩士の子として盛岡に生まれる。札幌農学校在学中にキリスト教に入信、同級生に内村鑑三がいた。一八八一年同校卒業。八四年から米国およびドイツ留学で在外六年、帰朝して札幌農学校教授、台湾総督府糖務局長、京都帝国大学教授、第一高等学校長、東京帝国大学教授を歴任、一九一八—二三年東京女子大学初代学長、一九—二六年国際連盟書記局事務次長、その後帝国学士院会員、貴族院議員、太平洋問題調査会理事長。三三年カナダの太平洋会議に出席中、ヴィクトリアの病院にて客死。

★03——安井てつ(1870-1945)　下総古河藩士の子として本郷曙町に生まれる。一八九〇年東京女子高等師範学校卒業、文部省命により一八九七—一九〇〇年英国ケンブリッジおよびオクスフォード大学に留学、帰国後受洗。〇四—〇七年シャム国皇后女学校教育主任を務めたのち英国再遊、ウェールズ大に学ぶ。〇八年帰国、母校の付属幼稚園主事兼教授、一八年東京女子大学創設時に学監に就任、二四—四〇年第二代学長として国家主義下の困難な時代にキリスト教主義の大学としての本学を守り、多くの学生に感銘を与えた。

★04——オーガスト・カール・ライシャワー(August Karl Reischauer 1879-1971)　一九〇五年に宣教師として来日、明治学院にて哲学等の教授、後に神学部教授。東京女子大学創立委員会設立の一九一五年から東京女子大学創設に参画、開校から一九四一年に帰米するまでの二三年間常務理事として財政を担当。この間、女子学院院長も務め、日本聾話学校も設立している。元駐日アメリカ大使エドウィン・O・ライシャワーの父。校内に残るライシャワー館(一九二七年竣工)は、レーモンド建築九棟の一つで、二七年以降帰国の日までライシャワー一家が過ごした家。

★05——松村緑「管見安井てつ先生」『学報』一九七五年一二月号。

★06——高木貞二(五代学長)「オーガスト・カール・ライシャワー博士」『学報』一九六一年九月号。

★07——「ピリピ人への書」第四章八節、「終《おわり》に言わん兄弟よ、凡そ真《まこと》なること、凡そ尊ぶべきこと、凡そ正しきこと、凡そ潔《いさぎ》よきこと、凡そ愛すべきこと、凡そ令聞《よききこえ》あること、如何なる徳、いかなる誉《ほまれ》にても、汝等これを念《おも》え」による(新漢字・新仮名遣いで表記)。

★08——『八〇年史』一三〇頁。

★09——天達文子「象徴の形成とその歴史的考察」『学報』一九五〇年五月号。

★10——同右。

★11——同右、および『安井てつと東京女子大学』二七二—八〇頁。

★12――『十五年回想録』一四一頁。『五十年史』四一頁も参照。

★13――「学長就任の辞」『十五年回想録』三九九―四〇九頁より。

★14――アントニン・レーモンド（Antonin Raymond 1888-1976）　オーストリア領チェコのクラドノに生まれる。一九〇九年プラハのチェコ工科大学卒業、一〇年ニューヨークへ、一四年アメリカ市民権取得、フランス人のノエミと結婚。一六年タリアセンのF・L・ライトの許で働いたが一七年入隊してヨーロッパへ。第一次世界大戦後、一九年一二月三一日にライトの旧帝国ホテル建設の助手として来日。二一年ライトから独立、東京女子大学総合計画に着手し、三八年チャペル・講堂の竣工をもって九棟から成る善福寺キャンパスを完成させた。第二次世界大戦のため三九年に帰米し戦後の四八年に再来日、主に日本で活躍、教会や大使館や学校建築など多くの作品を手掛けた。リーダーズ・ダイジェスト東京支社（一九五一年）および南山大学総合計画（一九六四年）で日本建築学会賞受賞。七三年離日、七六年ニューホープにて死去。

なお、レーモンドの建築物は四百を数え評価が高いにもかかわらず、戦前の作品は戦争中に火災や空襲で多くが失われ、戦後のそれも、高度成長期の「スクラップ&ビルド」を当然とする思潮のなかで取り壊されたものが多い。

★15――A・K・ライシャワー「私の略伝」『準縄』二六頁。

★16――『十五年回想録』三八六―八七頁（原文）、同三九一―九二頁（訳文）。

★17――同右、三四一―四二頁。当時の五円は今日の貨幣価値に換算するといくらか。総務省統計調査部に聞いたが、当時から現在まで比較が可能な継続する指標がない。家計調査もCPI（消費者物価指数）も調査開始が戦後になる。東京府統計から大工の手間代（旧神田区・腕前中級または平均）はキャンパス創建時の一八年日額一円五〇銭、一九年二円六銭、二〇年二円九二銭、二一年三円八銭と急上昇を見せる。他方、農商務省の賃金表にある一九二〇年代上半期の建具職日額二円三一銭、それらを現在の東京周辺の建築職人日額約二万円とつき合わせると、約一万倍。およそ「一円は一万円」相当か。

★18――同右、三五二頁。

★19――同右、三五〇頁に「敷地購入費及び払いずみとなった一時的借財に対する利子二九万円」とあり、土地代金は二八万五〇〇〇円なので、借財に対する利子は差し引き五〇〇〇円と考えられる。また、一九三一年に図書館が完成した時点で「是までに要した当大学設立費総額は一六二万円に達する」とある。土地・建物代と借財利子の合計は一五三万八六〇〇円なので、費用総額一六二万円との差額、八万一四〇〇円が校庭の手入れ等にかかった費用と考えられる（→序章二三頁の「別表」参照）。

★20――三沢浩『A・レーモンドの住宅物語』建築資料研究社、一〇〇頁。レーモンド自身も「私が初めて設計した鉄筋コンクリート建築は東京都下にある東京女子大学で……」と語っている（アントニン・レーモンド『私と日本建築』三沢浩訳、鹿島研究所出版会、一九六七年、一八八頁）。

★21――『自伝アントニン・レーモンド』三沢浩訳、鹿島研究所出版会、一九七〇年、七八頁。

★22――同右、七六頁。

★23――「三沢浩先生、内田青蔵先生講演会　講演録」（→資料182）四〇、四七頁、および岩城和哉『建築巡礼37　知の空間――カルチェラタン・クォードラングル・キャンパス』丸善、一九九八年、九六頁。

★24――同右『建築巡礼37　知の空間』九四頁。

★25――一九一七年にオランダで創刊された雑誌『デ・ステイル』を介して展開した芸術活動の一環で、建築においてはキュビズムを反映した表現が志向された。たとえば無装飾の直方体をずらしながら組み合わせるようなデザインが試みられ、構成要素を単純化して、その組合せによる美の創出を試みた。初期にはF・L・ライトの影響が見られる（鈴木博

之編著『近代建築史』市ヶ谷出版社、二〇一〇年、三九頁、および、西田雅嗣・矢ヶ崎善太郎『図説　建築の歴史——西洋・日本・近代』学芸出版社、二〇〇三年、一二九頁）。

★26——前掲『自伝アントニン・レーモンド』一二七頁。

★27——藤岡洋保「東京女子大学に見るアントニン・レーモンドの建築観——その合理性と先駆性」、レ会編『緊急シンポジウム　東京女子大学レーモンド建築 東寮・体育館を考える——建学の志を伝える貴重な文化財を保存し、活かしていくために』（以下『レ会・シンポジウム記録』と略→資料117）、二〇〇七年、一二三頁および三五頁。

第一章

★01——前掲『十五年回想録』三九二頁。なお、「教室その他の建物は一二〇〇名以上の収容力を有す」ともある。学生百名余時代に千二百名規模を構想してのキャンパス・デザインであった。

★02——同右、三四九頁。

★03——藤岡洋保、前掲『レ会・シンポジウム記録』一五頁。

★04——同右。

★05——『東京女子大学東西寮六十年』（以下『東西寮六十年』と略）東京女子大学、一九八三年、一四頁。

★06——同右、一九頁。なお、列長廃止をともなう寮運営の変更については、同右、六九頁。

★07——前掲『安井てつと東京女子大学』一九六—二一九頁。前掲『五十年史』九四—九六頁。同右『東西寮六十年』二八頁。

★08——同右『安井てつと東京女子大学』六〇頁。なお、実際に学長宅に住んだのは安井学長だけであった。

★09——大久保美春『フランク・ロイド・ライト——建築は自然への捧げ物』ミネルヴァ書房、二〇〇八年、ii頁および四二頁。

★10——前掲『自伝アントニン・レーモンド』一八頁。

★11——西澤英和「東寮・体育館の構造学的な特徴と耐震性」『レ会・シンポジウム記録』二七頁。

★12——藤岡洋保、前掲『レ会・シンポジウム記録』一六頁。

★13——桐敷真次郎『近代建築史』共立出版、二〇〇一年、七六頁。

★14——前掲『自伝アントニン・レーモンド』五五、五六頁。

★15——西澤英和、前掲『レ会・シンポジウム記録』二四、二五頁。

★16——前掲『自伝アントニン・レーモンド』八九頁。

★17——前掲『十五年回想録』三三六、三四九頁。

★18——西澤英和、前掲『レ会・シンポジウム記録』二六頁。

★19——前掲『自伝アントニン・レーモンド』九四、九八頁。

★20——西澤英和、前掲『レ会・シンポジウム記録』二九頁。

★21——同右。

★22——藤岡洋保、前掲『レ会・シンポジウム記録』一七頁。

★23——前掲『十五年回想録』三九三頁。なお、「体育の重要性と品格ある社会性の涵養」の原文は the importance of physical training and the cultivation of social graces in our modern education.『十五年回想録』では後者を「社交的美徳」と訳している。「品格ある社会性」は斎藤康代氏の訳による（旧体育館シンポジウム実行委員会『公開シンポジウム記録集　東京女子大学旧体育館の解体を再考する』二〇〇九年三月一四日［以下『三・一四シンポジウム記録集』と略］、八頁→資料134）。

★24——『学報』編集委員会編『東京女子大物語』東京女子大学、一九九八年、一八頁。堀江優子『戦時下の東京女子大学——戦時下（一九三七—一九四五）に在学した同窓生たちの体験を聞く』（東京女子大学女性学研究所「青山なを研究奨励金」二〇〇七—〇九年度助成研究報告）、二〇一一年、七頁。

★25——『東京女子大学学生YWCAの歴史——一九四五年から解散まで』東京女子大学女性学研究所、一九九二年、一四頁。同右『戦時下の東京女子大学』八〇頁。

★26――同右『戦時下の東京女子大学』八〇、一九四頁。
★27――鳥越成代「旧体育館を使い続けて――本日までの経過報告」、前掲『三・一四シンポジウム記録集』四頁。
★28――前掲『五十年史』一四六頁。前掲『戦時下の東京女子大学』八七九頁。
★29――同右『戦時下の東京女子大学』五三六頁。
★30――同右、五〇五頁。
★31――前掲『五十年史』一四八頁。
★32――前掲『東西寮六十年』一三二頁の写真。
★33――前掲『東京女子大物語』三八頁。前掲『東西寮六十年』六九、七〇頁。
★34――田代桃子ほか「東京女子大学の旧体育館を中心とする校舎の研究」、二〇〇七年度東京女子大学学会学生研究奨励費研究最優秀賞受賞始業講演（→資料175）、二〇〇八年四月一〇日、二頁。
★35――前掲『自伝アントニン・レーモンド』七八頁。
★36――東京女子大学の建物に関する研究会『レーモンド建築に見られる室内空間の特性について』（→資料184）橋詰かすみ、二〇一〇年、三頁。
★37――前掲、田代桃子ほか「東京女子大学の旧体育館を中心とする校舎の研究」七頁。
★38――同右。
★39――前掲「三沢浩先生、内田青蔵先生講演会　講演録」四四、四五頁。
★40――前掲『自伝アントニン・レーモンド』四八―五〇頁。
★41――前掲『三・一四シンポジウム記録集』三八頁。
★42――前掲「三沢浩先生、内田青蔵先生講演会　講演録」四五頁。
★43――前掲『三・一四シンポジウム記録集』四頁。
★44――前掲、アントニン・レーモンド『私と日本建築』一二三頁。
★45――前掲『レーモンド建築に見られる室内空間の特性について』二〇一二頁。
★46――奥村まこと「東京女子大学旧体育館の保存を願う皆さまへ」、奥村昭雄「再び暖炉について」、同右、五八―六〇頁所収。
★47――前掲「三沢浩先生、内田青蔵先生講演会　講演録」三九頁。
★48――前掲『自伝アントニン・レーモンド』八九頁。
★49――西澤英和、前掲『レ会・シンポジウム記録』三〇頁。
★50――三沢浩講演録『建築家A・レーモンドの設計作法について――F・L・ライトからレーモンド、前川、吉村へ』（→資料176）井上まゆみ、二〇〇八年四月二九日、一七頁および一九頁の図。
★51――藤岡洋保、前掲『レ会・シンポジウム記録』二〇頁。
★52――松嶋哲奘、前掲『三・一四シンポジウム記録集』二七頁。
★53――同右、二四頁。

第二章

★01――前掲『自伝アントニン・レーモンド』七六頁。
★02――学生数は前掲『八〇年史』巻末資料「学生数の推移」参照。
★03――前掲『東西寮六十年』九〇―九一頁。
★04――隅谷三喜男「序文」、前掲『東西寮六十年』二―三頁。
★05――前掲『八〇年史』一五五頁。
★06――『玄海だより』第二〇〇号（一九八八年六月）、『学報』一九八八年二月号。なお『玄海だより』とは、福岡市で病気療養の身となった西寮出身峯中通子（五三年文学部社会科学科卒）が、全国の友人から来る見舞状への返事を個々に出す代わりに、毎月まとめて返事を書き、コピーで発送したのが始まり。七八年一二月が一号、九七年一月二六七号の後は休刊中。
★07――『東京女子大学の九〇年』（以下『九〇年史』と略）東京女子大学、二〇〇八年、一〇七頁。
★08――前掲『八〇年史』一五〇頁。

★09――同右、一五四―五五頁。

★10――西惠三「牟礼キャンパスのご報告――新たな出発へのご理解とご支援を」『学報』二〇〇五年四月号。

★11――東京女子大学短期大学部記録委員会『東京女子大学短期大学部牟礼キャンパスの二十三年』一九九一年参照。

★12――投稿は二〇〇四年九月―〇五年六月の全四回（『TWOキャリアネットワークNewsLetter』三一―三四号→資料113）。

★13――以下は、前掲、西惠三「牟礼キャンパスのご報告」に依る。

★14――華井弘子「牟礼キャンパス感謝会に参加して」『TWOキャリアネットワークNewsLetter』三四号、二〇〇五年六月二五日、一頁。

★15――北条文緒「さようなら、牟礼キャンパス」『東京女子大学同窓会会報』二〇〇五年九月一日号、二頁。

★16――原田理事長・湊学長・桃井事務局長の挨拶は「二〇〇六年度同窓会定期総会議事録」（東京女子大学同窓会蔵）参照。二〇〇六年度総会において、整備計画の具体的な内容についての説明はなされなかった。

★17――「真理は汝らに自由を得さすべし」（ヨハネ伝八章三二節）。A・K・ライシャワーは、長男ロバート・ライシャワーの墓石に上記の聖句を刻んだ。ロバートは、一九三七年、上海事変に巻き込まれて死去、東京女子大学に在任中の父ライシャワーの下で葬儀が行われた後、多磨霊園に葬られた。

★18――文化財保存全国協議会が文化遺産の保存・保全の功労者（団体）に授与する賞。和島誠一氏は日本を代表する考古学者で、戦後すぐに一般市民とともに取り組んだ「月の輪古墳」の発掘は画期的な調査として評価が高い。受賞者のなかで作家は永井路子氏が初めて。

第三章

★01――理事長：原田明夫　一九六三年東京大学法学部卒。六五年東京地方検察庁検事任官。二〇〇一年七月―〇四年六月検事総長。〇五年七月―現在、東京女子大学理事長。〇六年六月―〇九年一二月三菱UFJフィナンシャル・グループ社外取締役。

★02――学長：湊晶子　一九五五年東京女子大学文学部社会科学科卒（五三年短期大学部英語科卒）、九九年四月東京女子大学キリスト教学研究室教授就任。二〇〇二年四月―一〇年三月東京女子大学学長。東京基督教大学（千葉県）名誉教授。

★03――常務理事：堀地史郎　一九五五年一橋大学商学部卒、東京海上火災保険（株）副社長、東京海上あんしん生命保険（株）初代社長を歴任。一九九八年一一月―二〇〇八年一一月東京女子大学理事。

★04――鳥山明子氏の書簡は、資料119の注5に全文掲載。

★05――『日本経済新聞』二〇〇七年一月一三日夕刊。

★06――外国人教師（宣教師）手作りの英語教材、B5判九二頁。「全新入生に」と献辞されているが、一九五〇―六〇年ごろに英文科で使用された。エディンバラ万国宣教師大会に発する建学の歴史と精神が綴られている。

★07――前掲『東西寮六十年』九一頁。

★08――『建物を活かし文化を生かす。登録有形文化財建造物のご案内』文化庁、一九九六年、七頁（文化庁ホームページに掲載）。

★09――「杉並区文化財保存事業費補助金交付要綱」の建物の該当箇所によると、補助金交付の対象は「その文化財の保存・修理・復旧に係る事業を行う場合」「その文化財等の防火・防災保存施設設備に係る整備事業を行う場合」（第三条）とされ、交付額は「補助事業に係る経費の八割以内の額とし、予算の範囲内で補助する」（第五条）と定められている。

★10――前掲『三・一四シンポジウム記録集』（六頁）によると、二〇〇六年三月に三菱地所設計による教職員への説明（大教室でのパワーポイントによる概要説明）が行われている。同窓会理事も同じ時期に、同様の説明を受けたのであろう。

★11——第一回理事長との懇談会（二〇〇六年一一月一〇日）で、理事長と学長も、当初の予定より二メートルほど移動させた」と発言している（→資料116）。新研究棟は安井記念館の玄関先約一〇メートルの間隔で建設予定であったが、それより二メートル離したという意味であろう。

第四章

★01——二〇〇七年七月一九日付原田理事長の書簡（→資料023・二四八頁）およびその添付資料（→資料155）より、この事実が読みとれる。公開質問状（→資料025・二五二頁）も参照。

★02——整備計画そのものについては二つの『学報』記事（→資料140・142）だけで、他には湊学長（→資料141）と原田理事長（→資料145）の挨拶文であった。

★03——後日、同窓会事務局を訪ね、同窓会作成の「二〇〇七年度同窓会定期総会記録」を閲覧したところ、議事終了後の発言も記録に残されていた。

★04——東京都建築士事務所協会・新宿区共催／東京都後援「建物ふれあいフェア」における特別企画としての「建築文化」シンポジウムは、二〇〇七年「なくしていいのか建築文化」で東女レーモンド建築の保存問題を取り上げたことから、川田伸紘氏と兼松紘一郎氏を中心に「建築文化ネットワーク」が立ち上がり、今に継続している。〇八年「持続できるか、建築文化！」、〇九年「建築文化を築く」、一〇年「生まれいずる建築文化」、一一年「未来へつなぐ建築文化」。

★05——この上映会は、わずか三〇分の時間しか設けられておらず、桃井事務局長は「説明会ではなく上映会である」として、いっさい質問を受け付けなかった（→資料121）。なお、大学側は消防上の観点から消防車の入るスペースを確保する必要があると説明していたが、レ会が杉並区防災課に確認したところ、特にその必要はないとの回答を得た。

★06——レ会と原田理事長との懇談の席でも「塔は残す」と聞いていた。また桃井事務局長は学生新聞『東女瓦版』の取材に「歴史ある五号館（＝東寮）は塔周辺を今のまま残す」と答えている（→資料153）。

★07——原田鎮郎（建築家、二〇〇五年日本国際博覧会協会チーフプロデューサー）「二一世紀アジアの循環型都市へ——愛・地球博から上海万国博覧会へ」『新建築』二〇〇八年四月号、一四二頁、および同「東京女子大学におけるアントニン・レーモンドの建築の保存についての考察」1・2（→資料170・171）。

★08——『朝日新聞』二〇〇八年八月二九日（→資料208）。

★09——①レ会企画パネルディスカッション記録（→資料125）、②原田理事長・湊学長あて書簡（東寮解体抗議文→資料030・二五九頁）、③永井路子エッセイ「命、守れるか、小さな二棟」（→資料228）、④アントニン&ノエミ・レーモンド展の案内チラシ（→資料108）、⑤レ会作成の旧体育館保存を訴えるチラシ「なぜ旧体育館保存を願うのか」（→資料109・二三三頁）、⑥西澤英和・小西敏正「東寮解体工事の一連の写真を見て」（→資料172・二六〇頁）。

第五章

★01——旧体育館シンポジウム実行委員会『公開シンポジウム記録集 東京女子大学旧体育館の解体を再考する』（以下『三・一四シンポジウム記録集』と略→資料134）二〇〇九年三月一四日、六頁。

★02——同右、一〇—一一頁。

★03——兼松紘一郎氏ブログ、二〇〇七年三月二五日付 http://blog.goo.ne.jp/penkou/m/200703

★04——前掲「東京女子大学の旧体育館を中心とする校舎の研究」八頁（→資料175）。この研究は、後輩に引き継がれて継続し（→資料183）、旧体育館解体後もさらなる広がりと深化をみせた（→資料184・185・186）。

★05——東京女子大学には体育科が存在した。第二代学長安井てつは「学長就任の辞」（二一頁）で「体育重視」を掲げ、内海千江をアメリカ・ウェールズレー女子大学体育衛生科に留学させた。体育科設立は理事会で継続的に検討されたが、戦後の一九五〇年、四学科構成の短期大学部の一学科として実現した。主任に内海、教師・講師陣には織田幹雄（オリンピック日本初のゴールドメダリスト）らを招請した。一九六一年、学部・学科の改組により廃止。この一一年間一一期の卒業生の会が十一会である（『東京女子大学体育科の歴史』東京女子大学女性学研究所「研究報告21」）。

★06——前掲『三・一四シンポジウム記録集』五、四四頁。

★07——森一郎「世代をつなぐもの——東京女子大学旧体育館解体問題によせて」『UP』四三五号（二〇〇九年五月号→資料234）、三五頁。

★08——前掲『三・一四シンポジウム記録集』六頁。

★09——同右、二頁。

★10——同右、三頁。

★11——キャンパス整備計画委員会とは、キャンパス整備基本計画の検討・決定機関で、理事会がこれを承認して実行する。原田理事長・堀地常務理事、財務担当理事、その他の理事や事務局長のほか、八名の教授会メンバーにより構成。この教授会メンバーとは、職位（センター長、研究所長、図書館長など）に依るもので、たとえば最も今回の整備計画に関わりの深い健康・運動科学研究室の教授が入っていないなど、様々な立場からの意見が得られるような構成ではない。二〇〇六年一月が第一回委員会である（前掲『三・一四シンポジウム記録集』四四—四五頁）。なお、同委員会には三菱地所設計が陪席している。

★12——同右、四一、六九—七〇頁。

★13——二〇〇九年三月一二日『毎日新聞』のシンポジウム開催案内記事にはじまり、報告記事が四月二日『日刊建設工業新聞』に載り、五月九日には『朝日新聞』が「やまぬ〝待った〟の声」として総括的に大きく報じた。その後、旧体育館でのイベントや有識者の会アピールの動きが進むとともに、四月一八日の朝日、五月一三日の毎日、同日および二一日の東京新聞、五月二六日の朝日と東京と読売、二七日の毎日、八月二八日の日経……と、新聞にかぎっても、このように続いた（巻末年表「メディア掲載」）。

★14——前掲『三・一四シンポジウム記録集』五—六頁の「二〇〇五年五月から始まる経過一覧表」参照。

★15——同右、二八頁のパース参照。

★16——同右、二九—三一頁。

★17——同右、三二頁および四三—四五頁（→資料161・二七〇頁）。

★18——同右、三三—三九頁。

★19——同右、六七—七〇頁。

第六章

★01——「賛成四〇、反対四五、白票一五」、『日本経済新聞』二〇〇九年八月二八日〈広角鋭角欄〉「近代建築の未来③」（→資料220）より。

★02——日本イコモス国内委員会（Japan ICOMOS National Committee：国際記念物遺跡会議）。一九六四年の記念物と遺産の保存に関する国際憲章（ヴェニス憲章）を受けて六五年に設立された国際NGO。文化遺産の保存、保護を目的とする原理、方法論、保存科学技術の研究・応用、さらに世界遺産登録の審査、モニタリングの活動を行っている。

★03——この日用意された資料は以下の通り。チラシ「旧体育館へ行こう（付・アンケート→資料111）」、有識者の会「旧体育館保存のための緊急アピール（付・賛同者名簿）」（→資料087・二七六頁）、森一郎「世代をつなぐもの——東京女子大学旧体育館解体問題によせて」『UP』二〇〇九年五月号（→資料234）、小檜山ルイ「旧体育館の歴史的意味」（→資料179）、田代桃子ほか「東京女子大学の旧体育館を中心とする校舎の研究」（→資料175）、『毎日』（三月一二日→資料209）・『日刊建設工業』（四月二日→資料210）・『朝日』（四月一八日

→資料211）掲載の関連記事のコピー。

★04——「杜の会」については、以下の資料を参照。『十五年回想録』六六六—八一頁、『五十年史』九〇—九三頁、大槻幽香『若き日の思い出』（木魂社、二〇〇八年）六八—七一頁、矢沢静江「杜は語っている——善福寺キャンパスの植物」『学報』一九七九年七月号、「杜の会の解散」『同窓会月報』昭和一三年（一九三八年）秋（一一月）号、三六—三九頁。

「後輩の良き憩いの場所となり、静かな瞑想のひとときを与え、夢と美しき詩情の湧く温床ともなれかし」と、杜の会解散時に会より記念に贈られた大理石のベンチが、いまでも藤棚の下にある。そこには安井てつ学長の筆になる「杜をして語らしめよ」が刻まれている。

★05——奥村昭雄「ふたたび暖炉について」、前掲『レーモンド建築に見られる室内空間の特性について』六〇頁、および奥村まこと「旧体育館の保存を願う皆さまへ」同、五八—五九頁。

★06——『東京女子大学創立九〇周年記念　東寮・旧体育館写真集』東京女子大学、二〇〇九年四月一六日。

★07——写真に付されたキャプションの幾つかについて参考までに次に列記する。

・二四頁　東寮「南面入口」→正面玄関

・二五頁　東寮「一階ホール」→玄関ロビー。寮生はロビーと呼んだが、閉寮のころには「ホール」と呼んだ時代もあったという。

・二六頁　東寮「一階パーラーベンチ」→パーラーのアーチ型窓と、カーブに沿ったつくりつけの椅子。

・三五頁　東寮「窓詳細」→パーラーの出窓

・四〇・四一頁　寮の塔「厨房」→「アイロン台」。

・七二頁　旧体育館「正面入り口左右の上部」→南側テラスの花鉢

★08——記者会見場で配布された資料は以下の通り。有識者の会記者会見声明「東京女子大学旧体育館解体工事着工に抗議する」（→資料088）、有識者の会「旧体育館保存のための緊急アピール——体育兼社交館のルネサンスのために」（→資料087・二七六頁）、旧体イベントの写真と工事現場の写真、五・二六イベントのお知らせ、『三・一四シンポジウム記録集』（→資料134）、旧体問題の新聞掲載記事の抜粋、東京女子大学によるキャンパス整備計画図など。

★09——食堂小ホールには四〇〇近い席がある。満席のうえに立ち見の学生でいっぱいであった。

◉——東側から見た体育館南面。夕暮れどき、中央玄関の外灯やフロアの照明がともる。二階テラスの花鉢も浮かんでみえる。
［撮影　兼松紘一郎］

資料編

関係資料一覧・主要資料・年表

関係資料一覧

▶資料番号は、分類毎に時系列に並べて通し番号を付した。日付末尾**は日単位。　▶掲載頁欄の数字は、本書掲載頁を示す。掲載なしは−印。
▶CD収録欄の○印は付属CDに収録されていることを示す。収録なしは−印。
▶原田理事長は原田明夫氏、湊学長は湊晶子氏、堀地常務理事は堀地史郎氏をさす。　▶所属・肩書きは当時のものを用いた。

資料番号	日付 年・月・日	タイトル	掲載頁	CD収録
		書簡		
001	20060707	藤原代表(卒業生有志の会、以下同様)より原田理事長・湊学長への書簡(資料066を同封)	214	○
002	20060711	藤原代表より同窓会理事会への書簡	215	○
003	20060712	藤原代表より原田理事長への書簡	218	○
004	20060712	田邉道子(卒業生有志の会会員)より原田理事長・堀地常務理事への書簡	219	○
005	20060731	原田理事長より藤原代表・田邉道子への書簡	220	○
006	20061110	田邉道子より原田理事長・堀地常務理事への書簡	221	○
007	20061113	田邉道子より大学理事および監事への書簡	223	○
008	20061121	原田理事長より藤原代表(東女レーモンドの会、以下同様)への書簡	223	○
009	20061219	藤原代表より原田理事長への書簡	226	○
010	20070212	藤原代表より原田理事長への書簡	232	○
011	20070213	原田理事長より藤原代表への書簡	232	○
012	20070223	藤原代表より原田理事長への書簡	235	○
013	20070314	原田理事長より藤原代表への書簡	237	○
014	20070422	藤原代表より原田理事長・湊学長への書簡	238	○
015	20070510	永井路子(レ会発起人)より藤原代表への書簡	241	○
016	20070512	藤原代表より原田理事長への書簡(資料015を同封)	242	○
017	20070530	藤原代表より原田理事長・湊学長への書簡	244	○
018	20070613	原田理事長・湊学長より藤原代表への書簡	245	○
019	20070614	藤原代表より原田理事長への書簡(公開質問状・第1回を同封)	246	○
020	20070614	レ会より原田理事長への公開質問状(第1回)	—	○
021	20070709	藤原代表より原田理事長への書簡(公開質問状・第2回を同封)	246	○
022	20070709	レ会より原田理事長への公開質問状(第2回)	248	○
023	20070719	原田理事長より藤原代表への書簡(資料155を添付)	248	○
024	20070730	藤原代表より原田理事長への書簡(公開質問状・第3回を同封)	250	○
025	20070731	レ会より原田理事長への公開質問状(第3回)	252	○
026	20070812	藤原代表より原田理事長への書簡	256	○
027	20070819	藤原代表より原田理事長への書簡	257	○
028	20070821	原田理事長より藤原代表への書簡	258	○
029	20070907	永井路子より原田理事長への書簡	258	○
030	20070915	藤原代表より原田理事長への書簡(東寮解体抗議文)	259	○
031	20071027	藤原代表より原田理事長への書簡(資料172を同封)	261	○
032	20080327	藤原代表より原田理事長・湊学長への書簡(公開質問状・第3回抜粋版を同封)	263	○
033	20080327	レ会より原田理事長への公開質問状(第3回抜粋版)	—	○
034	20080621	永井路子より原田理事長への書簡	173	○
035	20080703	藤原代表より原田理事長・湊学長への書簡	264	○

036	20080801	藤原代表より原田理事長・湊学長への書簡	267	○
037	20080802	原田理事長より永井路子への書簡	177	○
038	20080810	永井路子より原田理事長への書簡	179	○
039	20081024	鈴木博之DOCOMOMO Japan代表より原田理事長への書簡(資料178を同封)	268	○
040	20081114	原田理事長より鈴木博之DOCOMOMO Japan代表への書簡	269	○
041	20081120	兼松紘一郎DOCOMOMO Japan幹事長より原田理事長への書簡	—	○
042	20081215	鈴木博之DOCOMOMO Japan代表より大学理事、評議員会議長ほかへの書簡	—	○
043	20090319	旧体育館シンポジウム実行委員会委員長森一郎教授より大学理事への書簡(資料134に収録)	—	○
044	20090330	藤原代表より原田理事長・湊学長への書簡	274	○
045	20090415	永井路子より同窓会支部長への書簡	275	○
046	20090528	藤原代表より原田理事長・湊学長への書簡	280	○
047	20090531	藤原代表より湊学長への書簡	282	○
048	201007**	永井路子より原田理事長への書簡	184	—
049	20100706	原田理事長より永井路子への返書(はがき)	186	—
		署名活動関連文書		
050	20060901	レ会:趣意書(日本語版、英語版)	075	○
051	20060914	レ会:東寮および旧体育館保存要望の署名用紙	—	○
052	20060927	レ会:web署名フォーム	—	○
053	20060927	レ会:web署名に付されたコメント(抜粋)	—	○
054	20061116	一歩の会:旧体育館及び5号館(東寮)の保存・活用を要望する署名用紙	—	—
055	20070706・0719	緑と自然に囲まれたエリアの保存を求める署名(略称「緑の署名」)と要望書	—	○
056	20070903	塔の会:「東寮の塔を保存し、アーカイブスに」呼びかけ文	—	○
057	20080801-1210	十一会有志(門脇堯子):東女大体育科卒業生への〈旧体育館保存と活用〉の呼びかけ文、および要望書と署名用紙	—	○
058	200811**	東女大フォークダンス部OG会および慶應義塾大学民族舞踊研究会OB会:湊学長への旧体育館保存要望書	—	○
059	20081210	東女大バレーボールOG会およびその関係者:湊学長への旧体育館保存要望書	—	○
060	20081214	東女大競技ダンス部OG会および東京大学競技ダンス部OB・OG会:湊学長への旧体育館保存要望書	—	○
061	20090115-0723	旧体を愛し、慈しみ、手入れをして、使い続けるよう保存を求める署名(略称「旧体ラブ署名」)と添付要望書、0619第5回提出時の添付書簡、0723第6回提出時の旧体解体抗議書簡	—	○
062	20090204	東女大卓球部OG会およびその関係者:湊学長への旧体育館保存要望書	—	○
063	20090429	卒業生有志ほか(代表:田澤和子氏):ライシャワー文化財保存要望書	—	—
064	20090608	学生有志:旧体育館の解体に関する質問への回答要望書	282	○
065	20090612	杉並区・武蔵野市　東京女子大学近隣住民(代表:川田伸紘氏):体育館解体(アスベスト)に関する近隣住民への説明要望書	—	○

資料番号	日付 年・月・日	タイトル	掲載頁	CD収録
		各方面からの要望書		
066	20060707	卒業生有志の会(レ会の前身)より原田理事長・湊学長への保存要望書および「資料・卒業生有志の声」	—	○
067	20060712	十一会(体育科卒業生の会)より湊学長へ旧体育館保存の要望書　付:「東京女子大学の体育と体育館」、付:「東京女子大学体育の歩み」より	—	—
068	20060803	DOCOMOMO Japanより原田理事長・湊学長への東寮建物保存要望書	—	○
069	20060817	ライト建築アーカイブズ日本より原田理事長へのキャンパス整備計画見直しの要望書	—	○
070	20060818	杉並たてもの応援団より山田宏杉並区長への東寮および旧体育館の建物保存要望書	—	○
071	20061109	ペンシルバニア大学等米欧5大学・美術館キュレーターより原田理事長への解体再考要望書	—	○
072	20070115	日本建築学会関東支部より原田理事長・湊学長への東寮および体育館建物保存要望書(資料167を同封)	227	○
073	20070118	日本建築家協会関東甲信越支部より原田理事長・湊学長への旧東寮および旧体育館の保存活用の要望書	—	○
074	20070319	DOCOMOMO Japanより原田理事長・湊学長への旧体育館保存要望書	—	○
075	20070422-0730	同窓生668名より原田理事長・湊学長への東寮・旧体育館保存の直訴はがき	097	—
076	20070515	「同窓生有志おしゃべり会」より高月同窓会長への東寮・旧体育館解体に関する質問と要望書	—	—
077	20070620	ワシントン大学建築学部准教授ケン・タダシ・オオシマ氏より原田理事長への保存要望書	—	○
078	20070624・0630	建築専門家有志82名(世話役:川田伸紘氏)より原田理事長・湊学長への保存要望書	—	○
079	20071219	十一会より原田理事長・湊学長への「旧体育館保存の活用を提案し取り壊しの再考を求める要望書」	—	—
080	20080610	十一会より原田理事長・湊学長への「体育館建設に伴う『旧体育館の歴史的資料の掲示』の要請書」	—	—
081	20080613	川田伸紘氏より原田理事長・湊学長への保存要望書 2	—	○
082	20080710	レ会顧問山口廣氏・発起人近藤富枝氏・発起人一同より原田理事長・湊学長への旧体育館保存要望書	265	○
083	20080923	川田伸紘氏より原田理事長・湊学長への回答要請書「お願い」	—	○
084	20090305	山田宏杉並区長より原田理事長・湊学長への旧体育館保存に関する要望書	270	○
085	20090314	旧体育館シンポジウム実行委員会「3.14旧体シンポジウム・アピール」	272	○
086	20090321	杉並たてもの応援団より原田理事長・湊学長への旧体育館解体再考要望書	—	○
087	20090520	旧体育館保存を要望する有識者の会より理事会・理事各位、評議員会・評議員各位、教授会・教授会構成員各位への「旧体育館保存のための緊急アピール── 体育兼社交館のルネサンスのために」(賛同者188名)	276	○
088	20090525	旧体育館保存を要望する有識者の会緊急記者会見での声明「旧体育館解体工事着工に抗議する」	—	○

089	20090525	有識者の会緊急記者会見への三沢浩氏コメント(配布資料)および永井路子氏コメント(代読)	—	○
090	20090718	レ会より一柳新同窓会長への「保存を願った同窓生たちの声」	—	○

大学からの回答書				
091	20060825	原田理事長・湊学長より鈴木DOCOMOMO Japan代表への回答書(東寮)	—	○
092	20060828	原田理事長よりライト建築アーカイブズ日本への回答書	—	—
093	20061026	杉並区都市整備部まちづくり推進課長より杉並たてもの応援団への回答書	—	○
094	20070126	原田理事長・湊学長より日本建築学会関東支部への回答書	230	○
095	20070126	原田理事長・湊学長より日本建築家協会関東甲信越支部への回答書	—	○
096	20070411	原田理事長・湊学長より鈴木DOCOMOMO Japan代表への回答書(旧体育館)	—	○
097	20070609	高月同窓会会長より「同窓生有志おしゃべり会」への回答書	—	—
098	20070703	原田理事長・湊学長より川田伸紘氏への回答書	—	○
099	20080728	原田理事長・湊学長よりレ会顧問山口廣氏への回答書	—	○
100	20081007	原田理事長・湊学長より川田伸紘氏への回答書	—	○
101	20081224	湊学長よりバレーボール部OG会への回答書	—	—
102	20090316	原田理事長・湊学長より山田宏杉並区長への回答書	273	○
103	20090326	原田理事長・湊学長より杉並たてもの応援団への回答書	—	○

チラシ・ポスター				
104	20040713	東女大牟礼キャンパスとその環境を守る会チラシ「玉川上水に高層マンション?」	—	○
105	20061202	レ会チラシ「緊急シンポジウム 東京女子大学レーモンド建築 東寮・体育館を考える── 建学の志を伝える貴重な文化財を保存し、活かしていくために」(日・英版)	—	○
106	20070721	建築ふれあいフェア2007パネルディスカッションのチラシ「なくしていいのか建築文化」および川田伸紘氏製作のポスター	—	○
107	200709**	レ会チラシおよびポスター「今、そこにある危機」	—	○
108	20070915-1021	神奈川県立近代美術館(鎌倉)のチラシ「建築と暮らしの手作りモダン──アントニン&ノエミ・レーモンド」	—	○
109	20080621	レ会チラシ「なぜ旧体育館保存を願うのか」	133	○
110	20090408-0528	学生有志チラシ「桜の花を上から見よう」「旧体MEMORIAL WEEK」「学長先生と語る会」	—	○
111	20090429	旧体を愛する東女大同窓生有志チラシ「旧体育館へ行こう」	—	○
112	20090620	レ会チラシ「『凡そ真なること』は何処へ?」	—	○

活動の報告・記録・記録冊子				
113	20040921-050625	田邉道子報告「牟礼跡地問題」(『TWOニューズレター』vol.31-34への投稿)	—	○
114	2004-2007	レ会記録「2004～2007年度 同窓会定期総会における会長・学長・理事長・事務局長の牟礼・キャンパス整備計画に関する発言」(同窓会定期総会議事録より筆写)	—	—
115	20060919	堀江優子レポート「東京女子大学建築散歩」	—	—
116	20061110	レ会記録「原田理事長との懇談全記録(第1回)」	—	○
117	20061202	レ会編『緊急シンポジウム 東京女子大学レーモンド建築 東寮・体育館を考える── 建学の志を伝える貴重な文化財を保存し、活かしていくために』	—	○

資料番号	日付 年・月・日	タイトル	掲載頁	CD収録
118	2006-2010	レ会会計報告　第1期ー第5期	—	○
119	20070118	レ会記録「原田理事長との懇談全記録(第2回)」	—	○
120	20070216	レ会記録「同窓会理事との懇談会」報告	—	—
121	20070411	レ会記録「レ会向けキャンパス整備計画スライド上映会」報告	—	○
122	20070428	堀江優子記録「同窓生有志おしゃべり会報告　東寮・旧体育館の保存活用を望む思い」	—	—
123	20070529	堀江優子記録「『同窓生有志おしゃべり会報告』に関する同窓会長との懇談報告」	—	—
124	20070616	レ会編『東女レーモンドの会　2007年度東京女子大学同窓会定期総会報告――キャンパス整備計画および東寮・旧体育館解体をめぐって』	—	—
125	20070721	レ会編『パネルディスカッション　なくしていいのか建築文化――東京女子大学のレーモンド建築を中心に』	—	○
126	20070828	レ会「東寮解体目撃報告」	—	○
127	20070828	レ会「速報　東寮の解体に抗議する」	—	○
128	20070901	レ会「東寮解体続報」(解体状況)	—	○
129	20070908	レ会「東寮解体続報」(塔を除いてほとんど解体)	—	○
130	20070916	レ会「速報　レーモンド展記念シンポジウム:レーモンドを再発見する」	—	○
131	20070916	レ会「レーモンド展記念シンポジウム『レーモンドを再発見する』抄録」	—	○
132	20071203	レ会「速報　ライト建築アーカイブズ日本・国際シンポジウム『フランク・ロイド・ライトと日本の建物保存』」	—	○
133	20080222	[案内]緊急シンポジウム「残そう!　学習院大学ピラミッド校舎群」	—	○
134	20090314	旧体育館シンポジウム実行委員会編『公開シンポジウム記録集 東京女子大学旧体育館の解体を再考する』	—	○
135	20090429	「杜の会」復活宣言	—	○
136	20090528	学生有志「学長先生と語る会」記録	—	—
		大学からの広報		
137	20050425	西恵三理事長「牟礼キャンパスのご報告」(『学報』2005年4月号)	—	○
138	20060315	原田理事長「理事長に就任して」(『同窓会会報』第42号)	—	○
139	20060625	桃井事務局長「2005年度決算について」◉**01**――(『学報』2006年6月号)	—	○
140	20060825	原田理事長「キャンパス整備計画について――90周年・100周年に向けて」(『学報』2006年7・8月合併号)	—	○
141	20060901	湊晶子学長「同窓の皆々様へ」(『同窓会会報』第43号に同封)	—	○
142	20070225	桃井事務局長「キャンパス整備計画進捗状況」(『学報』2007年2月号)	—	○
143	20070315	「特集ー東寮・旧体育館」(『同窓会会報』第44号)	—	—
144	20070418	第1回近隣説明会・案内チラシ	—	—
145	20070520	原田理事長「安全で爽やかなキャンパスを」(『学報』2007年度第1号)	—	○
146	20070628	第2回近隣説明会・案内チラシ	—	—
147	20090416	原田理事長「写真集刊行によせて」(『東京女子大学90周年記念　東寮・旧体育館写真集』)	—	○
148	20090602	清水建設㈱西東京営業所工事長「アスベスト除去工事のお知らせ」	—	—

149	20090910	原田理事長「多くの方々と慶びを分かち合った創立90周年記念式典」(『学報』2009年度第2号)	—	○
		学内文書		
150	200507**	「キャンパス整備に関するアンケートの報告」◉**02**	—	—
151	20051010	「ありがとう 牟礼キャンパス さようなら」『東女瓦版』2005年10月号	—	○
152	20060405	「東女ライフ　校門付近編・大講堂&チャペル編・学内おすすめスポット編」『東女瓦版』2006年4月号	—	○
153	20061010	「緊急取材!キャンパス新開発計画」『東女瓦版』2006年10月号	—	○
154	20060111-	「キャンパス整備計画委員会記録」◉**03**	—	—
155	20070719	資産売却差額の会計処理◉**04**	—	○
156	200806**	教員・特別職員有志より原田理事長・湊学長へ「旧体育館解体再考に関する要望書」(呼びかけ)◉**05**	—	○
157	20080714	「5号館(東寮)解体に伴う保存物」『キャンパス整備計画ニュース』◉**06**12号(管財課発行)	—	○
158	20080718	『「旧体育館解体再考についての要望書」に関する理事長と呼びかけ人および賛同者との会合記録』◉**07**	—	—
159	20080918	原田理事長より「旧体育館解体再考に関する要望書」呼びかけ人代表(鳥越成代教授)あて回答書◉**08**	—	—
160	20090225	東京女子大学に勤務する教授会構成員以外の教職員有志より原田理事長ならびに理事・評議員あて「旧体育館の今後について皆で考える時間を持つための要望書」とその呼びかけ文	—	○
161	20090314	石井信夫「なぜ旧体育館を解体しなければならないのか── 理事会・キャンパス整備計画委員会側の説明とそれに対する疑問」(資料134、43-45頁所収)	270	○
162	20090503	土合文夫「公開シンポジウム　8. 旧体育館保存後の活用法についての一提案」補遺	—	○
163	20091009	「東女に新しい建物が仲間入り 徹底探検!」『東女瓦版』2009年10月号	—	○
		2棟の文化的・建築学的・構造学的評価等		
164	19970401	藤森照信「寮から始まった学校　東京女子大学」(『建築探偵　神出鬼没』朝日文庫)	—	○
165	20060712	藤岡洋保「東京女子大学東寮建物の建築史的評価」	216	○
166	20061204	兼松紘一郎「美しい東京女子大学の存在」	—	○
167	20070115	日本建築学会関東支部歴史意匠専門研究委員会主査大野敏「東京女子大学東寮・体育館についての見解」(資料072に同封)	228	○
168	20070210	西澤英和「“老朽化”と“中性化”の誤解」	231	○
169	20070227	永井路子「モノが語る歴史の重み　一枚の紙片そして東寮」	—	○
170	20070801	原田鎮郎「東京女子大学におけるアントニン・レーモンドの建築の保存についての考察 1」	—	○
171	20070806	原田鎮郎「東京女子大学におけるアントニン・レーモンドの建築の保存についての考察 2」	—	○
172	20070915	西澤英和・小西敏正「東寮解体工事の一連の写真を見て」	260	○
173	20080304	市川達夫「アントニン・レイモンド設計　東京女子大学体育館(Athletic & Social Building 体育兼社交館)について」	—	○

資料番号	日付 年・月・日	タイトル	掲載頁	CD収録
174	20080304	市川達夫「三菱地所設計のキャンパス改造プランにおいて、旧体育館(体育兼社交館)を残すとどうなるか」	—	○
175	20080410	2007年度東京女子大学学会学生研究奨励費研究／田代桃子・斎藤治子ほか「東京女子大学の旧体育館を中心とする校舎の研究」(同研究最優秀賞受賞 始業講演)	—	○
176	20080429	三沢浩講演録『建築家A.レーモンドの設計作法について── F.L.ライトからレーモンド、前川、吉村へ』	—	○
177	20080613	川田伸紘「大学に保存要望書を送った思い」	—	○
178	20081024	DOCOMOMO Japan「旧体育館の耐震診断書」(作成：松嶋哲奘)(資料039に同封)	—	○
179	200904**	小檜山ルイ「旧体育館の歴史的意味」	—	○
180	20090506	奥村まこと「東京女子大学旧体育館保存を願う皆様へ」(資料184、58-59頁収録)	—	○
181	20090512	奥村昭雄「再び暖炉について」(資料184、60頁収録)	—	○
182	20090514	三沢浩先生、内田青蔵先生講演会 講演録(資料184、37-57頁収録)	—	○
183	20090930	2008年度東京女子大学学会学生研究奨励費研究／斎藤治子ほか「東京女子大学の建物の研究── 旧体育館に生き続ける建学の精神」『学会ニュース』166号	—	○
184	20100301	東京女子大学の建物に関する研究会『レーモンド建築に見られる室内空間の特性について』	—	○
185	20100924	2009年度東京女子大学学会学生研究奨励費研究／東京女子大学の建物に関する研究会「レーモンド建築における室内空間の特性について」『学会ニュース』171号	—	○
186	20110204	2010年度東京女子大学学会学生研究奨励費研究／東京女子大の建物に関する研究会「塔と回廊の特性に関する考察」	—	○
187	20110404	浦友子(東京女子大学競技ダンス部OG)「競技ダンス部の活動から見た旧体の使い心地」	—	○

新聞記事

資料番号	日付 年・月・日	タイトル	掲載頁	CD収録
188	20060810	毎日「東京女子大寮解体へ　卒業生や建築家惜しむ声　日本初　女子個室で鉄筋コンクリ製築82年」	—	○
189	20060810	日刊建設通信「アントニン&ノエミ・レーモンド展」	—	○
190	20060811	東京「東京女子大“自立のシンボル”解体へ　卒業生有志 保存呼びかけ」	—	○
191	20060823	日刊建設通信「東京女子大東寮の保存要望　レーモンド初期の貴重な作品」	—	○
192	20061031	読売「東女大・旧学生寮の解体計画 女性史の記念碑どうなる?」	—	○
193	20061206	毎日(東京)「東女大東寮、体育館 来年解体予定　『東女の歴史残して』永井路子さん、時枝俊江さんら卒業生ら保存訴え」	—	○
194	20061207	日刊建設通信「レーモンドの初期作品　東京女子大東寮・体育館 保存へ双方向対話を」	—	○
195	20061222	読売〈建築望見欄〉「“よく知る”が保存への第一歩」	—	○
196	20070703	朝日(東京夕刊)〈街 メガロポリス ひと欄〉「東京女子大日本初の個室女子寮　解体計画惜しむ声　永井路子氏ら『女性史の一原点』」	—	○
197	20070707	日経〈メガロリポート欄〉「歴史的建築物が立て替え時期　保存と収益両立いかに」	—	—
198	20070724	日刊建設通信「東事協がパネルディスカッション　東京女子大・旧東寮保存も話し合う」	—	○

199	20070727	日刊建設工業「東京女子大レーモンド建築、どう残す？　大勢のひとの声が保存につながる」	—	○
200	20070805	朝日〈声欄〉滝本美穂子「モダニズムの旧寮を残して」（レ会会員による投書）	—	○
201	20070920	読売〈建築望見欄〉「レーモンド展　妻の影響に注目　東京女子大寮解体も報告」	—	○
202	20070921	毎日〈主張 提言 討論の広場欄〉藤岡洋保「残すことはつくること── 既存建築の再解釈から未来が生まれる」	—	○
203	20071002	中日「レーモンド再評価の波　初の回顧展・現代的設計に注目　老朽化で保存問題も」	—	○
204	20080303	東京（群馬）「建て替え含む検討に異論　群馬音楽センター整備　世界的建築家レーモンド設計　反対運動も」	—	○
205	20080314	日刊建設工業「学校建築の保存問題　攻めの活動へ転換する時期」	—	○
206	20080421	日経（夕刊）「消えゆくキャンパス建造物　伝統校舎保存 問われる知恵」	—	○
207	20080507	毎日（夕刊）「過渡期迎えた大学建築 シンボル取り壊し次々と」	—	○
208	20080829	朝日「ドイツ製ボイラー母国へ 約80年、東京女子大地下室に」	—	○
209	20090312	毎日「東京女子大旧体育館の保存考えるシンポ開催 14日・永井路子さんら参加」	—	○
210	20090402	日刊建設工業「クローズアップ 近代建築の保存を考える二つのシンポ　0314東女大旧体育館　0322東京・大阪中央郵便局庁舎」	—	○
211	20090418	朝日（東京）「東女大旧体育館保存求め意見書 有識者の会」	—	○
212	20090509	朝日（夕刊）「東京女子大『旧体育館』解体　やまぬ『待った』の声」	—	○
213	20090513	東京（夕刊）「東京女子大 築85年の旧体育館を解体『トンジョの味消さないで』高まる保存の声」	—	○
214	20090513	毎日（東京）「東女大旧体育館保存を あすと20日講演会」	—	—
215	20090521	東京「旧体育館後世まで　東京女子大解体を計画　学生、保存訴えるイベント　楽しめるような活用法を」	—	○
216	20090526	東京「東京女子大学旧体育館『壊してはならない』　有識者の会 解体工事に抗議」	—	—
217	20090526	朝日「東京女子大『旧体育館』解体準備に抗議 有識者団体声明」	—	—
218	20090526	読売「東女大旧体育館『保存を』　卒業生ら『貴重な文化財』」	—	—
219	20090527	毎日「東京女子大旧体育館解体：計画撤廃改めて要請──『有識者の会』」	—	—
220	20090828	日経〈広角鋭角欄〉「近代建築の未来③『建学の精神』解体で喪失感」	—	○
221	20100210	杉並たてもの応援団通信（創刊号）「東京女子大旧体育館その後」	—	○
222	20100627	杉並たてもの応援団通信（第2号）「杉並の登録文化財── 東京女子大学（第1回）」	—	○
223	20101020	朝日（夕刊）〈彩・美・風欄〉ペトル・ホリー「日本とチェコ結ぶ建築家」	—	—

雑誌記事				
224	20061001	『建築ジャーナル』10月号（建築ジャーナル）「キャンパス整備、女子寮の行く末は　レーモンド設計の東京女子大学旧東寮解体」	—	○
225	20061102	『東京人』12月号（都市出版）「レーモンド設計の東京女子大学キャンパスで、東寮と旧体育館の解体か？」	—	○
226	20070210	『Casa BRUTUS』3月号（マガジンハウス）特集「日本のモダニズムの危機!?『絶滅建築』を救え」	—	—
227	20070409	『日経アーキテクチュア』4月9日号（日本経済新聞社）「調査 建築世論&ランキング」（東女大東寮・旧体育館が「保存すべきだ」86%でトップ）	—	○

資料番号	日付 年・月・日	タイトル	掲載頁	CD収録
228	20070810	『文藝春秋』9月特別号(文藝春秋)永井路子「命、守れるか、小さな二棟」	—	○
229	200710**	『日本エッセイスト・クラブ會報』NO.59-I　藤原房子「愛する寮が消える」	—	○
230	20071008	『日経アーキテクチュア』10月8日号(日本経済新聞社)〈VOICE欄〉兼松紘一郎「日本で一番美しいキャンパスの危機　解体された東寮、残したい体育館」	—	○
231	20080220	『建築雑誌』2月号(日本建築学会)藤原房子「東京女子大学東寮・旧体育館の保存運動」	—	○
232	20080401	『新建築』4月号(新建築社)原田鎮郎「21世紀アジアの循環型都市へ　愛・地球博から上海万博へ」	—	○
233	20080905	『水脈』41号(水脈の会)「特集 保存と再生」藤原房子「東女レーモンド建築の保存と活用を切に願って」、山口廣「記憶の重要性:学校建築保存三題噺」	—	○
234	20090505	『UP』5月号(東京大学出版会)森一郎「世代をつなぐもの──東京女子大学旧体育館解体問題によせて」	—	○
235	20090515	『The Community』NO.143(地域社会研究所)藤原房子「消された学寮への挽歌──東京女子大学寮での暮らし」	—	○
236	20090605	『週刊金曜日』753号(金曜日)「東京女子大学旧体育館解体寸前で異論噴出」	—	○
237	200907**	『月刊Sportsmedicine』7月号(ブックハウス・エイチディ)「日本の体育・スポーツの財産 東京女子大学旧体育館解体へ」	—	○
238	200910**	『積算資料』10月号(経済調査会)「特集:来日著名建築家の設計　A. レーモンド、F.L. ライト、J. コンドル」渡辺浩「学舎の建築遺産を見学する」	—	—
239	20100301	『青淵』732号(渋沢栄一記念財団)藤原房子「空間の記憶と手触り」	—	○

208-209頁注

◉01── 同報告には、2005年度決算について、❶牟礼キャンパス譲渡(資産売却差額60億7000万円)と、❷キャンパス整備計画(収入から60億円をキャンパス整備計画の第二号基本金に繰り入れ)の二つが特別要素として決算に反映されていると記されている。なお、キャンパス整備計画が実行された次年度以降の決算については、2006年度決算は『学報』への掲載なし、2007年度決算は同2008年度第2号に、2008年度決算は同2009年度第2号に、2009年度決算は同2010年度第2号に掲載されている。

◉02── 資料134(4、5、44頁)によると、各研究室にキャンパス整備に関するアンケートが配布されたのは2005年5月31日で、6月に回収され、7月にこの報告が出た。しかし、教職員が牟礼校地売却について知らされたのはアンケート調査の後の2005年7月、キャンパス整備計画については11月の教授会、2棟解体を知ったのは2006年3月の三菱地所設計による説明会であった。原田理事長の「基本計画の作成に当たり、2005年から実態調査および分析、アンケート調査等を行い、学内意見の聴取と問題点の集約・調整を経て、2006年5月18日に理事会が決定、手続きに問題ない」とする説明に疑義を呈している。

◉03── 資料134(5、6、43-45頁)には、2006年1月にキャンパス整備計画委員会第1回が開かれたことが記され、第9回、11回の「キャンパス整備計画委員会記録」の内容に言及している。同委員会は理事長・学長以下、職位による教授会メンバーらから成る。

◉04── 資料023に同封されたもの。

◉05── 資料134(5、6頁)参照。

◉06── レ会の仲介により、寮解体時に保存されたコイン式ガスメーターが、東京ガス「がす資料館」に寄贈された。その関連で、桃井事務局長より同号が送られてきた。同ニュースは2006年8月より発刊、継続されている。

◉07── 資料134(6、49頁)によると、2008年7月に原田理事長と「旧体育館解体再考に関する要望書」に署名した賛同者のうち40名が会合。そのテープを起こした教員・特別職員有志作成の『記録』が教職員に配布された。

◉08── 資料134(6頁)によると、2008年9月の原田理事長よりの回答は「意見は聞いたが変更する根拠にはなりえない」という、解体再考拒否であった。

◉――体育館南面中央玄関を西側からのぞむ。

主要資料

▼掲載は時系列とした。
▼資料の見出しは、資料番号（「関係資料一覧」参照）・日付・宛先・書簡や要望書等のタイトルから成る。
▼横書きの原文を縦組みにする関係で、算用数字は漢数字に改め、また字詰めや行取りについても適宜調整した。
▼所属・肩書きは当時のもの。
▼文中の［　］および文末［→　］は、編著者補注。

［資料001］——二〇〇六年七月七日、藤原代表（卒業生有志の会、以下資料006まで同様）より原田理事長・湊学長への書簡（「資料・卒業生有志の声」→資料066を同封）

東京女子大学の維持・発展のために、日頃よりご尽力いただいていることに、卒業生として心から感謝申し上げます。

さて、六月一七日の同窓会総会において、湊晶子学長から東寮の取り壊しを含むキャンパス整備基本計画の概略が伝えられたと聞き及びました。私は戦後の教育制度の改革期に遭遇し、はからずも五年間、東寮に暮らす機会を与えられ、そこで得た出あいと体験の数々をこよなく大切に思い、精神の拠りどころとさえ思う者として、解体されることをぜひご再考いただけないかと存じ、一筆差し上げる次第でございます。

私は一九五三年に社会科学科（経済専攻）を卒業し、同年日本経済新聞社に入社、退社後は、商品科学研究所（のちセゾン総合研究所に統合）所長、日本女性学習財団理事長、東京都監査委員などを歴任し、国の審議会等にも多数関わってまいりました。私の在学時は昭和二〇年代の全学連運動はなやかなりし頃でしたが、当時、私は政治的には中立、ましてや現在も「過激な危険人物」などとは夢にも思っておりません。ですから、こうして大学当局がお決めになったことにもの申すことは生まれて初めてですが、寮の問題については黙っていられないので、敢えて申し上げようと思い立ちました。

この申し出を単に建物への愛着、いわば個人的なセンチメンタリズムだと受け取られかねないのは、私の最も懸念するところです。そこで、学寮の建築史的価値、女性史からみた教育理念の具現物としての価値など、客観的な事実を簡単に申し述べます。

まず建築史からみて、「一九二一年定礎」とありますように、キャンパス内に最初に学寮を鉄筋コンクリートで建てたことの意義です。これは、次の鉄筋［で個室］の学寮が一九三七年の慶應日吉（男子寮）であることをみても、いかに先駆的であったかが窺えます。また、新渡戸稲造初代学長は機会あるごとに「一日一度は一人になって瞑想し、内省すること、祈ること」を勧められたそうで、その理念を最優先して個室とされたのだと折々に聞かされました。精神的な自立への模索をする時期に、きわめて貴重な環境でした。

また先日、大学の許可を得て内部を見ていただいた建築史の専門家も、建築家アントニン・レーモンド氏によるこの建物が、実に堅牢で丁寧な造りであり、随所に繊細なデザインが施されていること、キャンパス内建物群の美的整合性も見事であること等々、しきりに感心しておられました。また当時としては破格の費用を投じて建てられたものとのことで、寮が重視されていたことが分かると同時に、米英加のキリスト者団体からの多額の寄付があったればこそできたことだと、今さらのように海外の先人たちの恩恵に気づかされました。そして結論として、決して老朽化とは言えないとのご意見でした。

老朽化の一例としてよく雨漏りがとり上げられますが、それ自体は新築でもよくあることで、簡単な修理で済みます。老朽化の証しになることではありません。東寮の天井や壁にシミなど見あたらず、またクラックも見られませんでした。しかし学生たちの使い方で、内部はかなり汚れていました。その昔、渋々ながら毎日掃除をしてきた私の目には、建物が痛ましくさえ見えました。またアメリカ議会図書館で三〇余年働き、偶然帰国していた友人が、寮が消えるかもしれないと聞いて、貴重な滞在時間を割いて暑さのなかを見学に行くと申しておりました。寮で暮らした、いわゆる「寮育ち」は全卒業生のなかでは少数派です。しかし皆、強い愛着を感じています。

湊学長は、かつてここを「新渡戸記念館」にとの構想をお持ちだったとお聞きしております。それは実にすばらしい利用法だと思っておりました。外郭は残り、一部の部屋や新渡戸先生の額入り写真が飾ってあったパーラーなど、寮生が毎日の夕拝や小さな集会に利用した部屋も、研究者交流の談話室や学生の学習用に使えますし、あとは関係資料などの保管・閲覧などに利用できれば、相乗的に建物の存在意義がいっそう深まるであろうと思いました。それが実らないのは残念でなりません。

さらに専門家の観察では、中央の高いタワー（煙突）から食堂の屋根、そして個室の並ぶ棟の屋根へと少しずつ高さを下げて伸びる屋根線の造形など、見事に配慮されたデザインだと評価されました。こうした誇るべき建造物が、ただ新棟建設用の敷地を増やすだけのためにむざむざと解体されるのは、忍びがたいのです。

平成一〇年にレーモンド建築群は文化庁登録有形文化財になりました。しかし、そのなかになぜ寮が入っていなかったのか、理由は不明とのことでしたが、新渡戸初代学長と安井てつ二代目学長の教育理念、カール・ライシャワー氏の信念と熱意、またレーモンド氏の描いたグランドデザインを損なうことのないよう、ぜひともご配慮ください。

添付した資料はたまたま前記同窓会総会に出席した友人が、メールで発信したのに応えて、私が思いを述べたのをきっかけに、卒業生有志の方が自由にやりとりしたものを、編集のベテラン有志が拾い上げてくださったものです。あまりに分量が多いので、お読みいただくことを考えて大幅にカットいたしました。卒業生がいかに母校に関心を寄せ、質の高い、個性的な大学であってほしいと願っているか、困難な今の時代に経営を維持するためにどうすればよいか、微力ですが真剣に考えていることも、ぜひお知りいただきたいと思います。よきお取りはからいを切にご期待申し上げます。

[資料002]――二〇〇六年七月一一日、藤原代表より同窓会理事会への書簡

常日頃より、私ども同窓生のために、そして母校のために、ご尽力いただき、心より感謝申し上げます。

さて、この度のキャンパス整備計画について、私たち卒業生有志のものたちはたいへん心を痛め、憂慮いたしております。建学の理念、東女大生の自立と祈りの精神を体現しているレーモンド氏建築の東寮を、なんとか保全し、新たな使命を担ったものとして、現代に蘇ってほしいと切に願っております。

そのために、湊晶子学長をはじめ、原田明夫理事長、堀地史郎常務理事、桃井明男事務局長、文理学部・現代文化学部両学部長、その他の学科長・研究所長等の先生方に、同封の手紙（→資料001）と資料（→資料066）、および藤森照信氏「寮から始まった学校――東京女子大」（→資料164）のコピーを送らせていただきました。ひとえに、東寮解体のご再考を願うためです。

七月一〇日、原田理事長からのお呼び出しで、この問題に関する面談の機会を得ました。堀地常務理事同席でのお話は、「お気持ちは分かるが、理事会決定は動かせない」というものでした。基本財産売却益（牟礼売却益六〇億）は、基本財産（建物＝ハード）にしか使えないので、新築二棟と、耐震・改修に全額をつかう、その新棟建設スペースのために東寮を解体

するしかない、他に場所がないとの説明を受けました。

私学振興・共済事業団に［人を介して（→資料007）］確認いたしましたところ、「私学の基本財産については、可能な限り自由に使えるように制度設計してある。資産売却とその用途は届け出事項となっているが、資産売却益をいつ、なにに使うかは、まったく自由。それは理事会決定事項で、届け出後の用途変更も自由。文部科学省に拘束されるものではない」とのことでした。

大学理事会が、私どもの願いにたいし、柔軟にご対応くださることを心より願っております。

私ども卒業生の代表である同窓会理事会におかれましては、東寮に対する深い理解と愛をもって討議・検討し、大学理事会に対し、私たち卒業生の願いをお伝えくださいますよう、重ねてお願い申し上げます。

［資料165］――二〇〇六年七月一二日、藤岡洋保（東京工業大学大学院教授／近代建築史）「東京女子大学東寮建物の建築史的評価」

この建物は同大学設立直後に、鉄筋コンクリート造二階建てで、食堂や集会室、西寮などと一緒に一九二四年に建てられたもので、同大学に現存する建物の中でもっとも古いものである。設計者は、日本近代の建築界に大きな足跡を残したアントニン・レーモンドである。この建物の建築史的価値は以下の点に認められる。

（一）アントニン・レーモンドが日本で設計した最初期の現存作品である。

（二）チェコ・キュービズムの流れを汲むという、日本では極めて珍しいデザインの建物であるだけではなく、それに建学の理想を具現化することを重ねた、デザインに特徴のある建物である。

（三）当時の鉄筋コンクリート造の設計手法の典型的な側面とレーモンドのユニークな構造計画があわさった、技術史的に注目される建物である。

（一）アントニン・レーモンド（一八八八―一九七六）は、オーストリア領ボヘミア（現在のチェコ）生まれのアメリカの建築家である。プラハ工科大学建築学科を卒業後、アメリカに渡り（一九一四年アメリカの市民権を得た）、のちに二〇世紀の建築界の巨匠になったフランク・ロイド・ライト（一八六九―一九五九）の事務所兼建築学校タリアセンで働いた後、帝国ホテルを設計していたライトに誘われて一九一九年末に来日した。帝国ホテル完成（一九二三）後も日本に留まり、設計事務所を開いて、住宅だけではなく、オフィスビル・病院・ゴルフクラブなど、多数の建物を設計した。日米開戦をひかえた一九四一年に帰国したのち、一九四八年に再来日して日本での設計活動を再開した。

テクノロジーやディテールに対する独創的な理解やアイデアにもとづき、それを適用したデザインで日本の建築界をリードした。たとえば、鉄筋コンクリート造の特性をいかした折版構造やシェル構造の建物などで日本の建築家に大きな影響を与えるなど、日本近代建築史上もっとも重要な建築家の一人といえる。彼の建築の特徴は構造や設備の技術と軽やかな表現が融合している点にある。つまり、技術とデザインのバランスのよさにあり、そのバランスのとり方が独創性に富んでいることに認められる。

また、日本の伝統的な建築や美術を愛し、障子などの引き違い建具、和紙などを近代建築に巧みにとり入れた。戦時中に京都・奈良を爆撃しないよう進言したラングドン・ウォーナー博士（一八八一―一九五五）のアピールにも参加した。

代表作に、霊南坂の自邸（一九二四）、東京女子大学の諸建築（一九二四―三八）、東京ゴルフクラブハウス（一九三二）、聖ポール教会（一九三五）、リーダーズダイジェスト東京支社（一九五一）、八幡製鉄体育館（一九五六）、群馬音楽センター(一九六一)、南山大学キャンパス(一九六四)、神言神学院及び教会(一九六六)などがある。

東京女子大学東寮は、レーモンドが日本で独自に設計活動をはじめた直後に設計したもので、彼の最初期の作品の一つである。同時期のほかの作品は、星商業学校(現・星薬科大学、一九二四)以外には残っていないので、彼の初期の設計のやり方をうかがわせる貴重な例といえる。

(二)東京女子大学は、アメリカのプロテスタント諸教派の資金援助により、一九一八年にリベラル・アーツを重視する女子高等教育機関として開設された。新渡戸稲造学長、安井てつ学監、A・K・ライシャワー常務理事らによって基礎が築かれ、関東大震災後の一九二四年に角筈から現在地に移転した。創立に際してまず学生寮から建設をはじめたが、そこには創立者の建学の理念がうかがわれる。すなわち、学生の共同体としての学校であること、共同生活による人格陶冶を目的としていたことである。

そのキャンパス計画立案はレーモンドに委嘱された。その計画案(『自伝アントニン・レーモンド』鹿島出版会、一九六六、七七頁参照)によれば、「図書館」を正面から延びる軸線上の奥中央に配し、その左右に「教室棟」、「礼拝堂及び講堂」、「教師館」が中庭の回りに並び、キャンパスの中心部を形成していた。これらの施設はほぼ計画通りに建設された。その中心地区の左後ろに「体育館」と、左右に三棟ずつ、計六棟の中庭を持つ寮が描かれ、その区画の中心には大煙突があって、そこから放射状に六本の棟が伸び、それぞれの寮の食堂・集会室にあてられる計画だったことがうかがえる。おそらく全学生を収容できる規模と思われ、アメリカ的な、全寮制の大学が構想されていたことがうかがえる。なお、「礼拝堂及び講堂」以外はすべて瓦葺きの勾配屋根で計画されているが、これはおそらく田園地帯に建つということで周囲の自然との調和を意識してのものだろう。

また、これらの建物がすべて鉄筋コンクリート造で計画されたこと、とりわけ寮までもが鉄筋コンクリート造で建設されたことは特筆に値する。これは日本初のことであり、しかもそれが一人用個室の集合体としてつくられたことも極めて異例で(一九三八年につくられた慶應予科日吉寄宿舎などに類例があるだけである)、潤沢な建設資金、そして創立者の高い志がなければ当時の日本ではとても望み得なかったはずのものである。

大煙突下にはボイラー室があり、そこに厨房や洗濯室、アイロン台が設けられていた。また、そこから温水暖房が配され、寮の個室のラジエーターにまで暖気が供給されるようになっていた。熱源を中央にまとめて管理しやすくするとともに、熱エネルギーを効率よく利用できるようにという考えで計画されていたと見られる。このような効率重視の設備計画にはレーモンドらしさがうかがえる。

大煙突は寮のシンボルタワーとして位置づけられ、そのそばに食堂と集会所があり、その先に各寮(それぞれ収容人数約一〇〇名)が配されるという、公から私に至る空間のヒエラルキーが煙突からの距離によって明瞭に可視化された配置計画で、屋根の棟の高さもそれに対応している(公のグレードが高い建物ほど棟高が高い)。先にも触れたように、寮は一室一人の個室(約六尺×一三尺)で、鉄筋コンクリート造でつくられたこととともに、戦前の日本では極めてめずらしい、西洋的な、近代的な考え方にもとづく寮である。建物内部でも土足使用を原則にしている点にも、そのようなモダンな思想がうかがえる。

また、「パーラー」と呼ばれる、談話・礼拝スペースがそれぞれの寮の各階に一つずつ設けられていること、そしてそこに暖炉や、窓にそって半円形状の長椅子が設けられていることから、女子学生を自立した個人として、また共同生活で人格を陶冶することをめざすという創立者の理念を体現すべく設計された建物であることが感じられる。

また、外観は当時チェコで流行していたチェコ・キュービズムの流れを汲んで、個室開口部中央の方立の平面を四角形ではなく、五角形にし

二〇〇六年
七月一二日

てその稜線を外壁側に見せて、柱型とともに、細かい垂直線が支配的な外観をつくりだしている。チェコ・キュービズムの例は日本では極めて少なく、当時のレーモンドの作品以外には見られない。建物の頂部は張り出した軒で引き締められている。水平に長く延びる建物になるので、ややもすれば冗長に陥りやすいその立面に秩序と品格を与えたいという、設計者の配慮が感じられる。窓のサッシュは木製ではなく、スチールの上げ下げで、その見付が細いことも外観を引き締めるのに寄与している。

(三)この建物の構造は鉄筋コンクリート造だが、屋根スラブがなく、勾配屋根は木造小屋組で、鉄筋コンクリート造の壁の上に水平に延びる臥梁に載っている。これは当時の日本の鉄筋コンクリート造建物にしばしば見られたやり方である。この建物では、その壁の上端に厚みを増した臥梁が配され、しかも軒まで一体化させて鉄筋コンクリートの構造体にしている。これは壁頂部の水平剛性を高めるためと思われ、二階床スラブを鉄筋コンクリート造で固めていることとあわせ考えれば、一種のキャンティレバーとして設計されていると見られる。これは、より少ないコンクリート量で必要な耐力を確保するための手法と考えられる。つまり経済性にも配慮していることが想像される。二階床スラブの鉄筋コンクリート造は、西寮解体時の写真から判断して、その型枠に金属の波板が用いられているようで、それによって施工期間を短くするとともに、ヴォイドスラブのような床構成法で、部材の断面を薄く、それでいて強度を保つような工夫がなされていると考えられる。このあたりには、鉄筋コンクリート造を効率的に用いて強度を確保するとともに、見付を薄くして軽快な表現にしたいという、またデッドスペースをできるだけつくらないようにするという、レーモンドらしい、構造に対する独特のセンスや、合理性重視の姿勢がうかがわれる。

一階床も鉄筋コンクリート造でできているが、これは当時としてはかなり珍しい。当時の鉄筋コンクリート造では、一階は東立てで木造床組みにすることが多かったからである。ここでは当時の日本の一般的なやり方よりも手間をかけているわけで、おそらく剛性を保つための配慮と思われる。

階段は断面をそのまま見せ、また鉄骨の細い手摺子を入れることによって、軽快感を強調している。その段板につけられた金属板のノンスリップは既製品だが、モダンさを演出するのに効いている。軽快感をデザインのテーマにしていることは、寮の玄関上の庇の見付を薄くしている点にも感じられる。その端から少し内側に入ったところに補強用の梁があるが、それは下からは見えないため、庇が軽やかに浮いたように見えるのである。

ちなみに、レーモンドがこの東京女子大キャンパスの建物で構造的にさまざまな配慮をしていることは、「図書館」(一九三一)や「礼拝堂及び講堂」(一九三七)にもはっきりと見てとれる。

以上、この東京女子大学東寮は、一見地味だが、大学の創立者の高い志の具現化をめざしたことが随所に感じられる、またアントニン・レーモンドらしいアイデアが盛り込まれた建物で、大正末期のデザイン手法や構造・設備技術をよく示す点で、近代建築史上注目すべき建物といえる。[→東寮の写真五葉省略、付属CD参照。同評価書は同年七月一四日、レ会より大学理事会へ提出]

[資料003]――二〇〇六年七月一二日、藤原代表より原田理事長への書簡

先日はご多忙の中を、東寮問題のために貴重なお時間をお割きくださり、誠に有難うございました。お呼び出しを受けましてから、話し合いの前に私どもの意図の概略をお知りいただこうと存じましたので、別送のような私の拙い手紙と、同窓生有志がメールで発信した意見や提案をコピーして、お目にかけておきたいと思い立ちました。

ところが最初にお尋ねしましたら、お目通しいただけたかどうか、はっきり否定もなさらず、曖昧なまま話がスタートしましたので、多分斜め読みをなさったのか、または開封前だったのか、と勝手に解釈しまして、些かの不審を抱いた非礼を心からお詫び致します。当方の不手際で古いご住所に送り、本日返送されてきた、との連絡を受けました。

他の方々の声も多数出ておりますので、再送致します。ぜひお読みいただきますように、お願い申し上げます。また、基本財産の売却金の使途につきましては、田邉道子さんからの文章が届いているかと存じますが、この点もどうぞお含みおき下さいまし。

なお面談の際、精神のよりどころという意味では「チャペルがあるから」との仰せでした。キリスト教大学の場合、それぞれの精神性の象徴として歴史的背景を語るチャペルを持っており、この点ではその通りと思いました。しかし寝食を共にする全人的教育、個の自立を目指す教育理念の具現物としての女子の学寮は、日本ではおそらく唯一であり、教育史的に見ても貴重な価値があると思います。念のため敢えて申し添えますが、私は寮としての活用を言っているのではありません。

私事になりますが明日から四週間に及ぶ旅に出ますので、くれぐれもよろしくご再考をいただきたく、伏してお願い申し上げます。周年事業ならば熟慮して「百年」を目指すべきだとも思います。これらを合わせて敢然と理事会決定を見直されたお方として、深い感謝を持って再度お目にかかりたく存じます。後の連絡等は田邉さんに託してあります。

暑さのみぎり御身お大事になさいますよう。

[資料004]――二〇〇六年七月一二日、田邉道子（卒業生有志の会会員）より原田理事長・堀地常務理事への書簡

常日頃より、東京女子大学のために多大なご尽力を賜り、心より感謝申し上げます。

また、七月一〇日には、私どものために、ご多忙のなか、お時間をおさきいただき、ほんとうに有り難うございました。私たち卒業生の、東寮を精神の拠り所とする気持ち、東寮に象徴される東京女子大の理念に対する誇り、末永く個性ある女子高等教育の凛とした存在であってほしいという願いを、真正面からお受け取りいただきたく、重ねてお願い申し上げます。

面談の折りに、堀地様より、「基本財産売却益は、基本財産にしか使用できない。だから、牟礼売却益六〇億円は、全額、今回のキャンパス整備計画（建物＝ハード）に使う」というご説明を受けました。経常収支が厳しい状況のなか、今後の教学の再編や改革のための資金は、牟礼売却益から確保しておくしかないのでは……と思っておりました私は、たいへん驚きました。なぜならば、東京女子大学の真の危機は、伝統の精神・理念（アイデンティティ）を今に生かすことができないまま、入学希望者減（歩どまりの激減）に象徴される教学の危機にあると考えるからです。

この件について、私学振興・共済事業団の経営専門部署の方に確認いたしました。「私学の基本財産については、可能な限り自由に使えるように制度設計してある。売却したとき、それを、いつ、何に使うかは、理事会決定事項であるが、事前に用途を文科省に届ける必要があり、そして実際に何に使ったかを報告しなければならない。つまり資産売却とその用途は届け出事項となっている。しかし用途は法人の自由。届け出後の用途変更も自由。理事会が決めればよいことで、文科省に拘束されるものではない」とのことでした。

私たち卒業生をはじめとする大学を愛するものたちの声に耳を傾け、柔軟なる対応をもって、東寮解体の決定をぜひご再考いただきたく、お願い申し上げます。

二〇〇六年
七月一二日

[資料005]——二〇〇六年七月三一日、原田理事長より藤原代表・田邉道子への書簡

七月一〇日には、わざわざ大学においで下さり、ご意見をお寄せ下さった事に対し、厚くお礼申し上げます。また、その後、田邉様からもお便りを頂きました。大学運営について卒業生有志の方々からご意見を頂けるのは、皆様の熱心な母校愛によるものと深く感謝しております。

さて、ご意見、ご要望について次の通り理事会の考え方をお伝えしたいと存じます。

一、まず、キャンパス整備計画の全体像につきまして、学報二〇〇六年七・八月合併号を同封いたしますので、ご高覧願います。（同窓生全体には、九月一日頃同窓会報と一緒に送られます。）これによって、本学は善福寺キャンパスに位置する、本館、講堂・礼拝堂、外国人教師館、ライシャワー館、安井記念館、東・西両校舎の七棟を文化庁登録有形文化財とするなど、建学時より継承しているキャンパスのたたずまいと、建築史的価値の保存に積極的に取り組んでいることはご理解いただけると思います。また、キャンパスの緑地も本学にとって貴重な資産であり、限られた環境、経営資源等の制約の中で、いかに先人の遺した建学の精神を継承するかを考えております。

二、次に七月七日付けの旧東寮保存のご要望についてでありますが、ご指摘の建物の建築史的価値、女子高等教育の理念の具現物としての価値については、何ら異存ありません。

しかしながら、種々検討の結果、下記の理由から解体を決断するに至った次第です。

(一)時代の要請に応える教育環境の整備

現在の学生及び将来の学生にとって、より安全で利便性、快適性の高い施設を整備することの必要性

(二)敷地の制約

施設老朽化が進む中、キャンパスの将来を見据え新たな施設を建設する必要性は必至であり、そのための敷地が現在のキャンパスには残されていないこと。

(三)財政上の制約

現在の旧東寮を維持し使用し続けるためには、改修工事・耐震補強が必要であり、そのための費用は現在の法人の財政上負担が大きすぎること。

このような中で、建物保存のご要望にはお応えできませんが、写真、図面、記念プレート、関係記録等の整理を行ない、旧東寮を末永く記憶にとどめることを計画しております。

以上ご理解下さいます様、お願い申し上げます。

三、七月一〇日に申し上げた基本財産に関する件について、疑問をお持ちのようですので、あらためて次の通りご説明いたします。

(一)本学の寄付行為によれば（添付関連条文第三一条〜第三五条ご参照）基本財産の定義が明らかであります。

牟礼キャンパスは、まさに本学の基本財産でありましたが、譲渡によって一時的に金融資産の形をとっておりますが、これを原資にして第二号基本金六〇億円を組入れました。そして、この第二号基本金は、整備計画の期間中に施設及び設備が完成する時点で第一号基本金に振替えられるものです。

また、基本財産は、経常費に使用することができないと定められています（第三二条）。

(二)田邉様のご意見は、本学の経営危機の実態は、教学の危機であるから、牟礼キャンパスの売却益は、教学体制の再編や改革のための費用に充当してはどうかという点にあると推察します。

しかし、(一)の通り、これは、寄付行為および学校会計基準上認められません。大学の経営に関する費用は、運用益、授業料収入、入学金、

受験料収入、その他の運用財産をもって支弁することになっています。(第三四条) この趣旨は、基本財産と運用財産の混同を避けるためであります。教学改革とは、具体的に何であり、その費用はどの位かかるのかは、早急に結論を出すべく検討中でありますが、その費用負担については、第三四条の規定に該当すると思われます。無論、教学改革の緊急必要性については、ご意見の通りだと考えます。

(三)日本私立学校振興・共済事業団の見解については、誤解があるように思いますが、ご担当者の名前をご教示下されば、直接お話を伺いたいと存じます。

(四)最後に、本学の経営危機を克服するためには、教学改革(ソフト面の対策)と整備計画の着実な実施(ハード面の対策)がありますが、両者を同時並行的に行うことにより相互によい影響を与えあい、全体として克服のスピードを加速化することこそ求められていると考えます。まさに表裏の関係にあると思います。

四、以上の通り、理事会としては、十分かつ慎重な検討を経て、機関決定したものであり、基本的にこれを変更する必要はないと考えております。しかしながら、何故この結論に至ったかについては、ご要望に応じ、できるだけ説明をいたしますので、事務局長宛お申し出下さい。

なお、有志が個人的意見をいろいろな方法、手段で対外的に表明されたり、事情照会されたりしますと、大学全体の信用や社会的評価に影響を与えかねません。

有志の会としても、このことを充分に配慮され、代表者が意見を集約して、事務局長宛お申し出下さるようお願いいたします。

[資料006]――二〇〇六年一一月一〇日、田邉道子より原田理事長・堀地常務理事への書簡

東京女子大学のために、日々ご尽力をたまわり、卒業生として心よりの感謝を申し上げます。現在進行中のキャンパス整備計画のもと、新棟建設のスペースをつくるために、建学の志を伝える貴重な文化財ともいえる東寮・体育館を解体するという理事会決定をぜひご再考くださいますよう、重ねてお願い申し上げます。貴理事会が再考を決定してくだされば、文部科学省への「用途変更届出」だけで、だれの拘束も受けることなく決定となるからです。

これに関連して、今なお貴理事会は「基本財産売却益の使途は制限される(=基本財産売却益は、基本財産にしか使用できない)」というご認識でいられますでしょうか。もしそうであるならば、その根拠を自らご確認くださいますよう、お願い申し上げます。私学振興・共済事業団あるいは文部科学省に、そのような制限の有る無し、有るならばその根拠をお問い合わせください。その正式回答文書を得て、それを私どもにご提示くださることを求めます。

先に私は、以下の経緯のなかで、「基本財産売却益の使途は理事会決定事項であり、届出事項にすぎない」ことを申し述べましたが、学校教育施行規則第一章第一節を根拠に、再度、説明させていただきます。

去る七月一〇日の面談の折り、堀地さまは「基本財産売却益は、基本財産にしか使用できない。だから、牟礼売却益六〇億円は、全額、今回のキャンパス整備計画(建物=ハード)に使う」と主張なさいました。

その予算のほとんどを文科省に依存している国立大学でさえ、近年の独立行政法人化によって、その予算執行に関して大幅な権限を付与されている今日、私学経営に関して、堀地さまが主張されるような、基本財産売却益の使途にまで文科省が縛りを入れているとは考えられません。出版社勤務をリタイア後、国公立大学独法化を挟んでの前後二年間余を、独立行政法人「国立大学財務・経営センター」研究部で非常勤職員として、その全国調査のお手伝いをした経験から、私は、大学関係者であるならば、それは「常識」であろうと考えました。

しかし、堀地さまが強く主張なさいましたので、私は、同月一二日付書面にて、私学振興・共済事業団の経営専門部署からの確認内容をお伝えしました。「私学の基本財産については、可能な限り自由に使えるように制度設計してある。売却したとき、それを、いつ、何に使うかは、理事会決定事項であるが、事前に用途を文科省に届ける必要があり、そして実際に何に使ったかを報告しなければならない。つまり資産売却とその用途は届出事項になっている。しかし用途は法人の自由、届出後の用途変更も自由、理事会が決めればよいことで、文科省に拘束されるものではない」というものです。

理事長原田さまより、同月三一日付の返書［→資料005］をいただきました。「大学の経営に関する費用（補注：例えば教学体制の再編や改革のための経費）は、運用益、授業料収入、入学金、受験料収入、その他の運用財産をもって支弁することになっています（第三四条）。…その費用負担については第三四条の規定に該当すると思われます」ので、基本財産である牟礼売却益は、教学のためには使用できない、つまり建物以外には使えないという論旨でした。

同封していただきました「学校法人東京女子大学寄附行為第三四条」を正確に引用しますと、「この法人の設置する学校の経営に要する費用は、基本財産並びに運用財産中の不動産及び積立金から生ずる果実、授業料収入、入学金収入、検定料収入その他の運用財産をもって支弁する」です。なぜこの第三四条が、「基本財産売却益は建物にしか使えない」という法的根拠になるのか、私には理解できませんでした。

私が根拠とする「学校教育施行規則第一章 総則」の該当箇所のみを引用いたします。

「第一節 設置廃止等」

第二条「私立の学校の設置者は、その設置する大学又は高等専門学校について次に掲げる事由があるときは、その旨を文部科学大臣に届け出なければならない。」 六「校地、校舎その他直接教育の用に供する土地及び建物に関する権利を取得し、若しくは処分しようとするとき、又は用途の変更、改築等によりこれらの土地及び建物の現状に重要な変更を加えようとするとき。」

第五条「学校の校地校舎等に関する権利を取得し、若しくは処分し、又は用途の変更、改築等によりこれらの現状に重要な変更を加えることについての届出は、届出書に、その事由及び時期を記載した書類並びに当該校地校舎等の図面を添えてしなければならない。」

本年一月二四日に、日比谷公会堂で行われました「平成一七年度学校法人の運営等に関する協議会」に、東京女子大学も参加されたことと存じます。そのなかでこのことにつきましても説明があったと伺っております。そのときの配布資料「五 校地・校舎変更届について」も、他大学の私学関係者から入手いたしております。

東京女子大学のキャンパスは九つのレーモンド建築群が一体となって美しく構成されています。それは大学経営にとってもかけがえのない財産、他大学が羨む財産です。貴理事会は、本館等七つは末永く維持すると公言しておられます。しかし、二つの新棟建設のために今ある資金の大半を使いきってしまって、二〇年後、三〇年後、五〇年後も今の姿を維持できるのか…、非常に素朴な疑問です。六〇億円余の牟礼売却益がある今だからこそ、建学の理念と将来のビジョンを裏打ちする長期経営計画をもって、確かな経営基盤を構築してくださいますよう、切にお願い申し上げます。重ねて申し上げますが、九つが緊密な統一性のもとに東京女子大学の精神を体現しております。英知・英断をもって東寮・体育館を保存・活用し、この困難な時期に将来を切り開いた理事長・理事として、大学の歴史にその名をお残しくださいますよう、祈念いたしております。

[資料007]——二〇〇六年一一月一三日、田邉道子より大学理事および監事への書簡（前掲資料006を同封）

謹啓　晩秋の候、お変わりなくご健勝のことと存じます。

大学経営がたいへん難しい時代に、東京女子大学のために日々ご尽力を賜り、卒業生として心より御礼を申し上げます。

お聞き及びのことと存じますが、去る一一月一〇日に、当会代表の藤原と発起人代表の永井路子さまが、理事長原田明夫さま、学長湊晶子さま、常務理事堀地史郎さまと懇談する機会を得ました。その折り私も同行させていただき、いわゆる「牟礼売却益は建物にしか使えない」という貴理事会の再度のご主張（七月三一日付原田理事長名のお手紙）に関する私の返書を提出させていただきました。同書を送らせていただきますので、お目通しいただけますならば幸甚に存じます。

なお、原田さまのお手紙（七月三一日付）には、「日本私立大学振興・共済事業団の見解については、誤解があるように思いますが、ご担当のお名前をご教示下されば、直接お話を伺いたいと存じます」との一文がありました。

ご存知の通り、私学振興・共済事業団は法人を対象とする公的機関です。個人に正式に対応する立場にはありません。そのため旧知のさるご高名な高等教育・教育行政をご専門とする先生に、ご仲介の労をとっていただき、「基本財産の用途は、届出事項ではあるが、理事会決定事項であり、用途は法人の自由、届出後の用途変更も自由」というお返事をいただきました。ご仲介くださいました先生は、その折り、「事業団に問い合わせたとき、東京女子大学の名前を出すことはしなかった。事業団の方のお名前をあなたに教えることもしない」と言われました。賢明なご配慮をいただいたと感謝いたしております。

東京女子大学は北米プロテスタント諸教派の祈りと献金をもって創設されました。この事実の重みを私ども東京女子大学関係者は忘れてならないと思います。その祈りを形にしたのが、レーモンド建築九棟によって構成されたキャンパスです。九棟全てにこの祈りと建学の精神とが静かに宿っております。一時期の困難のために、それに手をかけるようなことは思いとどまっていただきたく、切にお願い申し上げます。あの東寮と旧体育館がブルドーザーで暴力的に崩される姿をご想像ください。どんな困難があっても、東京女子大学がこれまで守り育ててきた歴史、伝統、そこで培われた英知と人材をもってすれば、きり抜けられないはずはありません。私はそう信じております。建学の原点に戻って、二一世紀の女子高等教育の拠点として凛と立つ理念と方策と、それを支える経営計画を、解体に代わる具体案をもってご構築ください。

懇談の折りに提出いたしました七〇七七名の署名者とともに、心を一にして、お願い申し上げます。

敬具

[資料008]——二〇〇六年一一月二一日、原田理事長より藤原代表（**東女レーモンドの会、以下同様**）**への書簡**

前略　去る一一月一〇日には、わざわざ大学にお越し頂き、懇談の機会を持つことができ、大学側としましても感謝しております。

その後、ご要望、ご意見をふまえて、さらによく考え、理事会でも議論をしてみましたが、結論的には、旧東寮、旧体育館は、これを解体する外ないと考えざるを得ません。

以下、ご指摘の点も入れて、理事会決定に至る経緯と理事会の考え方をあらためて、詳しくご説明いたします。

ご要望に沿えませんが、どうか、大学の整備計画について、ご理解とご了解を下さるようお願いする次第です。

二〇〇六年
一一月二一日

記

一、理事会の問題意識と考えについて

理事会としては、大学をめぐる経営環境が厳しくなる中、牟礼キャンパス統合後の善福寺キャンパスの施設、設備の老朽化にどう対応するかが、この十年来の大きな課題でありました。

具体的には、整備計画の緊急必要性が増すにもかかわらず、これを実行するための資金の備え(第二号基本金)が皆無であった点に頭を悩ましておりました。牟礼キャンパスプロジェクトは、結果的には譲渡という形で結着し、これによって得られた資金を基にして善福寺キャンパスの整備計画が前進できたことは、ご承知の通りです。

善福寺キャンパスの老朽化の実態につきましては、外部の方には、なかなかご理解できないかも知れませんが、二〇〇〇年度から二〇〇五年度までの五年間で、建物・設備の修繕件数七六七件、修繕費総額約七・四億(年平均一五〇件、約一・五億円)という実績を考えただけでも容易ならざる状況であります。

しかも、従来は、予算の制約上から、修繕を先送りしていた例も多くあります。整備計画の立案に当たっては、理事会では、まず、専門家の力も借りて、老朽化の実態調査、分析を行うと共に、ハード、ソフト両面に亘る学内アンケートを実施することからスタートいたしました。アンケートの回答の中には、旧東寮、旧体育館の保存要望はありませんでした。

その後、検討を重ね、学内の意見の調整を行いつつ、キャンパス整備の基本計画を練り上げ、本年五月に理事会決定をいたしました。

この過程で、①整備計画の原資は、本学の貴重な基本財産の売却益によって調達されていること②少子化等の影響により、大学の将来は、不透明な要素があること等も考慮に入れ、基本計画を第一期(二〇〇六年度〜二〇一三年度)と第二期(二〇一四年度以降)に分け、予算も別建てにすることにより、過大投資のリスクを避けていることは、学報(二〇〇六年七・八月合併号)でご説明した通りです。

また、老朽化対策を①解体と新築②改修と耐震補強に区分することによって、全体を効率よくバランスのとれたものとしてあります。

二、旧東寮・体育館の解体について

去る七月三一日付回答書では、解体の理由として、①現在および将来の学生にとって、より安全で利便性の高い施設を整備することの必要性、②限られた敷地を有効に活用するための制約、③一九八三年以来寮としての使用を停止し、暫定的に一部を部活動室に使用している旧東寮の建物をそのまま存続維持し、何らかの使用を今後とも継続するためには、何に使用するかにもよりますが、いずれにしても大幅な改修工事、耐震補強が必要であり、そのための費用は、現在の法人の財政上から考えて負担が大きすぎることをあげましたが、もう少し詳しく説明を申し上げたいと思います。

(一)旧東寮

藤原様は、この時代のコンクリートの質は、堅牢無比であり、また、阪神大震災時に、戦前にできた建物で生き延びているものがたくさんあると言われましたが、当方が解体を決断した判断理由は、次のようなものです。

①建物については、屋根の漏水、瓦の傷み、外壁のクラック、窓の傷みがみられ、構造躯体も劣化が著しく進んでいます。

②さらに、コンクリートの中性化(コンクリートはアルカリ性であるが、劣化すると中性化し、中の鉄筋腐食が進んでいる)が著しい。

③解体費については、概算の試算はしてありますが、数字を公表することは、将来の競争入札にも関連があり、申し上げるのをお許し下さい。ただ、仰るような三・五億円よりはるかに少額であることだけは確かです。

④改修費は、用途如何で大きく異なります。

旧東寮を寮として活用することは、大学では考えておりません。全寮制を理想としていた時代には、その内容や位置は、すばらしかったと思いますが、現在の学生数等を考えますと、寮の在り方は、全く異なったものになっています。他の用途に改修の場合でも、建物躯体は新築に比し、継続的メンテナンスが必要なため、維持管理費が増大し、大学の負担が増すと考えられます。

（二）旧体育館

旧東寮と同様の状態です。

（三）整備計画全体への影響

整備計画の基本構想は、①メモリアルフォレストゾーンはライシャワー館、外国人教師館、安井記念館を必要な修理をしつつ継続使用し、出来るだけ植栽を含めて現状のまま残し、②シンボルゾーンの本館（旧図書館）、東校舎、西校舎、礼拝堂・講堂は、改修と耐震補強を行った上、今後とも有効に活用しつつ維持管理につとめる、③アドバンスドリサーチゾーンを教室及び研究室を中心に新築整備することとなっています。そして全体に通じるコンセプトは、安全性確保と環境保全であることは、繰り返し説明申し上げました。

③は、整備計画の中心ともいえますが、これは、用途別に散在している建物の集約（効率化）と動線とオープンスペース確保（安全性）のためでもあります。

③の新築を計画するためには、旧東寮と旧体育館の跡地を有効に活用することがどうしても必要であると考えられ、これらを改修の上保存することは、上記の整備計画全体を否定することにつながります。

整備計画は、大学運営の総合的視野から考える問題であると考えております。

三、基本財産の処分について

（一）二〇〇五年度決算におきまして、理事会として、牟礼キャンパス譲渡代金を原資として、第二号基本金六〇億円を組入れたのは、文科省の縛りを意識して行ったものではありません。また、今迄そのようなことを説明の中でも一切申しておりません。

基本金の組入れは、理事会の重要な決定事項であり、理事会としては、一に述べました経緯の中で六〇億円の組入れが必要であると判断したものです。基本金の組入れには、まず、整備の基本計画を立案し、それに基づいて必要額を試算し、それを評議員会の議を経て、理事会に諮って決議するという手続きが必要です。

（二）田邉様がご指摘の教学関係のための費用（その意味については、七月三一日回答書に書いた通りですが）をどう捻出するかについては、本学の経営に関する費用であり、運用財産をもって支弁する（寄付行為第三四条）のが適当であると考えます。

事実、本学では、すでに運用財産として、学部再編成準備引当金を計上しております。

（注）①第三四条の「基本金」は文脈上、果実にかかり、七月三一日回答書では、これを運用益と表現しました。

［注］②基本財産の譲渡益の使途、基本金の組入れ、取崩しの規制緩和については、よく承知しております。

一方、基本財産は、経常費に使用することができない（同第三二条）というのが原則であると考えます。

（三）ここで論点は、（二）の問題ではなく、旧東寮、旧体育館の保存、活用のための改修費、耐震補強費を第二号基本金から支出できる（金額的にそうするしかないと思われます）よう変更することを理事会で決定するか否かではないでしょうか。

これに対する大学側の考えは、すでに述べた通りです。七つの文化財を永く保存できるかを懸念しておられますが、これが九つになるとその懸念がさらに大きくなります。

四、最後に

一一月一〇日にも申しましたように、このような形で保存運動を拡大

二〇〇六年
一一月二一日

されることについては、本学の信用や社会的評価に悪影響を与え、多くの本学を愛する方々に、不安感とマイナスイメージを与えることを深く懸念いたします。

七月三一日の回答にも書きましたように、写真、図面、記念プレート、関係資料の保存等を行うとともに、何か別の形で旧東寮、旧体育館を末永く覚え、建学の精神を具現化した建物の意義を継承できるよう考えたいと思います。

整備計画の全般について、是非ご理解をいただいた上、厳しい経営環境にある本学が、困難を乗り越え、建学の精神を今後益々発展させつつ、女子高等教育に貢献できるよう、ご協力を賜りますよう重ねて希望いたします。

草々

[資料009]――二〇〇六年一二月一九日、藤原代表より原田理事長への書簡

クリスマスを前に、何かとご多忙のことと拝察申し上げます。私はクリスチャンではありませんが、この季節になりますと、在学中に体験したこと、とりわけ寮生のみで厳粛に守ったチャペルでの心にしみる礼拝や、よろず貧しいなかで、配給の乏しい食料をやり繰りして整えられた体育館での東西寮合同のケーキ付き(!)祝会、手描きのクリスマス・カードの交換など、さまざまな思い出が心を過ります。

さて、八日に、メールによって「懇談の場をもつことは意味がない」とのご連絡をいただき、そのお考えにただ驚くほかございませんでした。「方針を変更することは全くない」との仰せですが、ご説明をいただきたい部分もあり、このままお受けすることは致しかねます。これは私個人の判断ではなく、発起人永井路子様はじめ連絡がとれた方々に、ご相談した結果でございます。

さきに一一月二一日付のご懇書も拝読致しました。仰せ越しの論点に添って、私どものお尋ね致したい点の概略を、かいつまんで次に申し述べます。

一、理事会の問題意識とお考えについては、お手紙の通りに承りました。ただ私もかつて小さな財団の理事長経験がありますが、それを下敷きに考えますと、役員会での意志決定のプロセスにおいて、必要な情報提供がどの程度なされたか、過去の経緯をどの程度ご承知の上で理事の方々がご賛同をなさったのか、をお尋ねしたいのです。

一例を申しますと、東京女子大学の創立はエディンバラの世界宣教会議に始まり、主として北アメリカのプロテスタントの教会や、多数のクリスチャンの献金をまとめて、多額のご寄付をいただいたと聞いております。記録によれば当初の建設費の九三％弱がその寄付金だったといわれます。今回の解体計画は、それらの善意の寄付者や団体へのご通知ないし事前のご了承は必要ないのでしょうか。

また戦争中、建物の各所に掲出されていた寄付者のメモリアルネームプレート等は、金属回収の国策によって供出せざるを得ず、消滅しましたが、寮等にもプレートは存在したようです。なぜか戦後一部は元の場所に戻されたといいます。しかしそれらのものを在学中、私は全く見ずに過ごし、のちに再掲出されたことも知りませんでした。遅まきながらごく最近、小さなプレートと、刻まれたお名前を見て、心が痛みました。こうした方々への配慮は必要ないのでしょうか。

二、旧東寮・旧体育館は耐震補強が必要、その費用対効果を考えて解体やむなしとの点について申し上げます。

さきにご案内をさし上げた一二月二日のシンポジウムで、建築構造の専門家が、関東大震災時の記録をもとに説明されましたが、大震災の前後二、三年に南関東一帯をマグニチュード七前後の群発地震が襲い、そこをくぐり抜けた建物が、いかに堅固な建物であったかは、既に証明済みだとおっしゃいました。

地震の発生個所や震度の数字を含むその詳細は、コンクリートの質・

中性化問題等にも言及する情報と共に、シンポジウムの全発言を小冊子にまとめておりますので、近くお届けできます。それを是非ともご一読いただきたく、心からお願い申し上げます。「古い」だけで取りこわしていいものか、考えさせられております。また東寮と体育館ばかりがいたみが激しいかのようなおっしゃり方は頷けません。

三、再度お尋ね申し上げた基本財産の処分金の使途に関する質問に対しては、はじめ基本的考え方よりも会計処理の技術論的な視点でのご説明が先行していた感がございました。実を申せば私は三年前まで、東京都の監査委員を二期八年勤めておりました。税金の使途に関する財務監査、事業の適切な執行に関する業務監査の両面を見てまいりました。そこで得た知見は、一般都民の知らないところで、巨額の資金がさまざまな配慮がからんで動いていることでした。業務上知り得た秘密は守らなくてはなりませんが、会計処理の難しさ、公正であるべきところに問題なしとしない現実があることを感じ取りました。

大学の経営においては制度上認められている手続で、将来に向けて適切な財務管理がなされていると信じます。そして田邉道子さんの提起した質問の本旨「基本財産売却益に使途制限がない」ことをお認めになったと、私どもは理解しております。

四、最後に今回の件が愛する母校である東京女子大学の信用と社会的評価に悪影響を与えるとのご指摘ですが、貴重な建造物の文化的・歴史的価値をめぐって闊達に議論ができることは決してマイナス・イメージではないと思います。女子の高等教育の先達として大きな役割を果たした、社会に開かれた大学として、今後とも意見を交換させていただきたく存じます。

二棟の建物の活用策については、私どもから具体的な提案をさらに申し上げたいのですが、これはお話し合いの中で考えを述べ合うことが適切と思われますので、ぜひとも友好的な懇談の場を設けていただけますよう、切にお願い申し上げます。

ご多忙のなかを、最後までお読みいただき、まことにありがとうございました。ご返書を関係者一同、お待ち申し上げております。

[資料072]——二〇〇七年一月一五日、日本建築学会関東支部より原田理事長・湊学長への「東寮および体育館建物の保存に関する要望書」（「東寮・体育館についての見解」→次掲資料167を同封）

拝啓　時下ますますご清祥のこととお慶び申し上げます。

日頃より本会の活動につきましては多大なご協力を賜り、厚く御礼申し上げます。また、貴大学では図書館や講堂・チャペルなど七棟の建物を既に国の登録有形文化財に登録されており、そうした建築文化の継承に対する積極的な姿勢にも敬意を表する次第であります。

さて、貴大学で現在進行中のキャンパス再整備計画におきまして、東寮（五号館）と体育館（一三号館）の建物を二〇〇七年夏から解体する方針であるとの記事が、二〇〇六年八月一〇日付の『毎日新聞』をはじめとする各紙で報道されました。

ご承知のように、貴大学東寮は鉄筋コンクリート造地上二階建て、体育館は鉄筋コンクリート造平屋建て（一部二階建て）の建物で、いずれも一九二四年（大正一三年）に建設されました。設計者はチェコ出身のアメリカ人建築家、アントニン・レーモンド（一八八八—一九七六年）です。レーモンドは帝国ホテルの設計者であるフランク・ロイド・ライトに誘われて一九一九年に来日し、その後も戦時中を除き、主に日本で活躍した著名な建築家です。

貴大学の東寮と体育館は、独立して間もないレーモンドの最初期の本格的な作品であるとともに、貴大学の創設者が掲げた崇高な理念を巧みに具体化した善福寺キャンパスにおいて、いずれも欠くべからざる重要な施設として真っ先に竣工した建物であります。この東寮・体育館は、ともに別紙「見解」にて詳しく示します通り、日本における鉄筋コンクリート構造の導入期に最新のデザインとユニークかつ合理的な構造設計を同時に実現した建物であり、日本の近代建築史上において、また技術史上において注目すべき建物といえます。

　貴下におかれましては、この貴重な建物の持つ歴史的価値について改めてご理解いただき、建物の取り壊しを見直していただくとともに、このかけがえのない文化遺産の価値を最大限に考慮した保存改修を行っていただけますよう、格別のご配慮を賜りたくお願い申し上げる次第であります。

　なお、日本建築学会関東支部といたしましては、この建物の保存に関してできる限りのご協力をさせていただく所存であることを申し添えます。

敬具

[資料167]――二〇〇七年一月一五日、日本建築学会関東支部歴史意匠専門研究委員会主査大野敏「東京女子大学東寮・体育館についての見解」(前掲資料072に同封)

東京都杉並区善福寺の東京女子大学キャンパス内に建つ東寮・体育館は、一九一八年(大正七年)に角筈に開学した東京女子大学が一九二四年(大正一三年)にキャンパスを善福寺に移転した際、ともに最初に竣工した建物であり、現在のキャンパスにおいては最も歴史の古い建物である。建物の設計者はチェコ出身のアメリカ人建築家、アントニン・レーモンド(一八八八―一九七六年)である。レーモンドは創設者の意向を受け、この善福寺キャンパスの全体計画も担当した。このキャンパスの計画図を見ると、レーモンドはその不整形な敷地形状を巧みに利用して全体を大きく二つのエリアにゾーニングしたことがわかる。すなわち、正門に近く街に開かれた「Education Groups」と称するエリアには、大学のシンボルである図書館や講義室棟、チャペル・講堂などの施設を軸線を強調して配置し(軸線の中央正面には「知」の象徴である図書館を配置)、一方、敷地の奥には「Dormitory Groups」と称して煙突を中心に厨房・食堂や洗濯室などを中央部にまとめ、そこから六棟の寮を放射状に配した建物群を計画した(寮で実現したのは東・西寮の二棟)。これにより、大学の記念性を表現することと、静かで落ち着いた学生の生活環境を確保するという二つの性格の異なる要求を同時に満足させることに成功している。そして、この二つのエリアの接点にライシャワー博士が「体育館兼社交館」と位置づけた体育館が計画された。すなわち、この体育館にはキャンパス内のアイストップとしての役割が期待されていた。

　このように、レーモンドのキャンパス計画では、寮や体育館といった学生が日常生活を健全に過ごすための建物群がモニュメンタルな建物群と同様に重視された。これは、この大学がアメリカのプロテスタント諸教派の資金援助を元に建設されたという歴史的経緯や、「日本における近代的な女子高等教育の実現」という創設者の理念を設計者であるレーモンドが深く理解し、その趣旨を建築として巧みに具体化したためと理解できる。また、それゆえに東西の寮と体育館が真っ先に、しかもまだ日本に導入されて間もない鉄筋コンクリート造で建設されたと考えられる。

以上のように、現存する東寮・体育館は、建学の理念とそれを具体化した善福寺キャンパスの設計趣旨を将来に語り伝えていく上で、ともに不可欠な建物と言える。そして、建築史的・技術史的な視点からは、以下に詳述する二点においても極めて高い価値を認めることができる。

一、初期のレーモンドの作風に見られる多様なデザイン手法を展開した作品の好例

東京女子大学の善福寺キャンパスには、東西寮と体育館(一九二四年)が建設されたのを皮切りに、外人教師館(一九二四年)、安井記念館(一九二五年)、東校舎(一九二七年)、ライシャワー館(一九二七年)、図書館(一九三一年)、講堂

兼礼拝堂（一九三八年）といった建物が、いずれもレーモンドの設計によって次々と建設された。レーモンドはこれら諸施設をデザインするに当たり、様式を統一するのではなく、むしろ多様な様式を自由に折衷して適用したが、これは独立後間もない時期のレーモンドの作風をよく示している。具体的には、外人教師館や図書館では外観の基本的な構成をＦ・Ｌ・ライト風の意匠（軒の出や縦長のガラス窓で垂直・水平線を強調した立面構成）としつつ、細部にはアール・デコ風のステンドグラス（図書館）やチェコ・キュビズム風の装飾（外人教師館）を用いている。また、礼拝堂がオーギュスト・ペレー（一八七四―一九五四年）のノートルダム・デュ・ランシー教会（一九二三年）を強く意識したデザインであることはよく知られている。

こうした傾向は東寮において、特に外観立面の扱いに見ることができ、具体的には煙突の断面を八角形にしてその稜線を強調する点や、壁面の方立を五角形断面にして垂直の稜線を強調している点に、チェコ・キュビズムの手法を見ることができる。これは同時代の日本人建築家には見られない、当時のレーモンドが得意としたデザイン手法という点で注目される。

一方、体育館については、ライシャワー博士がこの建物を「体育館兼社交館」と位置づけたことから、設計者には大空間を確保しつつ建物に品格を与えることと威圧的なヴォリュームを消すことが要求されたと考えられる。ここでレーモンドは、両端部の二階屋を軽く前に張り出し中央部にエントランスを設けてファサードに左右対称の安定感を与えるとともに、大屋根の高さを極力抑えるため、床高を下げてホールの天井高を確保している。意匠的には、外観において外壁に柱型を見せず、壁面に大きな開口部を取るなど近代主義的なデザインで質実にまとめつつ、一方、内部の柱型や梁型にはややクラシックなフルーティングを付けるなど、社交館としての賑やかな雰囲気を醸し出すことを試みている。

二、鉄筋コンクリート構造に対する的確な理解とそれを造形化する卓越したデザイン力

レーモンドは日本の建築界において、関東大震災の前から鉄筋コンクリート造に意欲的に取り組んできた建築家として知られ、ほぼ同時期に建設された星商業学校（現・星薬科大学）の講堂（一九二四年）や霊南坂の自邸（一九二四年）も鉄筋コンクリート造で設計された。前者の長大なスロープや後者の打ち放しコンクリートなど、いずれも鉄筋コンクリート造の特徴をデザインに活かした点が注目されるが、レーモンドはチェコのプラハ工科大学においてきちんと構造技術を学んでおり、これらのデザインは構造力学に対する的確な理解に基づいてなされたと考えられる。これらの作品に共通してみられる、当時の日本人建築家の理解を超越した鉄筋コンクリート構造に対する理解と自由な発想は、東寮と体育館においても以下のような点に見ることができる。

既に取り壊された西寮の写真などから判断する限り、東寮は鉄筋コンクリートのラーメン構造を基本としつつ、二階の屋根・天井にはスラブを打たず（軒先のみスラブ打ち）、一階の床にスラブを打ち、さらに二階の床には蒲鉾型の金属板を型枠兼用にしたスラブを打つという、当時の日本では一般的ではない方法が取られた。一、二階の床スラブをコンクリート造とした理由は、この建物が土足で使用されるため遮音性を考慮したものと考えられ、また軒先以外の屋根スラブを打たなかった理由は、経済性とともに耐震性に配慮し、屋根荷重を軽減したものと考えられる。この軒先の庇スラブは立面意匠を引き締めるのに効果的な役割を果たしている。東寮は竣工間際に関東大震災に襲われたが、被害はほとんどなかったとレーモンドが証言していることから見て、これらの工夫は耐震的にも有効であった可能性が高い。

一方、体育館（兼社交館）の構造形式では、大空間を支えつつ同時に十分な採光を確保し、また軽快・瀟洒な室内意匠にもなるような工夫が求め

二〇〇七年
一月一五日

られた。レーモンドはここで梁の形を工夫して「A」形、すなわち切妻屋根の登り梁とその中段の繋ぎ梁からなる梁の形式を考案し、繋ぎ梁の上端レベルに天井を張ることで、室内意匠としては腰折形のアーチに見える構造形式を考案した。そして水平荷重は主に屋根スラブと正面側の庇スラブに負担させ、ダブルコアに見立てた両端部の二階屋で支えたと考えられる。桁行方向の壁面では、天井ぎりぎりまで大きな開口部を取るために桁の見付寸法が極力抑えられた。これらの工夫によって室内は明るく開放的になり、また腰折れ形の天井を象るように梁のフレームが規則的に並ぶ、あたかも鉄骨造のような軽快な大空間を生み出すことに成功している。

[資料094]――二〇〇七年一月二六日、原田理事長・湊学長より日本建築学会関東支部への「東寮および体育館建物の保存に関する要望書」への回答書

拝啓　時下ますますご清祥の段、お喜び申し上げます。

さて、一月一五日付貴法人からのお手紙を拝誦いたしました。

つきましては、本学のアントニン・レーモンド設計建築物の保存に起案する方針について、下記の通り回答申し上げますので、ご理解を賜わり度いと存じます。

記

一、要望書にも書かれておりますように本学構内には、レーモンド設計の建築物が多数存在します。本学としても、その文化的意義と歴史的価値を評価すると共に、建学以来の貴重な遺産としてこれらを保存することの意義と必要性を認識してまいりました。

今後も、文化庁登録有形文化財であります本館、講堂・礼拝堂、外国人教師館、ライシャワー館、安井記念館、東・西両校舎の七棟につきましては、これを活用しつつ大切に保存する方針です。

具体的には、昨年よりスタートしましたキャンパス整備計画において、必要な改修については、かなりの費用を要しても、周囲のたたずまいと共に、これらの建築物を後世に遺すべく努力をする所存です。

既に七棟の登録有形文化財の一つであります六号館(東校舎)の改修工事と耐震補強は、昨夏に約二億五千万円かけて行ないました。

二、今回、ご要望頂きました旧東寮、旧体育館につきましても、その建築史的価値、建学の理念の具現物としての価値につきましては、ご指摘の通りであり、このことにつきましては何の異存もありません。

しかしながら、旧東寮、旧体育館の保存につきましては、慎重に総合的見地より検討の結果、次の理由でこれを断念し、解体をすることを理事会で決断しております。

(一)時代の要請に応える教育環境の整備

現在の学生及び将来の学生にとって、より安全で利便性、快適性の高い施設を整備することの必要性

(二)敷地の制約

施設老朽化が進む中、キャンパスの将来を見据えた新たな施設を建設する必要性は必至であり、そのための敷地が現在のキャンパスには残されていないこと。

(三)財政上の制約

現在の旧東寮を維持し使用し続けるためには、改修工事・耐震補強が必要であり、そのための費用は現在の法人の財政上負担が大きすぎること。

ご要望に沿えず残念ではありますが、本学の旧東寮、旧体育館解体を決断するに至った事情をご賢察の上、ご理解下さるようお願い申し上げます。なお、写真、図面、記念プレート、関係記録等の整理を行ない、旧東寮、旧体育館を末永く記憶にとどめることを計画しておりますことを併せてご理解下さいますようお願いする次第であります。　敬具

［資料168］――二〇〇七年二月一〇日、西澤英和（京都大学講師／建築構造学）「〝老朽化〟と〝中性化〟の誤解」（レ会ホームページへの特別寄稿）

戦前の鉄筋コンクリート建物の解体を巡って

戦前の鉄筋コンクリート（RC）造建物の解体に際して、次の三つがよく議論になるようです。

一、耐震性がない

でも、これは間違い。戦前のRC建物の耐震基準は今よりはるかに厳しかったので、戦前のRC造建築の耐震性は現代建築に勝っていることが証明されているのです。基本的には、戦前のRC造建築は現代建築の少なくとも四倍くらい強いことが知られています。

平成七年の兵庫県南部地震ではおびただしい数のRC造建築に大被害が出ましたが、これらはいずれも戦後に建てられた事務所や商業ビルなどの新しい建物。戦災をくぐり抜けた古いRC建物には全くといって良いほど被害がなかったのです。

二、コンクリートが中性化すれば鉄筋が錆びて建物はもたなくなる

これも間違い。以下でコメントします。

三、戦前の建物の改修は困難だ

こんなことがいわれますが、実は頑丈な戦前のRC建物は近代化改修（リノベーション）をし易いのです。

天井が高い場合には、天井が高すぎて冷暖房が効かない。不経済なので解体しましょうといい、天井が低い場合には、天井が低すぎて時代に合わない。だから壊しましょう。…なんて変な話！　そのほか最近の家電は容量が大きくなったので古い建物は電気設備が不足。インターネットの配線にも莫大な費用がかかるとか水周りが旧いとか、いろいろ話をされますが、そんなことは全くありません。

欧米では何百年も前に建てられた住宅はあたり前。でも、人々は中世さながらの電気も水道もお風呂もない生活をしているのではありません。ローマやパリの歴史的な建物に一歩うちに入ると分かりますが、人々は私達以上に近代的で快適な生活をしているのです。家にはエアコンもTVもネットもあります。「内装」や「設備」は「構造」という「プラットフォーム」に取り付けるだけなので、時代に応じていつでも容易に模様替えできるように作られているのです。このような模様替えを「近代化改修」（リノベーション）と呼んだりします。今、日本の建築家も欧米のように「リノベーション」に取り組み始めています。

一見古びて汚れた戦前の建物、これらRC造もレンガ造も木造も、実はちょっと手を加えれば直ぐに輝きをとりもどす市民の大切な共通資産です。

中性化を巡るこまった誤解

「中性化」という言葉は、実は適切ではありません。ひょっとしたら日本でしか通じない変な学術用語かもしれません。本来は「炭酸化」（carbonation）と言うべきです。

さて、コンクリートは数週間程の比較的短期間に水分と反応して硬化する「水硬性」の部分と、内部に形成された強いアルカリ性の水酸化カルシウムが大気中の炭酸ガスを吸着して、炭酸カルシウムという中性に近い材料に化学変化し、徐々に硬化する「気硬性」の部分があります。つまりコンクリートは時間をかけて炭酸カルシウム（石灰岩）というより安定した強い鉱物に成長していく性質を持っているのです。さんご礁のように……。

実はセメントは、石灰岩に粘土やケイ石を混ぜて高温で焼成して作られます。つまり石灰岩を酸化カルシウムと炭酸ガス（二酸化炭素）に一度分解し、後で水を加えて水酸化カルシウムを主体とする複雑な結晶組織を成長させて固めるのです。従って、セメント製造は、炭酸カルシウムを焼くのに膨大な石油を浪費するだけではなく、折角取り込まれていた炭酸ガスを大量に大気中に放出するという問題を抱えています。セメント

工業が、実は温室効果ガスの大量発生源の一つであると言われるのはこのことなのです。

逆にいいますと旧いコンクリートは実は森林と同じ。大気中の炭酸ガスを大量に吸い込んでコンクリートが緻密になり、強度も改善しています。水酸化カルシウムの強いアルカリが緩和されて、おだやかで安定した炭酸カルシウム系の物質に成長しているためです。炭酸化(つまり中性化)すると鉄筋が錆びてしまうといわれるのですが、鉄は酸素と水、あるいは劣悪な塩類がなければ錆びは進行できません。要するに、コンクリート中性化(炭酸化)とは、そろそろコンクリートの中の鉄筋の表面にさびが生じ始める時期になったというくらいの意味です。

普通の建物で鉄筋がひどく錆びるのは、雨モレを起すようないい加減な施工箇所などに限られます。ていねいに作られたRC建物の鉄筋は一〇〇年くらいではまず錆びが進まないのです。

実例を示しましょう。以下の写真[↓省略]は大阪の下町に昭和の初めにつくられたRC造の集合住宅。建物は誰が見てもひどいと思われるくらい、シュール。屋上の防水も長年傷み放題。いたるところに草やコケが生えていました。

この建物も、調査の結果、〝中性化〟が著しく進行するなど「老朽化」が著しく、内部の鉄筋は完全にさび付いて地震に耐えないという話に住民も納得。みな住みなれた建物から退去したそうです。

そんな頃、コンクリートの先生に誘われて、この建物の解体現場を見せて頂く機会がありました。そこではカニバサミが建物をかみくだいていました。でも、ご覧になると分かるように、鉄筋には錆などなにもないのです。昼休みに現場作業の職人さんに聞いたら、「錆など何もありません。鉄筋もコンクリートもサラ同然。それよりコンクリが硬おて難儀してます。」とのこと。同行されたコンクリートの先生御自身もア然としておられました。そんな落ちでした……。[↓写真四葉省略、付属CD参照]

[資料010]―――二〇〇七年二月二日、藤原代表より原田理事長への書簡

入試や卒業式など学年行事の多い季節を迎え、日々ご多忙のことと拝察申し上げます。そのなかを、先日は第二回懇談会の記録にお目通しをいただきまして、まことにありがとうございました。

その記録にもございますが、懇談の折りに、「生産的な話し合いをするために情報を共有したい。教職員への説明のために使われたビデオかなにか、そういうものを見せていただきたい」という私どもの要望に対し、原田様は「ご覧いただきたい」と即座にご快諾くださいました。理事長様にお約束いただきましたことは、たいへん嬉しく心強く存じました。

映像によるキャンパス整備計画の全容を、近いうちに拝見できるものと、永井路子様はじめ私ども一同、楽しみにお待ちしております。

どうぞよろしくお取り計らいいただきますよう、お願い申し上げます。

追伸　映像を見せていただく日時は、私か、もし不在の場合には、事務局担当の田邉に御連絡をいただければ幸いでございます。

[資料011]―――二〇〇七年二月三日、原田理事長より藤原代表への書簡

去る一月一八日には、ご足労いただき有難うございました。

その折の懇親会記録および緊急シンポジウム記録も入手し熟読いたしました。

以下、当日検討を約しました点等について回答申し上げます。

一、旧東寮の用途に関連して

一月一八日の席上、旧東寮を研究室に活用する案は考えられないかという具体的ご提案がありましたので、まず、この問題に関連してあらためて考えてみました。

(一)一九八四年以来、旧東寮は、寮としての使用を中止し、一部は部室として利用されてきましたが、暗い上に、冷房なしの状況で、学生に不便をかけておりました。もし、何らかの用途に引き続き活用する場合には、いずれにしても大改修が必要であると考えておりましたが、最大の問題は、その用途をどうするかでありました。

用途としては、①改めて本来の用途である寮として活用すること、②寮以外の用途、具体的には、研究室、教室、事務室に活用することが考えられますが、現在場所のゾーニングからすれば事務室は除外されましょう。

(二)大学としては上記①の寮として活用する考えは全くないことは一一月二一日付回答ですでに申し上げました。

また、建築基準法上、学校施設の敷地内に寮を建築することは困難です。現在の本学の三つの寮の敷地は、大学用敷地とは別の敷地となっています。

(三)上記②の寮以外の用途として保存・活用する場合には、研究室であれ教室であれ、現在および将来の学生、教職のニーズに合わせたものにするためには、大々的に改修することが必要となります。

またそのためのコストは、相当な金額となることが予想されます。

(四)シンポジウムの記録を読みますと、発言者は、旧東寮の建築史的、文化史的、精神史的価値は、寮としての建築にあると述べられていますが、寮の跡形がなくなる形で、その中身を大々的に無理矢理変更してこれを他の用途に転用して保存するということになると、発言者の要請には応えられないでしょう。

(注)一、三号館の建替えについても言及されていますが、結局は、旧東寮の用途問題に帰着しますので、あえてふれません。

[注]二、旧東寮の居室面積は約八五〇m²です。

[注]三、現三号棟の居室面積は約一五〇〇m²です。

二、旧体育館の用途に関連して

これを保存・活用する場合は、その構造からみて用途は、体育館しかないと思われます。したがって、旧体育館については、老朽化、耐震性の観点から判断することとなりましょうが、新体育館(一九七四年竣工、現行耐震基準上不適格)の将来問題との関連も考えねばなりません。結論的に新・旧体育館は一体化が効率的と判断しました。

三、老朽化について

(一)まず申し上げたいことは、老朽化は、旧東寮、旧体育館だけの問題ではなく、文化財に指定されている七つの建物、あるいは一号館、二号館、三号館、四号館等でも確実に進行し、結果として、一一月二一日付回答書に書きました通り、過去五年間で年平均一五〇件、約一・五億円の修繕費支出につながっているという事実であります。

これに歯止めをかけないことには、今後とも予想外の支出に悩まされ続け、計画的な施設管理が、確立されないという問題をかかえておりました。

最近の比較的大きい事故をあげるだけでも、本館の二階天井の一部落下(二〇〇四年二月)、旧体育館のモルタル落下(二〇〇五年二月)、本館および四号館の大雨時の浸水(二〇〇五年九月)、東教室の床下配管の破損による床面の突然の隆起(二〇〇六年三月)、一号館・三号館の配管劣化による漏水、空調設備の故障(特に二〇〇六年冬期)、門衛所横の落雷による倒木およびその結果としての通信システムの障害(二〇〇六年七月)等々であり、中には人身事故につながってもおかしくないケースもあります。

この中には、老朽化が直接原因といえないものもありますが、これらは、計画的施設管理を行なうことにより防止できる点では共通しております。このため、入試、卒業式、入学式、講演会、コンサート等大きな行事を行なう時の関係者の神経の使い方は大変なものであり、できるだけ早く、安心して施設を使用できる状態にしなければなりません。本学において、学生、教職員、来訪者に対する永続的な安全性確保は最優先課題となっているのです。

キャンパス整備計画はこのような観点からキャンパス全体の老朽化対

二〇〇七年
二月一三日

策を総合的に立案し、計画的に実行することを考えており、その裏付けとしての予算化をはかっております。予算については、牟礼キャンパスの譲渡によって可能となりましたが、限られた資金の効率的活用が重要であることは言うまでもありません。

（二）旧東寮、旧体育館については、屋根の漏水、瓦の痛み、外壁クラック、窓の痛み等が確実に見られ、これを活用するためには、前述の改修費用とは別にリノベーション費用がかかることはご理解いただけると思います。コンクリートの中性化（西澤先生の言われる〝炭酸化〟）については、大学としても過去二回の実態調査に基づいて判断しているとしか言いようがありません。

四、耐震設計基準について

建設中であっても関東大震災に耐えた旧東寮の耐震性については、全く問題ないと構造の専門家が断言されていることに驚きました。

その後八三年が経過した事実は全く無視してよろしいのでしょうか。

またその後、累次の大震災を契機として、法令に基づき耐震設計基準が何回か改訂されてきた事実をどう考えればよいのでしょうか。（添付資料ご参照）

現実には、大学としては、建築基準法施行令をクリアーせねばなりませんし、文科省の「学校施設耐震化推進指針」も考慮せねばなりません。責任ある立場としての大学は、すべての関係者の安全第一を確保することが極めて重要であると考えます。

以上申し上げた点からみて、旧東寮および旧体育館の活用保存は、残念ながら困難かと考えられます。

五、論点整理

昨年の同窓会総会以来、藤原様とは、三回懇談会の機会を持たせて頂きましたし、文書、資料（シンポジウム記録を含む）等のやりとりも重ねてまいりました。

結局、論点は、旧東寮および旧体育館の活用保存の可否になりますが、

①皆様のご主張の要点は、レーモンド建築は、九つの建物をまとめて保存することに意味があるのであるから、二棟は他の七棟と一括して何とかしても保存すべしということであり、

②一方、大学としては、現在の本学の抱える制約条件（安全性確保、敷地の制約、財政上の制約、樹木を含めて武蔵野の面影を残した環境を出来るだけ保存しつつ文化財としての七つの建物の保存を図ること）の下では、現在の整備計画が妥当なものと考えております。

大学の歴史を考え、将来を思う心は同じでも、判断基準あるいは、主張の根拠が全く異なるために、交わることのない平行線になっており、容易に妥協案が見いだせない難問であります。

私は、単に「すでに理事会で決定されたから変更できない」と申し上げているのではありません。理事会としましては、実態調査・分析、学内の意見聴取等の過程で、長い時間をかけ、多面的、総合的に検討の上、練り上げた案であるので、現在および予測できる将来のいろいろな制約条件の中では、ベストの案だと考えております。現在もそれは変わりありません。

なお、（株）三菱地所設計の役割は、本学の立場に立って、専門家として設計・管理業務を行ってもらうものであり、整備計画の方針や予算等は、すべて法人としての本学意思決定機関である理事会が責任をもって決めるべきものです。理事長や、理事の一員としての学長が、個人として理事会決定を変更するようなことは出来ませんし、するべきではないと考えています。

六、記念物保存について

これについては、何回も申し上げていますが、レーモンド設計建物群の歴史的意義を継承するべく、重要な文献や記念プレートなどを記念物として保存できるよう、目下、詳細を詰めております。

保存場所としては本館の三階回廊と二階の一部を考え、今後展示内容・方法等を検討していく予定です。

このことによって、旧東寮、旧体育館の姿とその中に具現化された精神を末永く継承出来るようにしたいと考えております。

七、最後に

振り返りますと、昨年の同窓会総会以来、お互い多大の時間と労力を使って話し合いを続けてきました。この中で、私としても教えられ、学んだ事も多く、それなりに有意義であったと思います。

今後とも、本学が創建の意義を十分理解しつつ、キリスト教の精神に基づき、リベラルアーツを主眼とした女子高等教育の現代的展開のために、学生、教職員、理事、評議員の皆様と協力しつつ、努力して参りたいと考えています。

そのような観点から卒業生の皆様方のご鞭撻を引き続き頂きたいと願っています。

少子化傾向が進む中で、大学間の競争が激しくなり、本学の置かれた厳しい経営環境の下において、理事会が諸課題を解決するべく総合的に判断したキャンパス整備計画の方針につきまして、何卒ご理解を賜りたく、よろしくお願い申し上げます。

敬具

［→「四、耐震設計基準について」の中の添付資料とは、「耐震設計基準の変遷」→資料011・付属CD参照］

［資料012］——二〇〇七年二月二三日、藤原代表より原田理事長への書簡

学年末のご多忙の中をご返書いただきまして、まことにありがとうございました。一月十八日の面談の記録にもありますように、その際具体的提案として申し上げ、かつ常務理事がご関心を示された三号館の改築案についての検討のお約束、学内関係者への説明用パワーポイント情報を私どもにも見せると理事長が快諾された件の日時のご連絡が、ご返書のなかに当然、含まれているものと、期待して拝見しましたが、二点とも避けられたようでございます。まことに遺憾に存じましたが、当会の中心メンバーとも相談し、そちら様のご返書の流れにそってお願いと、あらためての意見をお届けします。

その前に一言申し上げます。ご返事をお待ちしている間に、私は文化庁の有形登録文化財建造物の担当部署を訪ねて、制度発足の趣旨や仕組み、各種の優遇措置、担当庁としての一般的見解などを伺ってまいりました。なぜ平成八年に文化財保護法が改正されるにいたったのか、時代背景の推移等も合わせて、私なりに理解いたしました。

申しあげるまでもなく行政は中立ですから、民間の文化財保有者に保存を促すことには限界があるが、との用心深い前置きをされながら、担当者は「日本にただ一つしかない建物群をぜひとも大切にしたい」と実に小さな声で、しかも目を伏せて「ひとりごと」のようにつぶやかれました。明らかに言質をとられたくないための行政官の防衛の形であることは、かつての取材経験ですぐに察しがつきます。しかし発言者が明らかになって、責められてはお気の毒ですので、これ以上は申し上げません。

専門家としての良心・見識とお役目の板挟みで、それ以上は発言できない苦衷をありありと感じました。それほどに東寮と旧体育館の存在は専門家の間では評価が高いのだということを知った次第でした。

前置きが長くなりましたがご返書の枠組みに添って次に申し述べます。

一、東寮の用途については、これまで断片的にしか申し上げていませんが、先生方の研究室あるいは外部の学者・研究者・学生たちとのセミナー室、学術情報交流室、談話室などに利用できませんか。名称その他が不適切な場合はどうぞご容赦ください。教室としても少人数クラスであれば、むしろ利用機会が多いと思います。一部の個室は壁をすでに取り壊し、広くして利用されています。天井が低いとの説もお聞きしましたが、科学の実験をするのでなければハンデではないと愚考いたします。

暖炉のあるパーラーは談話室にはよい雰囲気を醸しだすと思います。あの煉瓦のアーチはなかなか味がある、との意見も聞いております。もちろん事務室への転用は除外されて当然でしょう。

改修には費用がかかりますが、解体プラス新築に要する費用と突き合わせて考える必要があります。以前、解体費について面談の折にご質問しましたが、競争入札に関連する事項だから、との理由で概算も示されませんでした。

三号館の件については「あえてふれません」と言及を避けられましたが、キャンパス内の建物を融通しあい、総合的に考えるのが組織運営本来の姿でありましょう。寮の床面積は三号館の半分であっても一時的に緊急の疎開場所と定めて、不便を忍んでいただく。

一部は分散して別の場所に移る。三号館をより居住性のいいものに建て替えられれば、教室も研究室もさらにゆとりをもって利用できるようになるのではないでしょうか。また八十とおっしゃった研究室が一か所に集中しなくてはならない理由はないと思います。

私どもは早くから寮としての利用を外すことに決めていました。しかしパーラーと個室一つを現状で保存し、他は別途に活用したからといって「寮建築」としての価値が損なわれることはありません。近世以前の城が保存される場合、内部は多くの場合、博物館になっています。しかしそれで城の保存の意味が失われるわけではありません。

二、体育館については七四年竣工の新体育館が現行の耐震基準上不適格とは、深刻な問題です。体育のプログラムが多様化し、学生の選択肢が広がる中で、体育の授業は細分化する流れにあります。建物のみ一体化して「効率化」することが、どこまで可能なのでしょうか。体育関係の卒業生の意見では、一見複雑に見える建物だが使い勝手がいいという声もあり、極論すれば新体育館を解体するほうが先決ではないか、とさえ思います。

三、老朽化については、どの建物でもメインテナンスが必要であることは言うまでもありません。シンポジウム冊子の四一～四二ページにある参加者（内田青蔵氏）のご意見が、保存を大学が決意されたことへの敬意とともに、維持するための努力の必要性を指摘しています。私どもは考えるための十分な情報を、願っても与えられませんので、外観から判断するだけですが、閉寮されて以来ほとんど放置され、清掃すら不十分な荒れた寮は、傷みがいっそう烈しく、みすぼらしくなりました。ご返書にあげられた本館等の破損や故障について、これらへの適切な対応が優先課題であることは言うまでもありませんが、それらと同等の配慮を二つの建物が必要としていたのです。

仰せのように限られた資金の有効活用は重要な課題で、リノベーションにかかる費用と解体・新築に要する費用とは、正確に積算し、対比検討されるべきでしょう。さらにいえば三号館の新築のほうが構内での立地もよく、将来的には有利だと考えられます。

コンクリートの中性化（炭酸化）については、第一線の構造専門の学者のご意見を尊重したいと思います。建造物に関わる行政官や実務家の判断が、立場によって微妙な差異をうむことはよく見聞いたします。だれの意見を信頼すべきか判断に迷いますが、学者として研究を重ね、多数の建物を見てこられた方のご意見を参考にしたいと思います。

四、耐震設計基準については私の個人的経験を申し上げます。ご返書に付けられた耐震設計基準の変遷の図で気づいたのですが、四八年の福井大地震（都市直下型）を記憶しています。私はその時すでに女子大に入っていましたが、被災後すぐ帰郷すると、子どものころから見慣れていた福井銀行本店ビルが戦災で焼けたにもかかわらず、地震にびくともせず焦土の中に残り、今に至るまで本店として立派に活用されています。しかも上に階を継ぎ足しております。目立つビルですから違法建築ではないでしょう。あれを思いますと、戦後の改変が重ねられた耐震基準とは何か、と直観的に疑問を持ってしまいます。

確かに法律等をクリアする必要があり、関係者の安全を確保することは最優先だとは思いますが、それによって解体、粗大ゴミの排出、環境汚染等の連鎖を考えますと、真の経済性を志向することが大事ではないでしょうか。「初めに解体ありき」の発想ではなく、小さくても個性的な大学を、という大学創建の理念を貫いていただきたいのです。

五、仰せのとおり大学を愛する気持ちは同じでも、妥協点を容易に見いだせない難問です。私どもは二棟を喪うことによる精神的損失の大きさを考えています。原田様がご返書に書かれたように「理事会で決定されたから変更できない」と仰っているのではないとすれば「ならばお考えなおしいただけないか」と切にお願いしているのです。

確かに長い時間をかけて練り上げられた案だと思いますが、残念ながらベストだとは思えません。貴重な何かが喪われるのを痛感します。安井記念館前の空間の広がりと緑豊かな樹木が消え、代わりに高い建物がそびえて視野を遮るなど、想像するだけで寂しいことです。そう考える人が減ったことは歴史の流れだと言い捨ててよろしいものでしょうか。

理事長個人が理事会決定を変更することはできないと仰せですが、国際文化会館の保存を決断された高垣佑氏［理事長］の例があります。それによって理事長への尊敬も高まりました。もちろん同氏はそれを望まれたわけではないでしょう。ただ責任者の果たしうる役割の重さを感じます。さらに加えて私たちは、最初の卒業生学長の時代に創建者の思いがこもる由緒ある建物が解体された、という悲しい事実を本学の歴史に残したくはありません。

六、保存については、かねて永井路子さんが「手ざわりの大事さ」を強くおっしゃっています。具体的な物が残ることによって得られる五感への刺激は、人間形成にとってきわめて大事です。博物館的な記念品の陳列だけでなく、豊かな空間という、教育の場としてはかけがえのない環境が、これまで保持されてきた建物群によって守られてきたことを、高い視点から見直すべきではないでしょうか。

七、私どもは今回のキャンパス開発計画が始まって、初めて母校の将来を真剣に考え、再三保存をお願いしてまいりました。きっとうるさくお感じであろうと恐縮しています。一般に東京女子大学の卒業生は母校に対して「薄情だ」と言われてきました。私自身にもその傾向があることを認めざるをえません。それがなぜ今になって、と不思議に思い、自問自答しつつ、先輩や後輩の皆さんにも問いかけ、考えつつ動いております。

残念ながらこの問題を多数の卒業生がご存じありません。学報に出ていたことすら気づかない人もいます。見ても読まない人もいます。さきごろ同窓会理事の方々と話し合いましたが、幹部の方たちは昨年の寒い時期に、パワーポイントでご説明をお聞きしたそうですが、私どもは全く知りませんでした。維持協力会の一員として、貧者の一灯を掲げている私ですが、こんな大事な事業が知らないままに進んでおりました。いかに薄情な私でも何かしようと考え、多忙な先輩の方たちもご協力・ご支援をいただきました。こうした熱意が将来の大学を支える力になることをぜひお心においていただきたいのです。

最後までお読みいただきありがとうございました。三号館改築の具体的なご検討、映像手段によるご説明なども含めて、ぜひとも本筋に沿った前向きのご返事を頂きたく心からお待ち申し上げます。

［資料013］――二〇〇七年三月一四日、原田理事長より藤原代表への書簡

二〇〇七年
三月一四日

前略　二月二三日付貴信拝領いたしました。

二月一三日付の私の回答では、そもそも旧東寮の保存活用は困難であるので、三号館のことはふれませんでしたが、あらためて三号館との関連を含めて、大学の見解をお伝えしたいと思います。

一、旧東寮に関して

三号館（研究室）の一時的移転先として旧東寮を使用するという提案に関しましては、以下の理由により現実的ではないと考えております。

（一）耐震性能が不適格である建物に、研究室、教室を移すためには、現行基準をクリアする耐震補強を行う必要があり、また、三号館全ての研究室を収容することはできないため、残りの研究室の場所を仮設建物などで確保する必要もあり、旧東寮の活用は、機能的にも得策ではなく、現実的ではありません。

（二）一時的とはいえ、広さや設備など機能的な制約のある部屋を、学生、教職員に使用させることは本意ではありません。

（三）三号館の場所は近隣住宅に近く、建築基準法の斜線制限の制約もあるため、高層化することは困難です。

二、体育館に関して

大学としては現行の耐震に関する基準をクリアすることが重要と考えており、大学の判断としては、原案を変更する必要はないと考えています。

三、最後に

（一）繰り返しになりますが、大学としては、キャンパス整備の基本計画を立てるに当たって、現在及び将来に亘って、何が問題であり、これをどう解決すべきかについて、厳しい諸条件のもとで検討してきました。

そして、学生及び教職員にとってより魅力あるキャンパス作りという視点が原点であり、具体的には、安全性確保と環境保全、そして効率的・計画的施設管理を常に念頭において計画立案を進めてきました。

この中で、以前より継承されてきました登録有形文化財であるレーモンド作品の活用保存は大前提でありました。旧東寮と旧体育館の二つの建物の活用、保存に焦点が当たっておりますが、七つの建物の保存方針は、各方面から高く評価されておりますし、この方針は、本学が誇りにしてよいものだと認識しております。

シンポジウムでもこの事実を高く評価すべきだというご意見には、大変勇気づけられると共に、将来にわたって、この方針を堅持できるよう財政的裏づけをも準備しなければならないというご指摘にも同感であります。

（二）二つの建物の保存活用について、用途についてのご提案もありましたが、残念ながらご要望に沿うことは困難であると考えざるを得ません。

私といたしましては、大学の整備計画に何卒ご理解を賜わりたく重ねてお願い申し上げる次第です。

なお、パワーポイント情報の開示については、検討することをお約束したことですから、ご覧頂く機会は設けたいと考えますが、もともと学内説明用に作成したものでありますので、懇談会にご出席の皆様に限らせて頂きたいと存じます。その日時、方法については、事務局長がご相談に応じます。

草々

[資料014]――二〇〇七年四月二二日、藤原代表より原田理事長・湊学長への書簡

園遊会を前に、キャンパス整備計画に関心のある全国各地の同窓生から、東寮・体育館の解体問題についての問い合わせが当会にも来ております。母校のことにはとかく無関心で「おまかせ心理」の強い本学同窓生にしては珍しい現象だと思っています。

東寮前の桜並木も東寮と同様、切り倒されるとか。毎年春、樹上はむろんのこと地表に散り敷いても、ピンクの絨毯のような美しさを記憶する人たちは、その景観が永遠に消えることを限りなく惜しんでおります。

思えば今年が見納めだったのでしょうか。

昨年六月の同窓会総会で突然キャンパス整備計画が発表され、東寮と体育館の解体決定が告げられました。以後、二棟の保存・活用を求める私どもの願いは、「再考の余地なし」とにべもなく撥ねつけられ続けて今日に至っております。熱い思いで発起人に名を連ねてくださった卒業生たちの声も無視され、ご病床にあって自由に動けない、何とかしたいけれど…とおっしゃるご高齢の卒業生の悲痛な声も届かないかのようです。

昨年一一月中旬、政府提出の教育基本法改定案に反対して、湊学長・桃井事務局長以下教職員八五名が結束し、毅然として意見表明をなさいました。その共同記者会見に臨まれた湊学長は「重要な問題が議論されていないのに強行採決は許されない」と世論に訴えられたと聞き及びました。そのような学長がおられる東京女子大学が、「一度決めたことは変えられない」とのご主張で、大学の将来に思いをいたす者たちの意見を聞こうとなさらない姿勢は、本館正面に掲げられた「およそまことなること」の精神に照らして、見直されて然るべきと私は思います。

さて、本年一月の面談で原田理事長がお約束くださったパワーポイントを、限られたメンバーでしたが、ようやく四月一一日になって見せていただきました。「見せる」だけの約束だから「見る会」であって「説明会」でないと桃井事務局長は真っ先に釘をさされました。質問への回答抜き、疑問や委細は後日あらためて質問状をお出しするとして拝見するしかありませんでした。参加者一同の正直な感想では、昨年三月に作られたままのイメージ中心の画像が、なぜもっと早くに見せていただけなかったのか、不思議に思うということでした。そして先にご覧になった学内教職員の方々が、どの程度おわかりになったのか、これが情報開示と言いうるものなのか、という素朴な疑問でした。

それでも画像に添えられるキャプション程度の短い言葉は桃井事務局長よりお聞きしました。そこにも幾つか新しい気づきがあり、具体案が推察できましたので、これに関してお尋ねします。

新築による総床面積の増減についてはほとんど同じとみてはいましたが、実際にもそうだと桃井様は明言されました。教室としては三〇〇人規模の大教室が二つ出来ることがわかりました。そこでこの案が、現在検討中といわれる学部や学科の再編成、教育内容の向上にどう繋がるのか、お尋ねしたく存じます。

私は新聞社編集委員時代にいくつかの大学から頼まれて講義した経験があります。一五〇人規模の教室でもマイクを使わざるをえず、それが学生との人格的接触を薄れさせるのは無論のこと、講義内容に関する理解・浸透、教室での交流により双方が得られるはずの貴重なサムシングなどとは、およそ縁遠いものであることを痛切に感じました。そこから判断して学生三〇〇人の場でどのような教育が実現するのでしょうか。東京女子大学の英文名には、あえてWomanと単数形が用いられています。個を重んずる理念からだと学生時代に聞いておりましたし、今でもHPやBrochure等で謳われております。

複数の学内関係者から聞こえてきた話では中規模教室が不足しているとか。にもかかわらずなぜ、大規模教室なのでしょうか。いやな言葉ですが、マスプロ教育への転換という連想がチラと働きます。また三〇〇人教室の計画については知らなかったとの意外な反応もあり、関係者が無関心か、情報が何らかの理由で届かないまま、学内説明が「パワーポイントと学報とアンケートだけ」（桃井事務局長）で必要な手続きを踏んだとして計画が進められているのではないかと、危惧を感じました。学内に対する説明責任がどの程度果たされているのでしょうか。

次に、同じく一月の面談で私どもは、三号館跡地を活用して東寮・体育館を残すという提案をいたしました。大学は三菱地所設計に検討させ、書面をもって回答する旨お約束くださいましたが、以来、再三のお尋ねにもかかわらずそのまま放置されています。三号館は、学報（昨年七・八月合併号）で「解体」と公表されながら、その後「未定」と言われ、パワーポイントでもまったく触れられておりませんでした。なぜ「用途未決定」のままで今日まで残されたのかについては、書面で質問することで了解を得て引き下がりましたので、あらためてお尋ねします。

「見る会」での桃井様のお話では、〔三号館は〕書類の倉庫になさるやにうかがいましたが、これは決定でしょうか。あの場所は敷地の南側に位置しており、斜線制限がほとんどなく、高いビルを建てやすいことは素人にも分かります。構内の立地条件からいっても、本部に近く学生や教授らの短時間の移動にも、奥まった場所よりははるかに便利だと思われます。なぜそれが見送られるのか、私どもの提案が無視されるのか、理由を承りたいのです。

東寮・体育館が東京女子大学の歴史上担った意味（価値）をお認めになるならば、「まず解体ありき」ではない誠意を、代替案の具体的検討をもってお示しください。

昨年秋、パワーポイントの開示を私どもが三菱地所設計にお願いしたとき、大学側に権利があるから大学の許可さえあればと地所側から言われ、今回の開示の際には、桃井様が会社側に権利があるから勝手な扱いはできなかったと言われました。まさに言葉で振り回された感じですが、その場での論争は避けました。私どもは、大学のよりよい将来と、有効な土地利用を模索して、素朴な疑問を解くために見せていただきたいと申し上げたのです。これまでの対応など、あまりに過剰防衛的と考えざるをえません。

ここで議論の核心に進みたいと思います。私どもの「整備計画再考」のお願いは東寮・体育館の保存・活用です。しかし問題は建物のみではありません。この問題を考えるとき、いやおうなく東京女子大学の将来が視野にはいってきます。根底に本質的な教育の問題への懸念を抱えております。それをこれまであえて正面に出さなかったのは、卒業生が教学内容について申し上げるのは僭越かと考えて、差し控えていたからでございます。しかし、建物の規模や構造は教育内容に密接に関連します。

レーモンド建築がいかに建学の精神を具現化しているか、そこで学んだ者たちがいかに深い影響をうけているかを認識していられるならば、当然ご理解いただけることと存じます。

文部科学省の統計が示すところでは、一九九五年の大学生数は約八〇万人、一〇年後には一〇万人減少しました。大学経営にとって由々しい事態です。東京女子大は今年、定員以上の入学者を確保できたそうですが、人口減少期にはいった日本で、今後どのような事態が見舞うかは予測困難であり、経営にご苦労が多いことはお察し申し上げます。しかしリベラルアーツを標榜する以上、それをどんな方途で実現しようとなさるのか、「経営のためには四〇〇〇人規模を堅持する」と面談で理事長は言明されましたが、一定の質を保持しつつそれを長く貫き通せるのか、あるいはまた〇九年度に三〇〇人規模の大教室とともに発足する一学部制の新たな東京女子大学像とは何か、大学理事会は理念や海図をお示しになって十分に話しあい、学内の納得を得ていられるのでしょうか。もしそうならば、私どもにもお示しいただき、母校を思う卒業生の懸念を払拭してくださるようお願い申し上げます。

学内の先生方にお聞きして、遅まきながらわかった遺憾な事実が二つあります。

一つは、「建物を売却して得た資金は建物にしか使えない」という、初期段階で聞いた基本的に誤った情報が、そのまま刷り込まれていらした事実です。私学振興・共済事業団によると、この場合の資金は大学の自由に使えるように制度設計してあるとのことでした。私どもは最初の理事会面談（昨年七月一〇日：卒業生有志の会）の折にはっきり申し上げ、そして実質的にはお認めになられた（昨年一一月二一日付原田理事長よりの返書）ことはご記憶だと思いますが、先生方のみならず予想外に多くの関係者が「建物にしか使えない」と固く思い込んでおられました。誤って伝えた方々への訂正を後日あらためてきちんと発信なさったのでしょうか。

もう一つは、寮が女子学生の個人生活の場であるため、男性の教授や理事はもとより、通学生の多い卒業生理事にさえその価値がよく知られていず、そのため心情的な共感はおろか理解も得られなかった、また体育館も特に男性の先生にとっては建物内部の見学は論外で、室内を窓越しに眺めるのも憚られるほどの寄りつきにくい場所であったらしく、関心の持ちようがなかった、という率直な声が必ずといってよいほど聞かれたこと等でした。当会主催シンポジウム記録の冊子によってその価値を初めて知った、事情を知って心から惜しむ、という方が何人もいらっしゃいました。

これら二つの条件から、かりに決定への過程で解体の情報を断片的に知り得たとしても、二棟の建物の保存・活用に発想が向かわなかったのではないかと考えられます。そして理事会の方針が「まず解体ありき」ならば、耐震性の懸念など理由はあとから、いかようにもつけられるのだと思います。

付言しますが、耐震性については、先の冊子で明らかなように、専門家が責任をもって明言されており、かつ新しい耐震基準においても、低層で一定面積以下の建物は除外されるとあります。この点から、堅牢なつくりの寮も体育館も、除外の対象と考えられます。「耐震基準に合わないから解体」という論拠は成り立ちません。もっと有効に資金をストックして維持費等にふり向け、新たな建物は最小限に止めるのが、曲がり角の困難な時代を生き抜く効果的な作戦ではないでしょうか。

私どもがこれまで受けた説明を総合しますと、この整備計画では、二度と造れない東寮と体育館を壊して、研究室が平均一三平方米から二〇平方米になるだけ、ということになりそうです。あまりにも大きな犠牲です。それだけのためになぜ、九〇周年にあわせて工事を急がれるのでしょう。十分な情報開示と説明責任を果たされることによって、学内・学外関係者の納得を得るご努力を切にお願い申し上げます。最近の新聞報道では、この整備計画の顧問でもある三菱地所が東京駅前の通称「一丁ロンドン」といわれた付近の復元に関心を向けているとか。あまりにも効率本位な開発に反省があるものと思われます。時代の趨勢をもあわせ考えますと、今、計画の進行を一時ストップして冷静に話しあうというご英断が、将来へ禍根を残さない唯一の道だと存じます。にもかかわらず今月一八日の近隣説明会では、東寮解体を急遽六月に前倒しされるとのこと、私どもは発起人の方々も含め、あまりのことに唖然とするのみです。ほんとうに東寮・体育館を解体してしまってよいのか、大学の将来像とあわせて十分に議論する時間を、「まことなるもの」への熱い視線を重ねて、いま備えてくださることを切に願い申し上げます。

最後になりましたが、先に理事長が書かれた三月一四日付のお手紙は、どういうわけか二週間後の二八日に頂戴しております。その時、すぐに申し上げたいことはありましたが、パワーポイントを「見る会」の日程が決まっておらず、三号館の検討についても追加のご回答がいただけるかもしれないと一抹の期待をもって、ご連絡をさし控えておりましたので、かくも返書が遅くなりました。失礼の段どうぞお許しください。

長い文書を最後までお読みいただきありがとうございました。

追伸　署名してくださった卒業生の皆様に、原田理事長・湊学長に直接ご自身の言葉でメッセージをと呼びかけたところ、折り返し三五〇名近い方からお葉書をいただきました。私の手紙と一緒にお届け致します。ひと言ひと言に込められた思いを正面からお受け止めくださいますようお願い致します。［→資料075「直訴はがき」、第三章九六—九八頁参照。総計は六六八通］

［資料015］――二〇〇七年五月一〇日、永井路子〈レ会発起人〉より藤原代表への書簡

園遊会ではお目にかかれて何よりでした。聞くところでは建築開始が早まるとか。それについて理事会に至急申しあげたいことがあり、恐縮ですが藤原様より私のこの手紙お伝え下さいませんか。

一、レーモンド建築の展覧会が日本でも開かれるということ、藤原様からも伺いましたが、神奈川県立近代美術館・鎌倉で、十一月開催されることを確認いたしました。只今アメリカでやっている世界巡回展が日本に来るわけですが、それに関係していらっしゃる世界の方々に東京女子大のレーモンド作品のすべてを見て頂きたいと思います。校舎チャペルもさることながら、東寮はとりわけ独自性（他にないという意味で）があり、チェコキュビズムの手法がよくわかるものとして、注目の的になると思います。この際、理事会に是非ともお願いしたいのは、

建築の中止または延期、東寮・体育館の登録有形文化財への指定追加、そして保存

ということです。今取りこわしてしまっては取りかえしがつきません。世界的に意義ある建物がなくなっては世界の方々も残念がるでしょう。理事会の方々には「苦悩の御判断」でしょうが、是非とも勇気ある御判断をお願いしたいと思います。御決断をお願いします。これは歴史に残る御英断です。

二、さきに藤原様から文化庁の方々の二棟についての御意見はお伝えしており、それで十分とは思うのですが、私も文化庁より文書での御意見を頂いておりますので、念を押す意味でもう一度理事会にお伝え下さい（別紙のとおり［→省略］）。

文化庁は「残念」という表現をしていますが、これはお役所としてはギリギリの云い方で「取りこわしには決して賛成していない」ということです。「取りこわし結構」ではないことを「文字」で御確認いただくためにお目にかけたいのです。そしてこれを「見た」という御確認を頂きたいのです。展覧会も近いので、これらのことを「知らなかった」では落度になると思いますし、これをお知らせすることはレーモンドを活かす会のつとめでもあります。又この文書の中に注目すべき文言があります。

「建物の一部が残るものであっても登録有形文化財として登録することができる」

この点も御考慮頂きたいと思います。私は発起人の一人にすぎません。直接理事会へ申しあげても「代表でもない人間の個人の脇からの意見にすぎない」とお思いになるかと存じますので、お手数ながら「こういう意見もあった」と藤原様からお伝え願いたいのです。

今更思うのですが、東京女子大のレーモンド設計建築群が、生きて使われているということはすばらしいことなのですね。

［資料016］――二〇〇七年五月二二日、藤原代表より原田理事長への書簡（前掲資料015・永井書簡を同封）

新緑のキャンパスの美しさを思い浮かべつつ、一筆さし上げます。

さる四月下旬にファイルに収めて提出した卒業生たちのはがきメッセージはお読みいただけましたでしょうか。レーモンド建築二棟解体の再考をお願いする署名者の中に卒業生が少ないではないか、とのご指摘がありましたが、私どもの呼びかけに、かくも多くの方々が、まるで待ち望んでいたかのように速やかに、ご自身の言葉で、個性的で真摯なご意見の数々をお寄せくださいました。その思い入れの深さ多彩さに、驚きかつ感動した次第です。先に持参したのは三四二枚でしたが、その後の着信で五〇〇枚をはるかに超えました。本日、その追加二〇一枚をお届けいたします。ご感想をぜひお聞かせくださいますよう、お願いいたします。

さて解体のご再考をお願いする署名は五月八日で一万人を超えました。これも本日お届けいたします。卒業生の数が少ない東京女子大学で、驚きの数字だと私どもは考えております。最初の面談の折に、署名者に卒業生以外の方が多いことで、ご異論があったことはよく記憶しておりま

すが、見方を変えれば、それだけ社会的な広がりをもつ問題だとも言えるのではないでしょうか。署名者の中には建築の専門家や芸術家をはじめ、財界人、一般経済人、文筆家、他分野の学者・研究者、キリスト教関係者、政治家、元大臣など各界の有識者の方々が署名をしてくださいました。お名前をご存じの方もおいでになります。アメリカからも署名が届きました。その中で最初に提出したファイルにフィラデルフィアにあるペンシルヴェニア大学の教職員のお名前があります。これまで特に申し上げずにおりましたが、本日はその件で敢えてお伝えしたいことがございます。

ご存じかと思いますが、昨年夏以降、アントニン・レーモンド回顧展がアメリカ発で世界各地を巡回する企画が始まり、今年の秋には鎌倉市の神奈川県立近代美術館で開催される運びになっております。この催しを、解体の情報とともにワシントン在住の元東寮生の友人に伝えたところ、さっそく同窓生三人がフィラデルフィアに飛び、大学の博物館で開催中の展示を見学、担当の教授や学芸員らと交流し、女子大の状況をお伝えしたうえで、六人の方の署名を頂戴しました。これはすでに提出したものの中に入っております。

ここで私が申し上げたいのは展覧会に関連するアメリカのスタッフ、教授や学芸員の方が展覧会の折にたぶん来日されるだろうということです。その時、ついさきごろまであった貴重な建物が消えていたとしたら、どんなに落胆されるか、想像するだけで心が痛みます。建学時のキャンパス整備は、アメリカやカナダなどのキリスト者からの零細な献金を集めて建てられたもので、総経費の九三%に達したと聞いております。しかも寮の建設には構造上の必要もあってか、相対的に多額の費用をかけたと、かつて資料で読みました。

日本は敗戦後「文化国家」を目指し、私の世代はそれに共鳴して戦後の青春時代を送りました。経済大国と言われるようになってなお、文化財を守ることに国を挙げて熱心だと胸を張って言えないとは…、ましてやこのような歴史と伝統をもつ東京女子大においてさえ…。あまりにも無残な処理は、この際ぜひともお考え直しいただきたいのです。

なお、アメリカ在住の同窓生が日本大使館の友人らにお願いしたところ、館員の多数の署名をいただきました。それの中心になられた方のメッセージがたまたま手元に残っておりましたので、同封させていただきました。ご覧いただければ幸いでございます[省略]。

発起人のお一人である永井路子さんからは同封のお手紙をお預かりいたしました[前掲資料015]。原田理事長に「建築の中止、または延期」「東寮・体育館の登録有形文化財への指定追加そして保持」のご英断をと強く願っておられます。つけられたコピーは永井さんの照会に関して文化庁からきた返答の文書[一八九頁参照]で、さきに私も手紙の中で申し上げましたが、行政が「残念」という表現は、「取り壊しには決して賛成していない」ということをも意味します。託された者としてのお願いです、永井さんへ、お手紙を読まれた旨のご返信を、またその上でのご決断を、必ずお願いいたします。

キャンパスのほぼ中央、内ふところの部分に緑濃い瞑想と癒しの空間が九〇年近い時間の恵みを受けて豊かに保たれている配置と環境は、まさに現代にはまれなキャンパスであると存じます。そこに緑を排除して新しいビルがそびえることを、創建当時にご尽力なさった方々は想像もされなかったでしょう。安井てつ先生が学長に就任されたとき、ライシャワー博士は未完成の白い模型を前に壮大な未来図を語った後、三つの鍵を新学長に渡されたと『五十年史』に書いてあります。一つは体育館兼社交館、一つは五つの建物群を代表する校舎、一つは寄宿舎の鍵で、最後にお渡ししようとしてもお渡しできない鍵として「学生の心を開く鍵です」と含蓄のあるメッセージを贈っておられます。物言わぬ卒業生、署名をしたいのはやまやまだけれど敢えてしないでおくという、東京女子大

二〇〇七年
五月一二日

学卒業生にはよくある控えめな人々も、サイレントマジョリティーとして成り行きを見守っていることに思いを馳せていただきとうございます。

四月二二日付の手紙で、お約束いただいた三号館建て替えとその跡地利用による「二棟解体ありき」ではない代替案の検討結果をおしらせいただきたいということと、大学の将来への懸念について敢えて突っ込んだ質問をさせていただきましたが、お返事をいただいておりません。六月解体予定とのことですが、取り返しのつかぬことにならぬよう、計画を一時ストップして、よりよい着地点を見出すために情報を開示していただき、さらなるお話し合いをさせていただけますよう、心からお願い申し上げます。

追伸　先の四月二二日付原田理事長・湊学長宛の手紙の中で、下記のように申し述べました。

「付言しますが、耐震性については、先の冊子で明らかなように、専門家が責任をもって明言されており、かつ新しい耐震基準においても、低層で一定面積以下の建物は除外されるとあります。この点から、堅牢な作りの寮も体育館も、除外の対象と考えられます。『耐震基準に合わないから解体』という根拠は成り立ちません。」

そのなかの「低層で一定面積以下の建物は除外される」は、より正確には下記［左］の通りです。改めて報告させていただき、「耐震基準に合わないから解体」ではなく、他のレーモンド建築七棟同様、耐震診断をして、目的に叶った改修を施し、東京女子大学の将来のためにご活用くださいますよう、重ねてお願い申し上げます。

●「東京女子大学の東寮・体育館と現行耐震基準」をめぐって

昭和五六年（一九八一年）に建築基準法が改正になり、構造基準が根幹から変わりました。「新耐震」という言い方です。この基準はその後の地震（神戸などなど）などを受けて、少しずつ改訂されていますが、基本的にはこの基準に合わないと「既存不適格」という言い方になります。

「既存不適格」とは、違法ということではなく、当時は合法だった物が、計算基準が変わったために今の法律（建築基準法）の計算基準に合わないという意味です。安全性確保のためには、現行法に合っているかどうか診断（構造計算やコンクリートの強度の調査など）をして、もし合わなければ、耐震補強をするということになります。

平成七年（一九九五年）の「耐震改修促進法」は、問題の大きい「三階建て以上、一〇〇〇平方米以上の建物」を特別に対象として耐震改修を進めようとして制定されました。東寮・体育館は低層で一〇〇〇平方米以下ですが、「それ以下のものの安全には問題ない」というものではなく、新耐震以前のもの（レーモンドの建築は全て該当）はきちんと耐震診断すべきです。しても基本的には問題はないだろうということを、建築構造学の西澤先生がたは明言されておられます。

［資料017］——二〇〇七年五月三〇日、藤原代表より原田理事長・湊学長への書簡

前略　レーモンド建築東寮・体育館の解体を予告された期日を目前に、落ちつかない日々でございます。工事の近隣説明会では工事開始を六月と仰ったとか、聞き及びました。ところが四月下旬にお手元に届いているはずの私からの質問［→資料014］に対するお考え、ないしご返事をずっとお待ちしておりましたが、まことに残念なことにまだ頂いておりません。

お尋ねの趣旨はさきの手紙［→資料016］にも書きましたが、アントニン・レーモンド夫妻の業績を評価・展示する回顧展が、アメリカ・フィラデルフィア発で世界を巡回しており、九月十五日からは鎌倉市の神奈川県立近代美術館で開かれる予定と聞いております。関係者の来日にともない、展示の期間中に東京女子大学を訪問されたとき、貴重な初期の建物が消滅していてもよろしいものか、という点で特別なご配慮を願い、あわせてのお尋ねでございました。

ノエミ夫人はインテリア関係の創作において夫君のお仕事を側面から助けられ、女子大では本館のステンドグラスのモティーフになった松ぼっくりやチャペル正面のススキのデザインを手がけられたと聞いております。また寮のパーラーの廊下側の欄間（日本風に言えば）にあたる部分の幾何学模様の木製の素朴な装飾など、夫人のアイデアが生かされたかもしれません。

それらを今回の希有な機会に、できるだけ創建時の姿のままお見せするのが、期待を抱いて来られるであろう遠来の方々への心のこもったおもてなしであり、研究者に対する真の礼儀であると私どもは考えております。この点について責任ある方々のお考えをぜひともお聞かせいただきたく存じます。

これらのことをお会いして再度お話いたしたく、さらに代案についてのお考えを承りたく「おおよそまことなること」を本館正面に大きく掲げる大学への熱い希望をそえて、ここにお伺い申し上げます。　草々

［資料018］――二〇〇七年六月一三日、原田理事長・湊学長より藤原代表への書簡

四月二二日及び五月三〇日付貴信拝見いたしました。いろいろな点について触れておられますが、まとめて次の通り回答申し上げます。

一、三号館の一時的移転先として旧東寮を使用するというご提案については、あらためて地所設計とも検討してみましたが、三月一四日付回答の通りでありますのでご覧下さい。

なお、学報（二〇〇六年七・八月合併号）発行時には、三号館は解体の方針でしたが、その後、整備計画を進める中で、用途は限定的になりますが、改修を行わずに活用の道も検討してみようということになっております。

二、今回の整備計画を立案するに当たって、新築・改修の規模をどうするかは、最も基本的な前提条件であり、学生数は現行とほぼ同じ約四〇〇〇名としております。一定の質を保持しつつこれが持続できるかは、予測は困難ですが、現時点では、これを前提にせざるを得ないと考えます。これを実現するためには、勿論ハード、ソフト両面での努力が必要なことは、言うまでもありませんし、キャンパス整備計画もその一環です。

三〇〇人教室については、教学の要望を取り入れ、使用率の高い現在の二号館の教室と同じものを新棟につくるという考えです。これらの大教室は、授業以外にも就職ガイダンスや学外への公開講座等にも広く利用されております。

前にも申し上げた通り、実態調査、アンケート、関係部門との協議、キャンパス整備計画委員会での検討を経て、基本計画を機関決定しております。

三、牟礼キャンパスの譲渡による資産売却差額の会計処理については、昨年一一月二一日付で回答した通りです。

法人としては、寄付行為第三一条～第三五条の明確な規定に従って処理したものであり、適切なものであると考えます。また監査法人の監査も受けております。

四、昨年の七月以来、お互い、長い時間と労力をかけて意見交換や議論を重ねて来ましたが、妥協案が見えません。

この理由は、本来二月一三日の回答に整理しましたように、判断基準あるいは主張の根拠が異なるためと考えます。

したがって、これ以上、議論をしても平行線は交わることはないと考えざるを得ません。

理事会としては、最終的には、本学の施設の管理責任さらには経営責任を負う立場にあり、現在及び将来の学生と教職員にとって安全でさわ

やかなキャンパスづくりのための整備計画は、原案通り実施しなければならないと考えます。何卒ご理解を賜りたくお願い申し上げます。

なお、旧東寮、旧体育館の保存、活用問題は、より本質的な教学の問題だとして、議論の核心に進みたいと言われていますが、これについては、ここで取り上げるのは適当とは思われません。但し、現在、教学部門が学部・学科再編を鋭意検討中であることをご報告しておきます。

なお、レーモンド設計による七つの文化庁登録有形文化財については、本学としてでき得る限りを尽くして保存し、文化財保存の責任を全うする所存です。

五、レーモンド夫妻の作品についての巡回展の件については、去る五月二〇日に神奈川県立近代美術館より、日本展に先立ち、本学のレーモンド建築を見学したいとのお申し出がありました。五月二二日に再度ご連絡頂くことになっていましたが、その後、ご連絡がありません。

九月一五日〜一〇月二一日が会期と伺っておりますが、七つの建物の保存状況について、関係者にご覧頂くことにはご協力させて頂きたいと存じます。

以上

[資料019]――二〇〇七年六月一四日、藤原代表より原田理事長への書簡（「公開質問状・第一回」を同封）

二〇〇七年四月一一日のキャンパス整備計画スライド上映会では、「質問事項があれば後日改めて公開質問状として公開する」ということで合意しております。ここに、約束の公開質問状を提出させて頂きます。

二〇〇七年四月一一日のキャンパス整備計画スライド上映会についての記録を「二〇〇七年四月一一日付東女レーモンドの会向けキャンパス整備計画スライド（パワーポイント）上映会」（http://homepage2.nifty.com/twcu-raymond/event/20070411_campusppt.html）に掲載しております。間違い、不足などありましたらご遠慮なくご指摘ください。

私どもは、これまで、当会の質問、意見に対する東京女子大学側からの回答や異議等につきましても、正確に公開し、この問題に関心をお寄せくださるみなさまがご自身で判断をしてくださるよう、公平な情報提供をこころがけてまいりました。

より広い見地に立てば、情報を十分入手していない不特定多数の卒業生はもとより、整備計画に疑問や懸念を抱く当会のメンバー、数多くの署名者、また地域社会に対して、この問題の説明責任を果たすべきものと認識しております。

ぜひとも、この点をお汲みくださり、項番一つ一つに対して、二〇〇七年六月二八日までに、具体的かつ明瞭なご回答をくださいますよう、お願い申し上げます。また、合わせて、東寮解体の準備を含む実施スケジュール（二〇〇七年四月一八日の近隣住民向け説明会では二〇〇七年六月東寮解体と説明されています）もご説明くださいますよう、重ねてお願い申し上げます。

[→同封の公開質問状・第一回（→資料020）において提示した質問は、Q1「各用途における部屋・スペースの数・面積について」、Q2「三号館について」、Q3「キャンパス整備計画スライド上映会で使用された資料について」、Q4「キャンパス整備の情報開示と社会的責任の認識について」、Q5「教室数について」、Q6「老朽化について」。公開質問状・第一回の全文は、付属CD参照]

[資料021]――二〇〇七年七月九日、藤原代表より原田理事長への書簡（「公開質問状・第二回」を同封）

六月一三日付のお手紙を拝読しました。「これ以上、議論をしても平行線は交わることはないと考えざるを得ません」とのことで、「原案通り」の実施を通告されました。これまでのお願い等が、少数者の申し出だとお取りになったかもしれませんが、私どもは単なる感傷や愛着ではなく、未来に及ぶ東京女子大学の基幹にかかわる問題として、真剣に考えております。感覚的だと斥けられそうですが、象徴的な表現で申し上げれば、もしこの計画が実施されましたらA4判『東京女子大学の八〇年』の巻頭に見開きカラー写真で紹介されている、緑と青空をバックにした優美な本館の姿は、九〇周年記念事業の名の下に永遠に喪われることになります。左奥に青空をさえぎって新しいビルがそびえ、均整の取れた景観が消えうせるからです。そのことを一度でも想像されましたでしょうか。

さて同じ『八〇年史』には、一九一九年に新校地に決った井荻に、学生が植樹に通ったという写真が出ております。まさに九〇年近い歳月を隔て、当時の学生が手塩にかけ、その後の学生たちの心を育てた豊かな自然と唯一無二の建物、それもキャンパスで最初に建てられた、創立者の理念と愛情のこもった美しい東寮と体育館を、九〇周年のお祝いのために、「土地に還元して」捧げるという、いかんとも形容しがたい発想と、それのもたらす厳しい現実に、私はただただ言葉を失っております。

歴史の浅いアメリカだからかもしれませんが、その文化・歴史に詳しい当会発起人の方が、開拓地で最初に建てられた建物は、たとえ藁葺小屋であっても大切に保存する、という共通理解があるのだと教えてくださいました。A・レーモンドの建築の中でも学生寮と体育館（別名社交館）は、異色の作品です。大学建築においても日本の「オンリー・ワン」の建造物です。合わせて女子の高等教育における記念碑的存在であることは申すまでもありません。他に類を見ない独自の資産として、また学生が創立の歴史を知るためのよすがとして貴重であり、校舎と比しても面積の大きさがその存在をきわだたせております。創立者がいかに力を入れていたかを、あらためてご想起いただきたいのです。

昨年七月のお呼び出しに始まって、お話にうかがってからはや一年になります。ご記憶かどうか、第一回正式面談（昨年一一月）の冒頭に「私どもは争うために来たのではない」と申し上げ、祈りで始めましょうとご提案しました。その場に流れた一瞬の戸惑いを私は忘れておりません。あれはなぜだったのでしょうか。話し合いの細かい点は省きますが、その時から「三号館の改築こそ先に行うべきではないか」と申し上げ、今年一月になって実にあっさりと「三号館の建て替えによって東寮・体育館を残す」代替案を三菱地所設計に検討させるとのお約束をいただきました。整備計画はキャンパス全体のバランスを考えて総合的に考えた、とのお話でしたが、私どもが率直に眺めれば、戦後の建物で、雨漏りなど評判が悪く、薄暗い雰囲気の三号館こそ、先生方のために新しくされるべきだと申しあげたはずです。

しかしその後の経過を見ますと、検討は言葉のみだったのでしょうか、はじめに解体ありきのように計画が推進され、微塵も変えないことを前提に話し合いに臨まれました。三号館については常に言を左右され、変更「できない理由」をあげる、といった態のものでした。最後のお手紙（本年六月一三日付）でも『学報』（昨年七・八月合併号）発行時には三号館は解体の方針でしたが、その後整備計画を進める中で、用途は限定的になりますが、改修を行わずに活用の道も検討してみようということになっております」とあります。一年余前の計画決定が、このような、とりあえずの発想でなされ、「総合的な計画」といいながら、かなり曖昧な部分を残して、軸足の定まらないまま「原案通り実施」されようとしていることに驚かされます。私どもには、振り回された感が否めません。

そこで敢えて付け加えれば、本館地下の荒れた元キャフェテリア、その奥の空室、二階、三階の図書館跡の空間、それに続く広い事務室など、ずっと以前に一度だけ写真を拝借にうかがってその部屋の利用の仕方に驚いたことがありました。以前は学生の話し声や笑いが聞こえ、足早に行きかう活気にあふれた素敵な空間でした。今、人けのないガランとした場所を、もっと学生が利用できるようにすることが二棟を解体するより先決ではないか、そのための改修こそと考えます。目立ちませんが一〇〇周年事業の前にしておくべきことがここにある、と個人的には強く思っています。

二〇〇七年
七月九日

牟礼の売却金をビル建設等に使い、補修費等にもいくらか回して、さて一〇〇年にはどんな計画が予定されているのでしょうか。以前ある財界人から聞きましたが、牟礼売却の時期などからみて、あまり有利な取引ではなかったと、具体的な数字を挙げて指摘されました。過去の話ですから申しても仕方ないのですが、それだけに手許に入った資金は心して大切にお使いいただきたいと考えます。しかし解体費用と補修費用の比較検討もなされないままにされました。

ところで東京大学のように卒業生の経済力が平均以上で、人数も多い大学でさえ、一〇〇周年事業の資金を集めるうえでひとかたならぬご苦労があったと聞いております。東京女子大学においても、やがて訪れるその時に、真に意義ある事業を実施し、それを長く心にとどめるには、卒業生の協力が何よりも大切だと思われます。今回の解体計画について一万一千もの署名や卒業生の六百人からの葉書による真摯なお願いに対し、何らのご見解も示されませんでした。そのことを私どもは甚だ遺憾に存じております。余計な老婆心かもしれませんが、一〇〇周年事業にはよほどの計画性がなければと案じております。

六月末に旧体育館で学生の音楽サークルのミニ演奏会があり、聴きにいきました。終わってから学生たちに「体育館が解体されるのをご存じ?」と聞きましたら、誰ひとり知りません。大学は複数の方法で知らせているとのご説明でしたが、情報は驚くほど浸透していません。同窓会総会に出た人でもそこで初めて知ったと言う方がおられました。これまでの広報の実効性が問われます。

「凡そ真なること」を教えられ、自分なりに教えに忠実に生きてきた者として、率直な意見と感想を申し上げました。原田様のお手紙への質問はまだ残ります。お尋ねの詳細はどうぞ別紙をご覧ください。ご回答を賜りたく存じます。[→別紙とは、次掲資料022「公開質問状・第二回」]

[資料022]――二〇〇七年七月九日、レ会より原田理事長への「公開質問状・第二回」

残念ながら、二〇〇七年六月一四日付公開質問状に対するご回答をいただいておりません。二〇〇七年六月一三日(到着は六月一五日)の原田理事長宛書簡に対する質問を追加し、あらためて公開質問状として提出させていただきます。(以下抜粋)

Q1「キャンパス整備計画決定プロセスへの疑義(基本計画策定の前提は何か、基本計画再考の必要性)」、Q2「老朽化・耐震性について(専門家の検討の必要性、老朽化・耐震性欠如の具体的な根拠、補修費用の根拠、当会指摘事項の確認、老朽化・耐震性欠如を裏付ける他の情報の有無)」、Q3「キャンパス整備計画の具体的内容について(部屋・スペースの数および面積、教室数、学内の声を反映しているか、樹木伐採とオープンスペース)」、Q4「三号館について(三号館の建て替え活用案、用途が未決定、東寮の耐震性)」、Q5「キャンパス整備計画の情報開示と説明責任について(社会的責任、スライド上映会、近隣説明会)」、Q6「東寮・旧体育館の資料保存について」[→「公開質問状・第二回」の全文は、付属CD参照]

[資料023]――二〇〇七年七月一九日、原田理事長より藤原代表への書簡

七月九日付貴信を拝見しました。理事会としては、六月一三日付回答が最終のつもりで書きました。

振り返ってみますと、昨年七月以来、貴「活かす会」とは、四回《ママ》も時間をかけて話し合いを重ねてきましたし、文書による質疑応答も行ってきました。これは、貴「活かす会」以外にも、いろいろな角度から多くのご意見、ご要望も頂きましたが、貴会が「争うためではなく」建設的話し合いを行う会だと考えてきたからであります。

一、ところが、最近の貴会の保存運動の進め方には、理事会としては、疑念を持たざるを得ません。

具体的には、六月一六日の同窓会における貴メンバーの発言は、明らかに、旧東寮・旧体育館の保存運動を超えて、整備計画全体についての理事会の対処方針に対する不信表明であり、批判と受け取らざるを得ません。

その根拠として、(一)牟礼キャンパスの譲渡に伴う売却差額についての会計処理と(二)三菱グループとの取引における利益相反を上げておられます。

そして、貴会メンバーが教授会構成員に働きかけた結果、全く同じ質問が教授会構成員の一部有志から理事会に提出されました。

(一)については、昨年一一月二一日の貴会宛回答でふれた通りですが、あらためて理事長名での全教職員宛回答文書のうち、該当箇所の文書を同封いたしますのでご覧ください。

(二)については、私が㈱三菱UFJフィナンシャルグループの取締役であり、また、常務理事がかって三菱系と言われる会社の代表取締役であった事実をもって、牟礼キャンパスプロジェクト以来の本学の三菱地所グループとの取引が利益相反に該当するかの如き指摘は、事実無根の邪推でしかありません。

(一)(二)共に、根拠がないまま多数の会員の前で個人を誹謗・中傷することにより、会員に理事会が評議員会の議を経て機関決定した整備計画に対する不信感を醸成しようとする意図があるとしか思えません。

藤原代表も同窓会総会に出席されていたと伺いましたが、どのようにお考えでしょうか。これは、当初、言明されていた保存運動の進め方を逸脱していませんか、あるいは、目的のためには手段を選ばないというお考えでしょうか。

二、貴会の公開質問状は、大学側に情報公開を迫り、これを行えば必ずこれにクレームをつけ、計画を一方的に批判するという姿勢です。

しかも、これをインターネットで配信するという手法であり、受信者が冷静に判断できる材料の提供をしているとは考えられません。事実、貴会にすすめられて安易に署名したことを反省しているという声もあります。

大学としましては、学報等を通じて計画の概要はお伝えしており、多くの同窓生の賛同を得ていると考えております。

特に六月一六日の同窓会総会における貴メンバーの発言以来、貴公開質問状に対しては、不信の念を強く持っております。

しかしながら、これが最後の回答になりますので、あらためて次の通り回答を申し上げます[A1は公開質問状のQ1に対応]。

A1：ご指摘には誤解があると考えます。詳しくは添付資料をご覧ください。

A2：専門家については、大学としても、慎重かつ透明性のある形で調査、検討のうえ、信頼できる会社を選定し、これを活用してきました。専門家による技術的判断(特に構造について)は、立場によって全く異なった結論になることを考えねばなりません。

大学としては、専門家による技術的判断は尊重しますが、今求められていることは、それをも含めた経営判断であると考えています。

A3：理事会としては、できるだけ学内の声を吸い上げ、整備計画を作り上げたつもりです。同時に、諸々のきびしい制約条件(敷地、文化財保存、予算、現有施設を活用しながらの工事施工等)もあり、これらも同時に満足する必要があることもご理解ください。

欠点を見つけてクレームをつけるだけでなく、全体を総合的に評価すべきでしょう。無論、使用上の工夫とか、学内のコミュニケーションを改善する努力は、充分に行うつもりです。

A4：三号館の一時的移転先として旧東寮を活用し、その後、三号館を高層化する案については、地所計画とも検討の上、本年三月一四日付回答書で回答いたしました。

なお、三号館を将来建て替える計画は、考えておりませんが、解体の

二〇〇七年

七月一九日

方針は、見送り、今後の整備計画の中で、教室等の一時移転先や倉庫として有効活用することを検討したいと考えています。

Ａ５：大学の社会的責任は、建学の精神にもとづいて、本学の教育・研究体制を活用することにより、社会に貢献できる自立した女性を育てることにあります。また、地域社会との共生の観点から、緑の多い環境保全、地域住民が自由に参加できる学習会、講演会、コンサート、演劇等の場を提供することも必要であり、そのために努力も行っております。

このためには、まず、何よりも、学生、教職員、来学者の方々に安全で快適な施設・設備を提供することが必要です。

近隣住民に対しましては、情報公開や説明責任は、法や条例で定められており、これらを遵守しております。

Ａ６：旧東寮・旧体育館の資料、記念物保存につきましては、映像記録、写真集、模型作成、図面保管、旧東寮の個室内装保存（机、キャビネット、床等を含む）、定礎保存等を、レーモンド建築に詳しい専門家の協力を得て鋭意作業をすすめております。

なお、展示場所としては、本館二階の一部と三階回廊を検討中であります。

終わりに、六月一三日付回答に書きましたように、本学の基本的方針は、よりよい教育・研究のための環境を提供することにあり、そのためには、現在及び将来の学生、教職員、来学者の安全確保を最優先にするという視点です。レーモンド建築の二つの建物の保存・活用については、ご要望に添えませんが、七つの建物については、保存・活用の方針を継承してまいります。何卒、ご理解とご協力を賜りたく重ねてお願い申し上げます。

以上

［→「Ａ１」の添付資料とは資料155「資産売却差額の会計処理」を指す。付属ＣＤ参照］

［資料024］――二〇〇七年七月三〇日、藤原代表より原田理事長への書簡（「公開質問状・第三回」を同封）

七月一九日付のお手紙を拝見しました。当会の申し出の趣旨はご存じだと思いますので繰り返しませんが、私どもは戦前の卒業生から若い方々まで、母校を愛する多くの方に広くご意見やご助言を求め、一年余にわたって真剣にお願いを申し上げてきました。ご記憶と思いますが、争うためにここに来たのではありませんと最初に申し上げました。九〇年の記念事業に、九〇年の歳月を経た緑の樹木とレトロな美しさを漂わせる建物を犠牲にする行為は、建学の精神から見ても決して適切で賢明な選択とは思えません。理事会決定は絶対というご確信と硬い態度は、いったいどこからくるものでしょうか。

時の創り出す美しさ、風格とでもいうものをしみじみと思います。新宿駅西口広場のイベントコーナーで、東京都建築士事務所協会主催・東京都後援の展示会が三日間開かれました。東京女子大学の建物も紹介され、期間最終日の半日を「なくしていいのか建築文化――東京女子大学のレーモンド建築を中心に」（本会企画）という保存をめぐるパネルディスカッションに割いてくださいました。会場は、偶然でしたが東女大発祥の地のすぐ近くであり、発言内容も考えさせられるものが多々ありました。参加者百名以上が席を埋め、ある建築家が「建築物は仕上げで終わるが、風化がさらにその仕上げをする」（モーゼン・ムスタファヴィ&デビット・レザドロー共著『時間のなかの建築』鹿島出版会）という味わい深い言葉を用いられ、さらに続けて、「つかい続けることが風格を添える」と語られました。自然に生まれる「古び」を愛することは、まさに日本文化の伝統の一部になっていると思います。

私は在学中に、外壁にはまだ迷彩の残っている大講堂での全学集会で、石原謙、齋藤勇両学長先生から再三にわたり、アメリカ、カナダのプロテスタント七教派の教会員が寄付された資金で建てられた建物ということ、特に寮舎は細部の構造上、コストがかさんだのか建設費の九三%が寄付金でまかなわれたとお聞きしたのを記憶しております。戦勝国アメリカでも〔第一次世界大戦の〕戦後の貧しい時代でしたし、和解の意味と願いもこめて、必ずしも豊かとはいえない一九一〇年代、信者の多額の寄付が贈られたことを、特に強調されたのかもしれません。私はお話を強く心に銘じました。寄付された方々の没後とはいえ、それらの方への感謝の表明も、公開の話し合いも説明もなく、丁寧な手続きをすべて省略したまま消し去られることは、真に心無いやり方だと思わざるを得ません。

「おおよそ真なること」を本館正面に掲げた学問の府が、キリスト者の志と高潔な人格を信頼して、関係者一同が経営をゆだねております。それが、いかに重い意味をもつかをお考えでしょうか。小規模の教育機関の選択として、果たしてこれが正しかったとお考えでしょうか。母校の経営に携わる方々が、満場一致でよしとされた今回のご判断については、後世の人がこの経緯を吟味されることでありましょう。

それはさておき、破壊されたものはもはや永遠に戻りません。高らかに文化国家建設をうたって再生した戦後日本で、戦時中の政府に対する〔東京女子大学の〕毅然とした態度を聞き知って、この大学にあこがれ、入学した私たちの世代は、建物が醸し出していた文化のにおいを消し去る今回の出来事を、驚きと限りない失望のうちに見ております。先輩諸姉はそれ以上に、もっと純粋に厳しくお考えです。若い会員たちも深い不信に戸惑っております。これで同窓生の将来にわたる結束・支持を得られるとお考えでしょうか。大学の資産のひとつは多くの卒業生です。

この際、あえて再度申し述べたいのは、キャンパスに最初に建てられた記念すべき建物、女子の高等教育史の貴重な資料であり、建学当時の新渡戸稲造学長、安井てつ学監、A・K・ライシャワー代表理事、お三方の教育理念と熱い思いがこもった学寮および体育館を自らの手で解体することが、いかに保有している資産価値を損なう結果になるか、に思いをいたしていただきたいということです。それはレーモンド氏個人の作品として貴重であるのみならず、日本にも世界にも例がない独自の建造物です。これらを耐震性についての科学的分析も私どもに提示をされず、急いで解体される愚かさ、とあえて申しますが、その日程に固執なさることに強く抗議いたします。

本来、教育は長い時間をかけて心身を養う尊い事業であります。それが効率性や回転率などの経済の論理だけで動かされるのは看過できません。俗に「百年の計」と申しますが、長期的な展望にたった上での計画を実施することが、教育機関運営の不可欠な条件です。当面の学生募集の「足し」になることで動かされるのは、あまりにも目前の数値を気にした思慮の浅い選択だと思います。聖書はこうした選択を支持するでしょうか。

少子化社会の到来と男女共学の一般化への最善の回答が、新しいビル建設であるとは、あまりにも通俗的と言わざるをえません。分野は異なりますが、日本各地の自治体におけるいわゆるハコモノ行政が、当初の目論見が実現せず、行き詰っていることを例に挙げるまでもなく、この点での先行きを示しうる説得材料をぜひお示しいただきたいのです。もしそれが可能ならば「生贄」もやむをえないと申すべきだと思います。

私事になりますが、家で夫〔黒羽亮一・大学評価学位授与機構名誉教授、元日本経済新聞論説委員〕と、この件についてよく話し合います。全国の大学の運営等について一般の方より夫は多少の知識があり、私にも経営の困難さはかなり知らされています。それだけにビルを建設することが、学生の質を維持しながら可能か、将来どんな果実をもたらすかに、率直に申しまして懸念を感じないわけにはまいりません。

かねてお知らせしていた通り、九月一五日から一〇月二一日まで、鎌倉市にある神奈川県立近代美術館で開かれるアントニン&ノエミ・レーモンド世界巡回展に、欧米の研究者や学芸員らが訪日することが予想さ

二〇〇七年
七月三〇日

れています。計画書によれば、大学に保存の要望書を出してくださったケン・オオシマ氏もおいでになるようです。また同展覧会を期して国内の建築専門家・愛好家らが作品群の存在に注目するこの時期に、あえて直前に、挑戦的に解体工事を強行することは、大学に対する社会からの親近感を損ない、かつ一般的な印象・評価をはなはだしく落とすものであり、決して賢明な策とは思えません。

　この件につきまして、神奈川県立近代美術館が、当会のホームページにリンクを張ってくださいました。公的な機関が情報交換のために一任意団体のホームページを結ぶのは珍しいと言われています。私どももささやかながら、母校の設計者の業績を讃え、広く知っていただくために、少しでもお役に立ちたいと喜んでおります。

　次に、さきの公開質問状へのご回答をいただいた点に関する、重ねての質問をさせていただきますので、よろしくご教示ください。［→資料025「公開質問状・第三回」を同封］

［資料025］————二〇〇七年七月三一日、レ会より原田理事長への公開質問状（第三回）

二〇〇七年七月一九日付回答文書をありがとうございました。ただ、質問の趣旨に沿ったご回答をいただいたとは思えませんので、あらためて公開質問状を提出させていただきます。（→中略）

一、二〇〇七年七月一九日付原田理事長回答文書の一に対して

（一）二〇〇七年六月一六日同窓会定期総会における発言について

　原田理事長が回答文書に言われるような、「（一）牟礼売却差額の会計処理」についても、「（二）三菱グループとの取引における利益相反」についても、言及された事実はありません。（一）については、本公開質問状の一の（二）およびA1をお読みください。（二）と誤解なさった発言の趣旨は、下記の通りです。桃井事務局長のお話では、同窓会総会の録音テープがあるとのことですので、ご確認くださるよう、お願いします。

■虫が湧いた、水が溢れたといったトラブルは、新体育館や三号館等で起こったことであり、堅牢なレーモンド建築では聞かない。なぜ、このように新しい建物で問題が起こりがちなのか。それは、建設に際して大学側にチェック機能（能力と体制）が弱いことに原因があるのではと懸念している。

■キャンパス整備計画の原資である牟礼売却から、今回の整備計画のすべての新築・改修の設計監理、さらに日常監督業務までを三菱地所グループのみに任せている体制で、チェック機能が発揮できるのか、不安に感じている。

■堀地常務理事（牟礼売却・キャンパス整備計画担当理事）が三菱グループ企業の要職にかつてあり、原田理事長が東京女子大学理事長就任後、二〇〇六年六月に三菱UFJフィナンシャルグループ［社外］取締役に就任されたという、広く一般に公開されている事実を紹介し、今回の整備計画においても、大学にチェック機能の確立が必要であることを訴えた。

　この発言は、「チェック機能」を問題にしたものであり、かなりの大学関係者が同様の懸念を共有している問題であると認識しております。なお、公人的な方の肩書・職歴等は、実際、インターネットで検索すれば、誰にでもわかる事実です。

　念のために申し添えますと、当会は、二〇〇六年九月二七日のホームページ開設以来、本公開質問状以前には、大学関係者である特定個人の職歴等について言及したことは一切ありません。当会は、署名に添えられた数多くのコメントをホームページに公開しておりますが（二〇〇六年一一月一〇日に、その時点までのコメントを署名とともに大学に提出いたしました）、公開許可をいただいておりますコメントであっても、ネット上で流布されている原田理事長に関する情報に言及したコメントは掲載しない方針でホームページを運営しております。

(二)資産売却差額について

当会は、「資産売却差額の会計処理」について質問したことはありません。したがって、この「全教職員宛回答文書」を添付資料として同封された意図を理解しかねております。正確な理解のために、以下の確認事項ならびに質問に「具体的に」ご回答ください。

①二〇〇七年七月一九日付原田理事長回答文書の添付資料からわかること

二〇〇七年七月一九日付原田理事長回答文書で、原田理事長は、この添付資料を「全教職員宛回答文書のうち、該当箇所の文書」と説明なさっています。また、この添付資料の冒頭には、「去る五月三〇日付理事長名メモ及び常務理事の説明に尽きると考えますが、なお、疑問があるようですので、次の通り回答します。」と記載されています。

この資料からは以下のように読みとれますが、この認識で正しいでしょうか。

■二〇〇七年五月三〇日には、全教職員に対する説明会があり、理事長と常務理事が出席されて説明を行った。

■すなわち、二〇〇七年五月三〇日より前に教職員から疑義が出された。

■この二〇〇七年五月三〇日以前の教職員からの疑義は、一部の教職員からのものではなく、(「全教職員宛回答文書」と記載されていることにより)「全教職員」に対して説明を行わなければならない程の大きなものであった。

■教職員から、質問状として提出されたものは一つではなく複数提出されたこと、また、添付資料では「質問状B」以外の質問状に言及されていないことから、提出された疑義は一つではなく、他にも異なる問題が複数存在したこと。このことは、この添付資料が「全教職員宛回答文書のうち、該当箇所の文書」と説明されていることからも、裏付けられる。

■教職員から、基本財産売却益の使途について「質問状」という形で疑義が提出され、それに対する回答としてこの添付資料が提示されたということは、一部教員の誤解などではなく、全教職員に対して「基本財産売却益の使途に制限がある」という前提のもとにキャンパス整備計画の説明がなされたことを意味する。すなわち、当会の二〇〇七年七月九日付東寮・旧体育館解体に関する公開質問状の「Q1．キャンパス整備計画決定プロセスへの疑義」の主張が、はからずも裏付けられたことになる。

■この添付資料に「去る五月三〇日付理事長名メモ及び常務理事の説明に尽きると考えますが、なお、疑問があるようですので、次の通り回答します。」とあることから、二〇〇七年五月三〇日以後も、教職員からの質問状は提出されていることが窺われる。すなわち、二〇〇七年五月三〇日の全教職員向けの説明会では教職員は納得しておらず、二〇〇七年五月三〇日以後も、この添付資料を「全教職員宛」に提示しなければならない状態であった。

もし、この認識が誤っているのであれば、どこがどう誤っているのか、具体的な理由とともにご提示ください。ご提示がなければ、当会のこの認識が正しいということと理解いたします。

②添付資料理解のための「二〇〇七年五月三〇日付理事長名メモ及び常務理事の説明」と「質問状B」の提示依頼

この添付資料は、「去る五月三〇日付理事長名メモ及び常務理事の説明」と「質問状B」の内容がわからないと正確な理解が難しいように思われます。これらの資料(個人情報など公開に差し支える部分を除いたもの)をご提示くださいますようお願い申し上げます。

③教職員からの疑義内容と、その対応についての情報開示

①にも提示した通り、集中管理センター等、キャンパス整備計画が一部完成される段階になって、教職員から大きな疑義が提出されていることが明確に示されています。また、教職員とは別に、「緑と自然に囲まれ

たエリアの保存を願う有志一同」が署名活動を行い、二〇〇七年七月一九日時点で既に多数の在校生を含む七〇〇名近い署名を提出したと聞いております。

これらを含む全体として、どのような疑義や署名が教職員、学生、また他の人々から提出されているのか、また理事会はそれに対してどのような理念・姿勢でどう対応されたのかを、具体的にご提示ください。さらに、このような事態が発生した原因を、理事会はどのようにお考えなのでしょうか、ご説明ください。

二、二〇〇七年七月一九日付原田理事長回答文書の二に対して

二〇〇七年七月一九日付原田理事長回答文書には、「貴会の公開質問状は、大学側に情報公開を迫り、これを行えば必ずこれにクレームをつけ、計画を一方的に批判するという姿勢です。しかも、これをインターネットで配信するという手法であり、受信者が冷静に判断できる材料の提供をしているとは考えられません。」と記載されています。

前半の「貴会の…姿勢」については後述し、後半の「インターネットという手法」について以下、質問させていただきます。

①インターネットが情報公開の媒体として不適切だという理由

「インターネットで配信する手法」が、不適切だという「具体的な」理由をご提示ください。発信する情報の質と内容ではなく、媒体を問題にされる理由は何でしょうか。

②当会の公開情報に問題があるならば、具体的にご指摘を

当会の公開している情報に問題があるならば、具体的にその箇所と理由をご指摘ください。第一回及び第二回公開質問状でも述べた通り、情報の不足・誤りがある場合についてはご指摘くださるようお願いしてまいりましたが、これまで理事会より一度もご指摘をいただいておりません。

なお、当会の活動ならびに公開情報は、多くの方々から、質の高さ、内容の正確さ・公平性について、きわめて高い評価をいただいております。また、当会ホームページは二〇〇六年九月二七日の開設以来、全HTMLページで版管理を行い、過去に公開した内容についてのトレーサビリティを確保しております。

以下、二〇〇七年七月一九日付原田理事長回答文書における二〇〇七年七月九日付東寮・旧体育館解体に関する公開質問状に対するご回答にそって、再質問させていただきます。

A1・「キャンパス整備計画」決定プロセスへの疑義

二〇〇七年七月九日付東寮・旧体育館解体に関する公開質問状のQ1・で当会が問題にしているのは、「キャンパス整備計画決定プロセスへの疑義」です。「資産売却差額の会計処理」の問題にすりかえることはお止めください。

「基本財産（牟礼）を売った金は基本財産（建物＝ハード）にしか使えない。だから牟礼売却益は、すべて建物に使う」という堀地常務理事のご説明が、当会に対してだけでなく、教職員にもなされていた事実が、本公開質問状の一の㈡で指摘したように、二〇〇七年七月一九日付原田理事長回答文書によって、あらためて確認されました。堀地常務理事のご説明が間違ったものであるという当会の主張の正しさが裏付けられたわけです。その間違った説明を前提に決定された理事会決議には疑義があるのではないかという、当会の質問内容を正確にご理解の上、ご回答ください。

A2・老朽化・耐震性について

二〇〇七年七月一九日付原田理事長回答文書には、「専門家については、大学としても、慎重かつ透明性のある形で調査、検討の上、信頼できる会社を選定し、これを活用してきました。」とあります。であれば、二〇〇七年七月九日付東寮・旧体育館解体に関する公開質問状の「Q2・

老朽化・耐震性について」でお願いしているように、いつ、誰が、何を根拠に、どの程度の老朽化・耐震性欠如と判断されたのか、具体的にご提示ください。

「専門家による技術的判断（特に構造について）は、立場によって全く異なった結論になることを考えねばなりません。」と言われるのであれば、なおさら、いつ、誰が、何を根拠に、どの程度の老朽化・耐震性欠如と判断されたのか、資料を添えて「具体的に」ご提示ください。なぜならば、専門家によって異なった結論が出ているのであれば、今後の建築技術史研究やA・レーモンド研究等において、そのこと自体が非常に重要な情報となるからです。

「公表に耐えうる」専門家の耐震診断は行われなかったのではないかと危惧しております。専門家の判断も具体的に提示せずに、東寮・旧体育館の「老朽化・耐震性欠如」を広く社会に宣伝することは、東京女子大学の創立者である新渡戸稲造、安井てつ、A・K・ライシャワー三氏をはじめ、A・レーモンド、そして東京女子大学のレーモンド建築に関わった全ての先人達に対する「言いがかり」であり「冒瀆」です。この点について、率直なご見解を具体的にご提示ください。

あらためて、二〇〇七年七月九日付東寮・旧体育館解体に関する公開質問状のQ2全てに対する具体的なご回答をお待ちしております。

A3・「キャンパス整備計画」の具体的内容について

二〇〇七年七月一九日付原田理事長回答文書で「欠点を見つけてクレームをつけるだけでなく、全体を総合的に評価すべきでしょう。」とありますが、その総合的評価の具体像が示されておりません。その総合的評価の中には三号館の活用はもとより、本館地下部分のスペース活用、将来の学生定員や教室数、教育ビジョンなどが当然ふくまれるべきでしょう。総合的と称される「具体的な」計画をお聞かせください。

あらためて、二〇〇七年七月九日付東寮・旧体育館解体に関する公開質問状のQ3に対するご回答をご提示ください。

A4・三号館について

二〇〇七年七月一九日付原田理事長回答文書に「地所設計とも検討の上、本年三月一四日付回答書で回答いたしました。」とあります。二〇〇七年一月一八日の当会と理事会との懇談の席での堀地常務理事のお約束は、「三菱地所設計に検討させて文書で回答する」というものです。上記の「地所設計との検討」を三菱地所設計から理事会に提出された文書をもってご回答ください。

二〇〇七年三月一四日付回答書は、「そもそも東寮の保存活用は困難である」という理由を前提に、「三号館との関連で…東寮に関して」書かれたものにすぎません。この前提の根拠は未だ不明で、ご回答をいただいておりません。それに対する質問が二〇〇七年七月九日付東寮・旧体育館解体に関する公開質問状の「Q4・三号館について」です。二〇〇七年三月一四日付回答書の内容の再掲ではなく、「具体的に」ご回答ください。

A5・「キャンパス整備計画」の情報開示と説明責任について

二〇〇七年七月一九日付原田理事長回答文書では、「近隣住民に対しましては、情報公開や説明責任は、法や条例で定められており、これらを遵守しております。」とあります。しかし、二〇〇七年七月九日付東寮・旧体育館解体に関する公開質問状の「Q5・情報開示と説明責任について」で問題にしているのは、法令・条例上の問題ではなく、東京女子大学の、社会に対する姿勢をお尋ねしております。

実際、本年六月二八日の近隣説明会にひとりで出向いた卒業生が、清水建設渉外部を名乗る男性三人によって排除された事実があります。この事実を大学はどうお考えなのでしょうか。また、二〇〇七年一月一五日付日本建築学会関東支部の要望書に対する理事長回答と、二〇〇七年一月一八日付日本建築家協会関東甲信越支部の要望に対する回答の文面が全く同一であったという事実に、私どもは驚き、卒業生としてたいへ

二〇〇七年
七月三一日

ん恥ずかしい思いをいたしました。二棟の保存活用問題を真摯に考え、協力を申し出てくださっている、日本の建築界を代表する二団体にさえ、このような不誠実な態度をとられたことに対し、桃井事務局長のご見解は、「それが大学の方針ですから」という一言のみでした（二〇〇七年四月一一日　東女レーモンドの会向けキャンパス整備計画スライド〔パワーポイント〕上映会の場にて）。

これまでの理事会の論理は、あらゆる面で「手続き上は問題がない」というご主張だけと見受けられます。誠実な実質をともなう姿勢こそが問われています。手続き論だけでキャンパス整備計画を強行することが、リベラル・アーツ教育を謳う大学、キリスト教精神にもとづく大学の方針でしょうか。ご見解をお示しください。

あらためて、二〇〇七年七月九日付東寮・旧体育館解体に関する公開質問状のQ5にご回答ください。

A6・東寮・旧体育館の資料・記念物の保存について

当会は、東寮・体育館の保存・活用を願って、キャンパス整備計画の再考をお願いしております。しかし大学が考えておられるという資料・記念物保存の「理念」と「方針」と「体制」に対する深い懸念――きちんとした歴史的・学問的検証が行われずに、「東寮・旧体育館にあった古いものを集めて適当に陳列するだけ」で終わるのではないか――も払拭することができず、あえて二〇〇七年七月九日付東寮・旧体育館解体に関する公開質問状で「Q6・東寮・体育館の資料の保存について」の質問をしました。

現に、二〇〇六年六月の専門家による東寮実査の折りに、建物の構造図を見せていただけるというお約束で大学に伺いましたが、これは間取り図のような簡単なもので、構造図と呼べるものではありませんでした。後日、レーモンド設計事務所（渋谷区代々木）に有志が訪れ、そこに保存されている構造図を見ることができたという経緯があります。もし、構造図すらないような安易な資料・記念物の保存計画でないということであれば、そのことを示す計画を具体的にお示しください。

教職員、学生、卒業生等の大学関係者のみならず、広くこの問題に関心を寄せ、心を痛めている多くの市民、専門家の方々に対し、どのように対応なさるのか、その姿勢こそ、東京女子大学が今後どのような大学であり続けるかを、社会に対して雄弁に語るものと存じます。当会は、「この問題を解決し、記録し、後世に伝える」強い意志をもって活動しております。責任と誠意あるご回答をお待ちしております。

東寮・旧体育館は紛れもなく、社会の歴史的・文化的資産です。去る二〇〇七年七月二一日、新宿西口広場イベントコーナーで開催いたしました当会企画（東京都建築士事務所協会・新宿区共催／東京都後援、日本建築家協会・DOCOMOMO Japan・日本建築仕上学会協力）パネルディスカッション「なくしていいのか建築文化――東京女子大学のレーモンド建築を中心に」では、パネリストから「解体を決めた人は、貴重な皆の宝を私《わたくし》している」というご発言もありました。二〇〇七年七月一九日付原田理事長回答文書でもお認めになったように、大学内部からも、様々な点で、大きな疑問の声が上がっています。事を急ぐことは後々に大きな禍根を残すことになるでしょう。国際文化会館のように、海外にまで通知した解体計画を、理事会が決定を覆してとりやめ、みごとに改修して保存し、そのことで海外からも非常に高い評価を得ている事例もございます。解体計画の一時凍結をぜひともお考えくださいますよう、公正で賢明なご判断を切にお願い申し上げます。

〔資料026〕――二〇〇七年八月二一日、藤原代表より原田理事長への書簡

残暑お見舞い申し上げます。

炎熱の日本にご帰国になられて、驚かれたことと存じます。先日、桃

井事務局長にお電話でお願い致しまして、お約束をいただきましたが、念のため一筆さしあげます。

これまで私どもは建物の保存と活用を念頭においてお話ししていましたので、申し上げる機会を失いましたが、次にあげる三点の「物」をぜひお守り戴きたいと存じます。

一、礎石の保存。定礎が一九二二年であることは、東寮がキャンパス内で最古の建物であったことの何よりの証明です。ここでの名誉ある最初の出発点であることを明示する最善の品として、しかるべき配慮と充分な敬意を払って保存・展示してください。

一、銘板は元東寮の私たちが発案し、資金集めをして設置したものです。作成に関する全体の計画は最後の東寮・寮監であった名古則子さんが手配してくださいました。文章は私が書きました。後に屋外に掲出するため作った台座も元東寮生のバザー等による醵出でなされました。東寮にあったアメリカの寄付者のネームプレートが、第二次大戦中に金属回収で失われたと聞いており、そのようなことのないよう心から願っております。

一、東西寮の間に植樹された月桂樹の木が切り倒されないことを切望します。これは一九四八年、創立三〇周年の記念事業で、在寮生の総意により心をこめて行われた記念事業でした。戦後のインフレの最中、乏しい学資の中からの、小さな、しかし熱い思いのこもった事業でした。私はちょうどその年の入学で、先輩諸姉のなさることを畏敬の念をこめて眺めておりました。これも樹齢六〇年余になります。桃井さんに口頭でお話しし、植木屋さんに必ずお伝えくださるようお願いいたしました。間違っても切られることのないように、必ずお守りください。専門家がご覧になれば月桂樹はその位置には一本しかなく、すぐにおわかりになると思います。記憶に留めている元寮生が見守っております。

[資料027]——二〇〇七年八月一九日、藤原代表より原田理事長への書簡

大学の夏休み中にも工事関係の方々が出入りしておられる様子、着々と計画が進行しているようにお見受けいたします。八月初めにお願いとお尋ねをいたしましたレーモンド建築に関する件については、残念ながら手紙をお読みいただいていないのか、まだお返事をいただいておりません。また当会からの公開質問状に対するご回答もいただいておりません。ご多忙とは存じますが、説得性あるお返事を心からお待ちいたします。

もしも問答無用とのご判断による黙殺ならば、キリスト教主義にもとづく人間形成を目指す教育の場で、お強いお立場に立つ方のなさることとは私には到底思えません。

さて先便にて追加で申し上げた月桂樹につきましては、私の手持ち資料から偶然、同封のような記録が見つかりました（『玄海だより』一二六頁）。久しぶりに写真で往時の様子を思い、ささやかな支出だとしても、インフレの進行する時代に乏しい寮費から苗木代を捻出したことを誇らしく思います。根づくまでに日々交替で世話をしたことなど、記憶している方々がおられます。みな高齢になられたとはいえ、よき時代の東京女子大のイメージとともに大切になさっている宝物です。

あわせて、先に解体された西寮の記念碑として、跡地に筑波山麓の花崗岩製ベンチが据えつけられました（『玄海だより』四八六頁）。西寮の方々の心を結集したものと聞いております。これは当然残されるはずですが、なにぶん東寮に近い場所なので、工事中に取り紛れ、他の産業廃棄物と一緒に撤去されないよう、万全の注意を払っていただきたいと切望します。

かくも随所に思いを宿す物が散在し、記憶という名の想念が地表を覆っていることを煩わしいとお考えでしょうか。しかしこれこそ創立者が祈りとともに描き、皆で創ったキャンパスであり、人を育てることはビジネスではない、という理念の何よりの証明だと私は思います。授業料

を払って知識を獲得し、箔を付ければそれですむ、といった教育観に同意しない人々が、卒業生の中に大勢いることを、どうぞお心に留めてください。［→同封の『玄海だより』については、一九七頁★07参照］

［資料028］――二〇〇七年八月二一日、原田理事長より藤原代表への書簡

暑い日が続いておりますが、その後いかがお過ごしでしょうか。

さて、八月一二日付貴信を拝見しました。理事会としては、七月一九日付回答が最終のつもりで書きましたが、その後相次いでお手紙（七月三〇日付、八月一二日付）を頂戴しました。

さて、三点の記念保存物に関するお問い合わせにつきましては、先日桃井事務局長より電話で藤原代表と打ち合わせをしたと聞いておりますが、念のため以下のようにご返事いたします。

記

一、礎石の保存について

既に取り外し、大事に保存してあります。

二、銘板について

礎石と同様に取り外し大事に保存します。

三、記念植樹の月桂樹について

本学で長くお世話になっております植木屋の「植米」に因りますと、過去に茜寮の裏に移植されており守られておりますのでご安心ください。

なお、本館内に記念物展示室を設置する計画で、そこには上記一、二の外、「個室」は復元できるように全て取り外し保存、また、東寮入口の外灯、パーラーの入口の扉、欄間、掛かっていたプレート等、記憶に留めたい東寮の記念の品々を可能な限り保存しました。

更に記念写真集作成のために建築的な角度からの写真も数多く撮るとともに、映像記録の撮影も行いました。

最後に神奈川県立近代美術館で開かれるレーモンド巡回展につきましては、既に六月に美術館普及課長の大田泰人氏と桃井事務局長が打ち合わせを行い、解体は大学の事業計画の関係上延期することは出来ないが、大学として協力できる点は、できる限り協力する旨伝えてあります。

［資料029］――二〇〇七年九月七日、永井路子より原田理事長への書簡

暫く御目にかかる機会のないことを残念に思っております。八月二十八日東寮の現状を拝見したくて、私達七名東女に参り、学長及び桃井事務局長に面会を申込みましたが、学長は休暇中、桃井氏は昼食のため不在とのこと、やむを得ず東寮に向って歩いていきましたら、何と桃井氏が現場から出てこられたので、これ幸いと現場に入れて頂きました。

お断りしておきます。私達は無断侵入でなく、桃井氏の配慮によって、取壊し現場を見ることができ、写真をとることができたのです。

寮周囲の大木はすでに伐採され、命を失って無惨に積みあげられていました。

さらに無惨だったのは寮舎で、窓枠内のガラスは引きはがされ、窓枠自体や扉も運びだされ、部屋の内壁もこわされて瓦礫の山、天井はむきだしの内側をさらけだしてまさに半死半生凄惨きわまりない光景でした。

しかし、私達は、それを悲しみ嘆くために来たのではありません。東寮崩壊は悲しむべきことですが、ここに展開された東京女子大史の重大な歴史的一面を見届けにきたのです。入る前に桃井氏に尋ねましたら、「仕事ではあるが、複雑な心境です」といわれ、寮の内部の机・引出しやパーラーの一部を保存すべく努力すると確約されました。私は、「ここに到っても東寮が保存できなかったことを納得していない」ということを申し上げた上で、パーラーの暖炉、欄間、作りつけの椅子等は是非保存をお願いしたいと申し上げました。この間の応答で桃井氏が古びた寮を冷然と見捨てるのではなく、その価値を認めて保存の意思をお持ちと伺い、その労を多としたいと思いました。しかし、全面保存と一部保存では意

味が全く違うことはたしかです。例えば、唐招提寺を壊し、鴟尾と柱の一部と図面と模型を残しても保存とはいえません。しかし極めて限定的な意味で一部でも保存できれば歴史の証言者として役には立つでしょう。

寮の内部、及び外側を歩き、すでに破壊されつつある屋根を胸痛む思いで見上げ、さまざまの感想を持つことができました。

聞くところによると翌日轟音とともに東寮は破壊されたそうですが、してみれば二十八日、まさに臨終寸前の姿をこの眼で確かめたわけで、東女レーモンド会に入って、この機会を得たことを生涯の思い出としたいと存じております。出来れば、原田様及び学長と並んでこの光景を眺め、御感想を承りたかったと思います。囲みを出て、やや遠くから眺めた東寮の瓦屋根、白い壁は明日までの命とは知らぬげに静かに夏の陽を浴びていました。

さて、東寮の崩壊ですべてが終ったわけではありません。残されたいくつかの問題とお願いがあります。

①東寮に連る塔を残していただき、アーカイブとして活用していただけないかということです。新校舎建築の範囲からは外れているので、それは可能ではないでしょうか。保存が可能かどうか複数の専門家に調査していただき、その結果を公表していただければと存じます。もし、塔が残るなら、拾いだした部屋の部品で組み立てるとか、パーラーの復原も可能かと思われます。各大学がそうした大学の歴史ミューゼアムを計画していますし、私も知人の文化財保護の専門家に東寮を東女博物館にすべきと言われたことがあります。もし、保存が可能なら、同窓会か或いは有志で保存のための新しい募金もいかが？

②体育館は、是非保存して下さい。東女らしい歴史を持つ建物です。この日学生さんがここを使用しておられるのを二階から拝見しました。まだ使えるのではないでしょうか。新校舎の中の体育室は別の目途に使ったら？　保存には、費用がかかるかもしれませんが、保存は歴史を持つ存在に与えられた義務であり、痛みです。高松塚がある故に保存は大変ですが、高松塚など及ぶべくもない短い歴史のアメリカと日本に違いはここにあります。この建物は部分保存には適しません。全体を保存し、有形文化財への指定を。

③ご存じの通りレーモンド展が九月十五日から、神奈川近美・鎌倉で始まります。海外メンバーを含めて関係者の御希望があるかと思われますので、その際は学内訪問を受入れて下さい。生きているレーモンド建築を世界の方々にアピールして下さいますように。

なお、私は、藤原房子代表不在の間の代表代行ではありません。しかし、会の発起人の一人として、東寮が止めを刺される前日稀有な機会を得ましたので、御挨拶とお願いを申しあげる次第です。

お返事をお待ち申しあげます。

二〇〇七年
九月一五日

［資料030］――二〇〇七年九月一五日、藤原代表より原田理事長への書簡（東寮解体抗議文）

私たちは二〇〇七年夏の終わりの衝撃的な出来事を、生涯忘れることはできないでしょう。東寮は徹底的に破壊されました。おぞましい轟音とともに、重機の先のパワーショベルが白いレトロな美しい壁面に鋭く食い込む様子は、まさに「破壊」でなくて何でありましょう。晩夏の青空の下でホースの激しい散水を浴び、ゆがんだ鉄の棒鋼がつづるコンクリートの断片となってゆくいたましい姿を、その場で目撃した会員有志らは、ただ息をのんで佇むばかりでした。大学執行部の方々のうち何人が、この無残な光景をご覧になりましたか。そしてどんなご感想をもたれましたか。あえてお伺いしたい。

今回のキャンパス整備計画の事業に関して、私たちは当初から一貫して「解体」という言葉のみを使ってまいりました。まとまったものを分解し、機能を失わせることという本来の意味で、この事実をとらえようとし、保存と機能の変更に向けて、ぜひ計画を変えていただきたいとひたすら願っていたからです。が、一顧だにされず、現実の光景は解体ではなく、まさに「たたき壊す」という、思わず目をそむけたくなるような、暴力的な破壊行為でした。

　ともあれ現実に建物も樹木も永遠に消されてしまいました。自立を支え象徴した焦げ茶色の個室ドアが剥ぎ取られ、何十枚も重ねて放置されている光景に、そこにこめられた創立者の意図がすげなく打ち捨てられたかのような虚しさを感じました。あの一枚のドアこそが、学生に個の確立を促し、内省と祈りへ誘ったのでした。

　今回の交渉は、もとより利害抜きの純粋な愛校心から始まったものであり、決して対立をするためではなく、合意で納得のいく結論を得るためのもの、ということは面談の最初に申し上げた通りです。すべての面談記録は保存してあります。また三号館の改築こそ優先すべき課題であり、それへのご検討をと初期の段階から申し上げ、検討するとお約束いただきました。しかし回答は抽象的で簡単な文言のみで、建築的・具体的裏づけのあるものではありませんでした。

　その後今年になって、当会から論点を整理し、まとめて提出した公開質問状に対する回答もなく、あまつさえ六月以降と言われていた工事の日程等まで秘匿されました。昨今、どの分野でも情報公開が常識となりつつあるのに、説明責任が果たされていないことを、執行部はどうお考えなのでしょうか。現地に囲いが張り巡らされた後、その隙間にはカメラのレンズを意識してか、白いガムテープが貼られるなど、非常識なまでの警戒ぶりだったと会員が伝えています。信頼に基づくはずの大学と同窓生との関係が、かくまで敵対的であっていいのかと驚くのみでした。

　まだ計画は公表の最初期から総合的になされたとは言いながら、『学報』(二〇〇六年七・八月合併号)で残ると表示され、シンボルとして残すとも言われていた塔も、いつのまにか全面的な破壊へと至りました。多くの同窓生が「塔を残してアーカイブスに」と手紙や電話で最高責任者である原田理事長および、同窓生初の学長であられる湊学長に直訴したにもかかわらず、実質的に問答無用の態度をとられたことは、大学にあるまじき不寛容だと言わざるを得ません。

　今回の件でキリスト教精神に基づくわが東京女子大学で、これまでに味わったことのない疎外感と深い失望を与えられたことを、会員一同は不快なトラウマとともに忘れることがないでしょう。こうしたことが大学の評判にどのような影響を与えるでしょうか。良識ある当会会員は、愛校心という名のブレーキで口をつぐむかもしれませんが、世間にはおのずと風評が流れ出ると思います。私たちも昨年来、保存運動の会員をつのる過程で、表面では美しい言葉を並べつつ、もはや大学を支持しない、関係ない、という同窓生が意外に多く潜在することを知りました。冷ややかに「維持協力会にお金を出さないから口もいっさい出さない」と。

　過去を大切にしない大学に未来を育てることは至難の業だと思われます。過去はただ理念や抽象的な言葉だけではなく、具体的なモノや建物、さらには環境を覆う空気で伝わる部分が大きいことを歴史は教えています。九〇年近い風雪が贈った「古び」の美しさを惜しげもなく消し去り、最も核心的な建物を平然と破壊したのです。緑深い景観の消失を機に、母校の変質をおそれる同窓生が多くいることを、どうぞお考えください。

[資料172]――二〇〇七年九月一五日、西澤英和(関西大学教授/建築構造学)・小西敏正(宇都宮大学教授/建築構法学)「東寮解体工事の一連の写真を見て」

東京女子大学の東寮の解体工事を写した一連の写真を見た所感を述べさせて頂きます。写真は、解体工事半ばで、構造体の姿が顕わになっていました。それは昨年一二月二日に、東女レーモンドの会主催で行われた緊急シンポジウムで説明のあった通りの明快な構造方針を示しております(全記録冊子『東京女子大学レーモンド建築 東寮・体育館を考える』参照)。中庭を囲むロの字型平面の建物の外壁部分と床を鉄筋コンクリートで造り、日本式木造小屋組で屋根を掛けたもので、建物を如何に軽く、強く、経済的で、日本の女子大生のヒューマンスケールに合わせるかに配慮がなされています。例えば、二階床はジョイストスラブ状に小梁を細かく並べ、その間にボールト状にコンクリートを打つことで階高を低く抑え、二階の窓の上にある庇は梁と一体化させて水平剛性を高める工夫をしております。

環境問題が重視されている昨今、建築物を容易に解体できることも建物を評価する上で、一つの重要なファクターになっております。材料別に部材を取り外しリサイクルに供することが容易であることも重要な要因になりますが、壊すためのエネルギーを削減することも重要と考えられるようになってきております。

建物の解体が容易であることと、建物が耐震的に弱いことは別のことです。解体の面から言えば、一般的に木造の建物は鉄筋コンクリートの建物より容易ですが、木造の建物の方が構造的に安全性が小さいかというとそんなことは全くありません。解体の容易性から建物の耐震強度に話を短絡させることは論理的でないというそしりを免れないことになります。寧ろ東寮の建物のような軽やかで無駄を省いたシンプルな構造体には合理性からくる美しさが感じられます。

多くの方々が東京女子大の将来を考えて、東寮の保存に真剣に取り組んだことを考えますと、今回の解体理由となった材料劣化や耐震強度不足について本当に妥当な判断であったのかどうかの検証を行い、その結果を示すことが最善の説明方法だと考えられます。

材料劣化については、解体時に発生したコンクリートや、鉄筋の解体材を用いて、大学や工業試験所等の機関に依頼すれば、中性化の程度や鉄筋の腐蝕率などの調査が可能で、その結果を公表すべきではないでしょうか。同様に瓦や屋根の木材、ボルトなども、建物が使えないほどの劣化があったと言うためには、材料試験に供し劣化の程度を分析し試験結果を示して頂かないと納得しがたいものがあります。

耐震強度不足の論拠については、耐震診断書を再検証すべきではないかと考えられます。解体によって詳細がはっきりしたわけですから、計画時に構造事務所が採用した材料強度や劣化度の仮定値の妥当性、鉄筋などの配筋設計、入念に軽量化設計された骨組みの解析手法など、構造診断者の責任において、再検討を加えてその結果を公表すれば学術的に貴重な資料となります。教育機関として是非ともやっていただきたいことだと思います。

また、東京女子大学の建学の精神を通しての東寮の教育的な意義、建築学的な価値などを考えますと、専門家から成る学術記録保存のための委員会を組織して、記録保存のための報告書が作成されるべきだと考えられます。これは文化の担い手である大学として最小限の義務ではないでしょうか。

以上、解体時の写真を見ながら考えたことです。

［→写真四葉省略、付属CD参照］

［資料031］――二〇〇七年一〇月二七日、藤原代表より原田理事長への書簡（前掲資料172を同封）

街路樹の葉も美しく色づき始めました。外出のたびに目にする皇居周辺の桜の老木にも目を惹かれますが、東寮の前にあって毎年の秋を彩ってくれた桜は、すべて切られたことを思い起こさざるを得ません。これまでのやりとりを振り返りますと、具体的な個別の質問に対し、抽象的一般的なご回答という不毛の往復であったと思います。

さて夏の終わりにお送りした第三回公開質問状に対しては、今日まで逐条的なご回答をいただいておりません。私どもが誠意を持って検討し、東京女子大学の将来を真剣に考えてお尋ねした基本的事項について、全く黙殺されております。余計な雑音だとお考えなのでしょうか。「由らしむべし知らしむべからず」というお考えなのでしょうか。

八月中旬から九月上旬までの東寮と塔の破壊により、事態は大きく変わりましたが、当方からのお尋ねの件についてのご所見が得られないままであることは、疑問を次のステージに引きずります。質問項目に対する確たるお考えや科学的な論証がお手元に無いのか、あるいは何かご都合の悪いことでもあるのか、それとも同窓生等に対して説明責任などはないとお考えなのか、卒業生を含む発起人の皆様ともども、大学責任者のお気持ちを私どもははかりかねております。時間は経過しましたが、一段落がついた今、ぜひともご回答をいただきたく再度お願い申し上げます。もしご回答がなければ何らかの外部には出せないご事情があると判断せざるを得ません。

あわせて建築構造学西澤英和教授、建築構法学小西敏正教授ご連名の「東寮解体工事の一連の写真を見て」の書面（同封の別紙〔前掲資料172〕）に書かれている内容をお読みいただき、そこに書かれている事項、学術記録保存のための委員会の設置、特に末尾の「文化の担い手である大学として最小限の義務」を実務の面も含めて、お示しくださいますようお願いいたします。

同書面は、九月二〇日理事会にてご配布くださるよう、同日、全理事宛て封書を桃井事務局長にお届けしましたので、すでにお読みいただけたと存じます。

それらに付随するものとして、塔の破壊に関する当初の基本計画の変更、その経緯と妥当性についてのご説明をお願いいたします。最初のころ「残す」とおっしゃっていたのは一時逃れのご説明だったのでしょうか。また東寮の委員会室に保管されており、破壊に先立ち搬出されたという段ボール箱入りの書類の保管・整理につきましては、桃井事務局長への緊急の電話で廃棄処分の寸前に止めていただき、専門家による検討をお願いしましたが、これらはすべて当会の手配によるものでした。大学はかねてアーカイヴズの整備等を仰せですが、本来ならばすでに発足していると聞く委員会の担当者により、まず手がけられるべき仕事だろうと思います。それにしても偶然に知りえた情報で書類の処分を寸前に食い止め得た僥倖を、冷汗三斗、空恐ろしいことだと私は認識しております。

ともすると枝葉末節のこととして片付けられがちな分野のことにこそ、歴史の重大な証言が潜むことがあります。西洋のことわざにも「細部に神宿り給う」というのがあり、小さな紙片にも重大な時代の証言が見られますので、これらのことを軽視しないでいただきたいと心から願っております。最近起きた小さな一例を挙げますと、「塔」の破壊の前に見学した人が、たまたま撮影していたコイン式ガスコンロの写真があります。大正時代につくられた塔の設備では、寮生の生活の質を守るためにその二階部分にはアイロン台とガスコンロが置かれていました。料理を運ぶエレベーターのようなものもありました。単にそれだけでも当時としては生活空間についての画期的でモダンな構想を雄弁に語っていると思います。それらも瓦礫の中ですでに金属ごみとして一括処分されたかと思いますが、数々の貴重な遺物がどの程度真剣に検証され、確保されたのか、私どもには全く知らされておりません。と同時にさきに確保を約束された樹木や備品等が、確実に保管されているのか、展示すると言われた個室の素材が残されているのか、全く知りませんので甚だ心もとなく存ずる次第です。

なお鎌倉市の県立近代美術館での展覧会のカタログにミスが少なくとも三箇所発見され、それらを美術館に申し入れ、来年の高崎での刊行物では訂正するとのご回答をいただきました。そのままであれば公的な記録となり、誤って伝えられるかもしれません。もしも事前にゲラ等で校正できれば防げたものを、と私どもも残念に思います。正確な知識の不足が一人歩きします。大学はこれらのことに事後であれ、どう対処なさいましたか。

ご多忙とは存じますが責任あるご回答をお願いいたします。私どもは「適法」よりも言葉の正確な意味において大学当局の「適正」な対応を心から願っております。もし的確なお答えがいただけなければ、将来かりに記録をまとめる際にはそのように明記せざるを得ず、教育の場として社会の信頼を損ねることをひたすら懼れます。

一〇月中旬に、卒業生諸先輩や建築学者、建築実務家を含む当会の発起人、ならびに緑や塔の保存に個別に関わるグループの責任者らも合流した「拡大発起人会」を開き、これまでの実践の検証・反省と今後のことについてご相談しました。席上旧体育館の歴史的・文化的価値について、示唆に富み、かつ熱意にあふれたご発言があり、その保存に向けて、ぜひ働きかけを継続してほしいとの強いご要望があったことを申し添えます。

[資料032]――二〇〇八年三月二七日、藤原代表より原田理事長・湊学長への書簡（公開質問状・第三回抜粋版）を同封）

桜のたよりが例年より早く聞かれる昨今、ご健勝のことと拝察申し上げます。新年度を目前にひかえ、東京女子大学の将来像について種々思いをはせておいでになるでしょうか。私どもも外部にいて高等教育機関の経営環境の激変はニュース等で知らされており、身近かな人々の行動によっても考えさせられることの多いこの頃でございます。

さて昨年七月三一日付で包括的な公開質問状をお出ししていますが、それに対するご返事をいただけないまま、東寮は消滅しました。A・レーモンド氏の最初期の貴重な作品とともに善福寺キャンパスにおける東京女子大学の歴史の冒頭の一ページが消えたことは返す返すも遺憾であります。その事実を正確に記憶にとどめる責任の一端は、私たち建物の恩恵にあずかった卒業生にもあると考えております。しかしながら先の質問状に申し述べた疑問はまったく解けておりませんので、この際ぜひご見解ならびに、誠意あるご回答をお聞かせいただきたく、あらためてお尋ね申し上げます。

質問内容を思い出していただくために、項目を抜粋したものを同封いたします。詳しくは七月三一日付公開質問状をご覧ください。もし文書では作成の手間がかかるとお考えならば、口頭でご説明いただいても結構でございます。日時をいくつか指定してくだされば大学まで出向きますので、そのご高配をぜひお願いいたします。

先日永井路子さんにお会いしたとき、やはり昨年九月上旬に理事長宛にお手紙を出していらっしゃるとのことでしたが、ご返事は頂戴していないとのお話でした。永井さんも理事長のお考えを直接お聞きできればとおっしゃっておられましたので、その点も含めて私宛にご連絡をいただければと存じます。

残る旧体育館は来春の解体予定と伺っております。今に至るまで愛され使い続けられている由緒ある個性的な建造物を、なぜ壊さなくてはいけないのか、解体の費用と比較考量して金額を明示し、手入れして残す方法が探れるのではないか、と私どもは考えております。

その他の事項についてもお願いをしたまま、事務レベルで「聞き置く」とされていることがいくつかございます。ごく一例をあげますならば、東寮の礎石一九二二年と刻した石の奥の、室のような場所にあった物体について、寮中央の塔の備品であったガスメーターの扱いについて、寮の委員会室にあった書類の扱いについて等、不明確な状態のままいたずらに時間のみが経過しております。ご多忙のところまことに恐縮ですが、適切なご返事をお待ちいたしております。

二〇〇八年
三月二七日

さらに全国の卒業生からのお願いのはがき六六八枚をファイルしてお届けしましたが、ご覧いただけたでしょうか。細かい文字で、一枚ごとにはるかな母校への真摯な思いが綴られていて、私は読みながら胸を打たれました。それに対する率直なご感想も、当会から筆者にお返ししますのでぜひお聞かせいただきたいのです。コミュニケーションの途切れたままとも見える母校の対応では、よき時代を知る卒業生は、個々の人格的なふれあいを大切にする東京女子大学の「他に誇るべき文化」に裏切られたような気分に陥られるのではないでしょうか。文字通りの老婆心ながら、これらの方々を失望させてはいけないと思います。各地のリーダーあるいは社会の中堅として地道に働かれた卒業生です。将来の発展に備えてどんなに大学の力になることかと、私は常々考えております。あわせて心からご返事をお待ち申し上げる次第でございます。

［→資料033「公開質問状・第三回抜粋版」は付属CD参照］

［資料035］――二〇〇八年七月三日、藤原代表より原田理事長・湊学長への書簡

工事用の塀が高く張り巡らされる奥に、クレーンの先端を仰ぎ見ながら、キャンパス整備基本計画に伴う工事の進行を、ただ見守っております。現在平常どおり使われている旧体育館の件につきましては、当会は一度も個別に要望を出しておりませんでしたし、さきの同窓会総会でも、私は発言を求め、大学に趣旨を取り次いでいただこうと考えて挙手しましたが、残念ながらマイクが来ませんでしたので、次に簡潔に理由を添えて旧体育館の保存要望を申し上げます。

本学の創立者のお一人であり、二代学長として新渡戸稲造先生の後を引き継がれた安井哲先生が、角筈から善福寺キャンパスに移転した際、新たに建設された校舎や東西寮などの献堂式と同時に行われた新学長就任式で、広い視野から女子高等教育についての卓見を披瀝され、力強く就任の辞を述べられました。基本方針は「大体においては当校創立の当時定めた方針と同様」と前置きして言及された四点を、項目のみ原文の通り引用いたします。

第一には、基督教主義に基づいて人格教育に重きを置くこと
第二には、学生の体育に特に重きを置くこと
第三は、当校にLiberal Collegeの性質を有たしむること
第四は、学究的生活と社交的生活との調和を図ること

「体育兼社交館」とユニークな名称が与えられた旧体育館は、まさに第二、第四の方針をキャンパスで実現するために用意されたものと言えます。そこで催された卒業・入学式はじめ数々の式典・行事、いわゆる学校体育とは一味違った豊かな体育の授業や学生の自由で多彩な活動等の舞台で長い歴史を刻みました。全学生が共有する空間体験の貴重な記憶、懐かしい青春の手触りを消し去ることは、人々の集団にとって、あまりにも大きな損失であります。多数の卒業生の母校への思いを大切にしなければ将来の発展も期待しがたいでしょう。

現在の学生もレトロで瀟洒な感覚を楽しんでいます。これは昨年度の東京女子大学学会賞を受けて四月に新入生の前で披露された体育館の研究が、それを雄弁に物語っていますし、人気ロックグループ「EXILE」が音楽パフォーマンスの採録の場に選んだことでも、得がたい雰囲気が若者の心をとらえたからと考えられます。ひとたび破壊すれば、この好もしい雰囲気は永遠に蘇りません。絶滅が危惧されるのは動植物だけではないのです。

ここで必ず耐震性が問われますが、旧体育館は関東大震災（阪神・淡路大震災の一四・二倍のエネルギー放出量）に耐えており、被災したことが耐震性を低めるものではないことを、建築構造学の専門家が明言しておられます。それに対する有効な反論を私どもは聞いておりません。さきの同窓会総会において永井路子氏が公開の場で専門家を交えての対話集会を本学で、と呼びかけられました。ぜひシンポジウムをお開きいただき、確かな情報を開示しあいながら納得できるご説明に接したいのです。科学的な根拠を求めて自由闊達に議論し、まことの答えを模索し、核心に到達する

こと、それこそ、安井学長が挙げられた基本方針の第三、東京女子大学が創立当初から目指し、学ぶものが誇りにしてきたLiberal College本来のあり方であり、その実践であろうと思います。

　旧体育館の保存と活用に関わる補修や維持費の点にも、申し述べたいことがあります。文化庁は「使われなければ残らない」として重要文化財指定の学校建築には条件を緩和して補助を出しています。公的な支援を使って保存がぜひ実現しますように、ご高配いただきたく存じます。

　あわせて昨二〇〇七年七月末に提出した公開質問状へのご回答を（本年三月に再度、質問項目抜粋版を付して提出いたしましたが）今に至るも頂いていないことを、当会ではきわめて遺憾に存じておりますことを申し上げねばなりません。各界で活躍する卒業生各位が、多忙な中をあえて氏名を名乗り職業まで明記して発起人でご協力くださっている当会の総意です。専門家のご協力を得た上で慎重に整理・分析し、提出した書面に対し、責任あるご回答を頂いていないことは、社会的なマナーとしてはいかがなものでしょうか。もし文書による回答は作成の時間が足りない、意を尽くせないとお考えならば、面談の機会をぜひ設けていただきたいと存じます。

　これまでに何度か「既に機関決定をした案であり、変更は考えられない」と仰せでした。東寮・旧体育館解体の案は一昨年の同窓会総会において突如、結論のみを公表され、意志決定プロセスも全く知らされずにおり、そこから卒業生有志による意見具申を始めて今日に至りました。問題は全く異なりますが、私はかつて国土審議会の委員として末席を汚し、国土づくりの一極集中から多極分散型への理念の検討や基本政策のあり方などの議論に参加した経験があります。その際痛感したのは、国の大方針といえども、時代の変化で大きく転換することでありました。

　一私立大学の決定は、国の政策とはあまりにも次元が異なりますが、小なりとはいえ大学の魂に触れる問題であります。発起人はじめ当会の会員、署名をされた多数の方々の熱いお気持ちを尊重して、どうぞ適切なご対応をいただけるよう、心からお願い申し上げます。

二〇〇八年
七月一〇日

［資料082］――二〇〇八年七月一〇日、山口廣レ会顧問（日本大学名誉教授、日本建築学会名誉会員）・近藤富枝発起人（一九四三年国語専攻部卒、作家）および発起人一同より原田理事長・湊学長への要望書

山口廣「東京女子大学旧体育館保存要望書」

私は近代建築の研究調査を続けている一介の研究者で、身内に貴大学に学んだ者はおりません。ただ、貴大学キャンパス内の貴重な近代建築群のかけがえのない一部が消え行くのを惜しみ、その建築学的価値を述べ、保存への再考を強く求めたく、発起人会を代表して一文を草し、お届けいたします。

　第一に、貴キャンパスの設計者アントニン・レーモンドについて、再考を求めたく思います。ご承知と存じますが、A・レーモンドは帝国ホテル設計のため来日したF・L・ライトの設計助手として来日します。F・L・ライトは世界的に高名な建築家であり、日本滞在中に自由学園校舎・山邑邸など現存国指定重要文化財となっている作品も残していますが、昭和七（一九三二）年、帝国ホテルの仕事が終わると帰国し、再び日本を訪れることはありませんでした。A・レーモンドは帝国ホテル竣工後も日本に残り、この国の近代建築発展に尽くす決心をします。彼は明治のお雇い外国人建築家と異なり、日本において、常に世界の最先端の建築技術とデザインを目指し、己の建築作品に用いています。既に姿を消した東寮では、軽快なリズムを形成していた五角形の壁柱と、軒下の臥梁と、一階のコンクリート床を一体化することで安定した構造を実現しました。また旧体育館においては、屋根の小屋組みと、屋根面のコンクリート板と、同じくコンクリート造の豕叉首（いのこさす）を一体化して、構造的に安定化させ、耐震性を高めています。このほか、本館の中央部の廣い吹き抜け空間を支えるのに、太い柱の代わりに四本の細い柱をそれぞれ建てて、吹き抜け空間と屋根を支えています。こうした、当時としては極めてユニークな建築構造的工夫を至る所で用いています。

彼、A・レーモンドはまた、日本の木造建築の良さも的確に理解していました。彼の設計した軽井沢の聖パウロ教会は、故郷ボヘミヤの教会のイメージを用いながらユニークな木造教会の形を創り出しており、貴大学の建築群と共に「日本におけるDOCOMOMO 100選」にリストアップされています。

もう一つ、建築家A・レーモンドの功績として見逃してならないのは、彼の事務所から後に日本の近代建築の先駆者となるような人たちが育ったことです。前川國男、吉村順造、増沢洵、ジョージ・ナカシマ、杉山雅則などなど、その後の日本建築界を担う建築家たちを育てています。そのことは、昨年、鎌倉の近代美術館でレーモンド夫妻の展覧会が開催された折りのパンフレットに、鈴木博之東大教授が巻頭論文「レーモンドがもたらしたもの」で詳しく述べています。レーモンドは東洋の一隅にあって、常に欧米の近代建築の進歩に遅れまいと努力します。その彼の姿が、自ずと所員(弟子)たちに日本のパイオニアにならんとする気概を植えつけたのだと思います。

第二に、今は姿を消してしまった東寮を含め、寮生活をなさった方から、女子大の寮でもストームがあったと聞き、深く印象に残りました。

私は戦中派で、旧制の中学・高校で学びました。高校は三年間寮で過ごしました。そして入寮早々にストームの洗礼を受け、やがて上級生になると教師の制止を振り切って下級生たちにストームをかけに、秘かに勝手知った寮の暗闇の中を走り回りました。自慢話をするつもりではありません。ストームはとても大切な行事です。なぜなら、新入生はそれまで育ったそれぞれの家庭と親の生活と意見を身に付けたまま寮に入ってきます。しかし、何時までも大家のボンボンであったり、片親で苦労を重ね頑なになっている者も、寮では平等に一人の個性を持った生徒として扱わねばなりません。彼らが背負ってきている肩書きや思いこみを捨てさせ、同じ対等な一人の裸の人間として生活と勉強を始めませんと、寮生活は成り立ちません。そうした寮生たちの営みも含め、建学の精神のこもった東寮が既に失われてしまったことは、返す返すも残念でなりません。

第三に、「旧体育館」が「体育兼社交館」と呼ばれていたことを知ったときの驚きと喜びです。先に記しましたように、寮生活は肩書きや家庭の躾けを離れて、裸の個性をぶつけ合い、それぞれの家の息子から、一人の大人に成長する場所でした。しかし、若い生徒同士の錬磨には、図抜けた天才の混じっていない限り限界があります。ですから、宿直の教師の所に駄弁りに行くのは、必然の慾求からでした。旧体育館には暖炉のある小部屋が四隅にあります。これらの暖炉のある小部屋は、生徒同士だけでなく、生徒と教師の語らいの場として最高の場であったように思います。ライシャワー館や安井記念館のような教師館を訪れ、教えを乞い、悩みを打ち明け相談することもあったかもしれません。しかし、教師の宅まで出かけてゆくのは、勇気の要ることです。社交館の小部屋なら、もう少し気楽に教師と話せたでしょう。そんな時、教師が、私も若いとき一度は死ぬことを考えたなどと話されると、思わずこちらも身を乗り出してしまいます。そんな人間形成に大切な生徒と教師の交流が、この旧体育館(社交館)の小部屋でなされたのではないかと思います。ここは単なる体育館ではなかったのです。もっと豊かな人間形成の場であったのではないでしょうか。

私は小学校から大学院まで、幼稚園を除く総てのレベルの教育に携わり、教壇に立ってまいりました。結論から申せば、教育は人にあり、物(施設)は従です。大学の経営者としては、施設設備を整え、環境を整備し、受験生の評判を良くし、経営の安泰を計りたいお考えかと存じます。

私は頼まれて、田舎の小学校の校舎保存のための見学に出かけることがありました。案内してくれる卒業生たちは、一生懸命ガラス窓を拭き、ぬか袋で廊下を磨いた思い出を話し合っています。彼ら卒業生にとって、思い出が一杯詰まった大切な校舎なのです。学校の校舎というのは、そこに学んだ人たちにとって掛け替えのない建物なのです。

　東京女子大学の経営に関わっておられる皆さまも、それぞれ昔の学び舎の思い出をお持ちと存じます。それは無条件で懐かしく、何時までも心の糧になっていることでしょう。同じように、この東京女子大学に学び、多くの思い出を心に抱きつつ巣立った方々の心の拠り所を、少しでも大切に残してくださるよう、切にお願い申し上げます。

近藤富枝「ねがい」

私はいま、満八六歳になりましたが、この年月我が家のリビングにも書斎にも東京女子大学の建物の写真を何枚も飾り、ひたすら眺めつづけております。いつまでも学校離れをしない人と批判の声も聞きますが何のそのです。十五年戦争のまっただなかに私の入学した大学が、軍や文部省の圧力をものともせず、学問の自由を守りぬいた姿をまのあたりに見た者の、これは深い感動と熱い尊敬のあらわれなのです。

　さらに、女性を男性と同等の者として扱うこと、また〝学問のための学問〟を教えるところとして東京女子大学は当時の日本で女性にとって唯一無二の場所であったことも忘れてはならないと思います。

　あの寮の構造はそれらの理想の顕現として一人一室で戦前の日本では考えられないことでした。体育館二階の一隅に今も残っている丸い大きな穴をご存じでしょうか。私たちが学生のころは太い鉄の棒が穴の中央にすえられていました。更衣室から階下へいくのに鉄に手をかけスルスルとすべっていくのです。消防士のように……。このことにも女性の力にいささかも制約を与えたくないと考えた大学の意志を感じます。

　さて、建学のころの新渡戸、安井両先生のお心の残る建物を西荻のキャンパスから一つでも失っていいものでしょうか。卒業生と関係者の皆さまに考えていただきたいと思います。

昭和一八年九月 繰り上げ卒業

安井学長の教えを受けた最後の学年で、倫理を御教授いただきました。

山口廣氏の「要望書」のご趣旨に賛同し、近藤富枝氏の「ねがい」に共感します。

東京女子大学レーモンド建築 東寮・体育館を活かす会 発起人一同

[↓全発起人名は第二章末七七頁に記載]

[資料036]――二〇〇八年八月一日、藤原代表より原田理事長・湊学長への書簡

猛暑が続きますがお障りもなくお過ごしのことと拝察申し上げます。

　去る七月三日当会より、旧体育館解体再考への適切なご対応と、過日(昨年七月三一日付)の公開質問状に対するご返事をいただきたいと書簡をさし上げました。もとより諸事ご多忙と存じておりますから、夏休み前ごろにはご返事があるものとお待ちしておりました。この間、発起人や当会のメンバーとなられた各界で活躍する卒業生たちからも再三お尋ねをいただいております。これも母校への期待と信頼があってこその反応だと受け止めております。

　しかし本日になってもご返事は頂戴しておりません。私どもは旧体育館解体をめぐって納得できるご説明を、ひたすらお待ちしているのです。すでにない東寮の時も、十分な情報の開示がないまま、破壊されました。問答無用の感さえありました。「建物がなくなれば反対の声は消せる」とお考えなのかもしれませんが、それは学問の府としてはほとんど暴挙に近く、関心を抱く多くの人々の心に消しがたい無念さが残ること、それが深い不信につながりかねないこと、そして大学の将来の存続に向けて亀裂を生みかねないことを、お考えにならないのでしょうか。

解体理由として最大のポイントは耐震性についてだと愚考しますが、それについては完成直前に関東大震災に遭遇し、その直後の点検で「体育館は無傷であった」という一節がレーモンド氏の自伝に記されています。それは本格的な耐震検査を経たようなもので、検査で建物の強度が低下することはない、と建築構造学の西澤英和教授（関西大学）がおっしゃっていました。またフロアを覆う天井には、広い空間を支える設計上の配慮として三本のパイプが通されており、建物の四隅の講義室が全体を支える強度を高め、さらに二階のテラスはゆれ止め効果を持っている、とレーモンド建築の研究者・建築家三沢浩氏が述べておられます。フロアを低く掘り下げた構造からくる優雅な外観がキャンパスの景観とよくマッチしているのは、多くの人が認めております。

大正末から昭和初期にかけて、ほぼ同時期に、同じポリシー、同じ資材、同じ技術者や職人の手により次々と建てられた他の建物と比べ、体育館の強度が格段に低いという根拠は薄いと思われます。それらを残す努力の一部を価値の高い体育館に注がれてはいかがでしょうか。価値は前便で引用した安井先生の学長就任の辞で触れられたことに尽きます。これらの点も念頭におかれまして、関係者の納得できるご英断を心からお待ちいたします。

なお六月下旬の同窓会総会の席で永井路子さんが大学内での対話の集いを、と発言され、その文書は同窓会からお手元に届いていると思います。対話が足りない、とは理事長が日経夕刊のコラムで書かれたご趣旨で、この交渉の最初に私が申し上げたことはご記憶だろうと思います。どうぞ対話が出来る場を設けていただき、納得のいく話し合いをさせていただきますよう、あらためてお願い申し上げます。

［資料039］――二〇〇八年一〇月二四日、鈴木博之DOCOMOMO Japan代表より原田理事長への書簡（「旧体育館の耐震診断書」を同封）

拝啓　仲秋の候、ますますご清栄のこととお喜び申し上げます。

近年、社会・教育環境の変化にともない大学間では競争の時代に入っているように拝察いたします。貴東京女子大学におきましては、更に学生数の増加などによりキャンパス再整備計画がなされ、既に第一期工事が進捗されていることを承知しております。

このキャンパスは創設者新渡戸稲造先生や安井てつ先生の建学の精神に基づいて建築家アントニン・レーモンドによってキャンパス計画がなされ、九棟の建築群（順次建てられた）によって女子大学教育がスタートしました。私どもDOCOMOMO Japanでは、今回の整備計画により解体されると公表された東寮と旧体育館を失うことは、日本の建築史を考える上でも大きな損失であると同時に、本キャンパスの魅力はこれらのレーモンド建築群を根幹としており、次代を背負う女子大学生に建築の存在とその魅力を伝え、更にここで学んだ喜びを伝え続けてほしいと願って、キャンパス再編の検討をしてほしい旨要望書を提出させていただきました。

残念ながら東寮が解体されて新校舎の建設工事がなされておりますが、幸い旧体育館はこの建築には抵触しておりません。しかし主として下記理由により、存続させることは出来ないと漏れ聞いております。

（一）旧体育館は耐震上危険であり、改修するためには膨大な費用が発生して対応し難い。

（二）学生が集い語り合う場が必要と考え、解体した後を広場（防災も考慮）として整備する。

DOCOMOMO Japanではこの耐震判断に疑念を持ち、会員の構造設計家松嶋哲奘氏に要請し、レーモンド事務所より図面を借用して耐震診断を行いました。この診断には岡田章日本大学教授（構造学）の協力を得ております。コンクリート強度などのデータが得られませんので、建設時代当時の通常の強度の約半分で入力しましたが、充分安全であるとの結果が出ました。

本旧体育館は低層であり、両翼の壁による二階建て部分が全体を支えており、通常メンテナンス(鉄部の防錆処理や、壁面などの塗装をする)だけで安全に使用できます。

構造検討にともなってコンクリートの「中性化」の問題が提起されることがあるのですが、基本的にはコンクリート強度が落ちるということではありません。外壁や内壁の仕上げの状態、また自然環境との関連によって中性化の進捗が変わります。建築界におきましては中性化に関して様々な研究がなされており、懸念されるケースにおいては改修実施された例もあります。

いずれにしてもコンクリートのコア抜きなど行い、或いは既に貴校によってデータがとられているのでしたら公開をしていただき、本耐震診断書を基に検討されることを切に望みます。

阪神大震災をはじめ幾多の地震によって安全性が大きな課題になっております。貴キャンパスに於きましても建築関係者から様々な意見が出されていると拝察しますが、同じ建築に携わる者として短絡的に安全性に疑念があると具申することに危惧を感じます。貴校には旧体育館だけではなく、他に七棟のレイモンドの設計による建築があります。構造や用途もそれぞれ異なりますが同じ課題を持っており旧体育館だけが突出しているのではないと存じます。

上記(二)の課題、学生交流の場は、現在の旧体育館の使い方を再検討することにとって充分可能ではないでしょうか。両翼には暖炉のある部屋もありますし体育教育と共に、他校にはない大きな役割を果たし得ると信じるものです。防災の安全性については、この体育館が存続することを前提として再検討されることを願うものです。それによって更に豊かなキャンパス再編がなし得ると思います。

理事長として学生の安全やより良いキャンパス構成に尽力されることに敬意を表します。理事長は建築専門家からの具申を受けてキャンパスのあり方をご検討されていると拝察しますが、貴校に関わる専門家には、このキャンパスの魅力の本質を理解して理事長をはじめ学校運営関係者をサポートしてほしいと心より願うものです。

私どもDOCOMOMO Japanでは、本耐震診断書を基に、旧体育館のあり方について建築の専門家という立場で助言させていただく用意がございますことを改めて申し添えます。

敬具

[→資料178 DOCOMOMO Japan「旧体育館の耐震診断書」は付属CD参照]

[資料040]――二〇〇八年一一月一四日、原田理事長より鈴木博之DOCOMOMO Japan代表への書簡

拝啓　時下ますますご清祥の段、お喜び申し上げます。

さて、一〇月二四日付貴信を拝誦いたしましたが、既に貴方へは二〇〇六年八月二五日、二〇〇七年一月二六日付で、本学のキャンパス整備計画とアントニン・レーモンド設計建築物の保存に関する方針につきましてご返事を差し上げております。

又、今回お送りいただきました「旧体育館耐震診断報告書」に基づく旧体育館の使い方の再検討につきましても、何とかして保存したいというお気持ちから出たものと存じますが、本学としてはあらゆる角度から慎重に検討した結果の総合的経営判断により、キャンパス整備計画を実行しているものであり、これを変更することは考えておりません。建築に関する専門家としては、設計・監理者、建築業者共に本学のキャンパスの魅力、特質を最もよく理解している事を考慮して、業務を依頼しております。本学建築物についての長い実績と豊富なデータに基づいて的確な判断をしてもらっております。したがって、第三者に助言を求めるこ

とは全く考えておりません。

なお、繰り返しになりますが、登録有形文化財であるレーモンド建築の七棟については、周囲の佇まいと共に、末永く保存する方針であることもご理解下さるようお願いいします。

以上のことにつきましては、先日桃井事務局長より兼松幹事長にもご説明申し上げております。

ご要望に沿えず残念ではありますが、本学の決断についてご理解下さるようお願い申し上げます。

敬具

［資料084］——二〇〇九年三月五日、山田宏杉並区長より原田理事長・湊学長への「旧体育館の保存に関する要望書」

東京女子大学におかれましては、日頃から杉並区の区政に対してご理解とご協力を賜り、御礼を申し上げます。

さて、貴大学内の旧体育館が近いうちに取り壊されるとお聞きしました。旧体育館は貴大学の学生はもとより、多くの建築家や地域住民にも知られた歴史的に貴重な建築物でございます。その旧体育館の取り壊しを知った区民から、当区に対しても、旧体育館の保存に関するご要望が届いております。

区といたしましても、区民に親しまれ、区内に存在する歴史的に貴重な旧体育館がなくなることは、まことに残念であります。東京女子大学におかれましては、様々なご事情はあるかとは存じますが、旧体育館の建物保存に特段の御配慮をお願い申し上げます。

今後とも、杉並区の町づくりにご協力を賜りますよう、お願い申し上げます。

［資料161］——二〇〇九年三月一四日、石井信夫（東京女子大学教授／生物学）「なぜ旧体育館を解体しなければならないのか——理事会・キャンパス整備計画委員会側の説明［○］とそれに対する疑問［→］」

一、キャンパスの安全性に関する問題

（一）旧体育館の耐震性

○現在の旧体育館は、老朽化もあり、耐震基準を満たしていない。

→耐震補強は必要であろう。財政的に見て改修が可能か否かを判断するために必要な費用見積もりが示されていないので、示してほしい。

○補修費用は新築以上のコストになるであろう（二〇〇八年六月の第一一回キャンパス整備計画委員会（以下、計画委員会と略）における三菱地所設計の発言趣旨）。

→旧体育館と同じものを新築するという考えはない。問題にしているのは費用の金額自体である。

（二）オープンスペースの必要性

○旧体育館と新研究棟の間が狭く、大型緊急車両が通れない。

→立ち木を伐採すれば通過できるのは明らかだが、そもそもなぜ迂回せずにここを通過しなければならないのか不明。

第一一回計画委員会記録（同上）によれば、三菱地所設計の担当者は「研究棟と旧体育館との間の幅が狭く、緊急車両の動線は確保できない」と述べている。これは事実に反するし、ここを通る必要性の説明になっておらず、専門家の発言として問題である。

○災害時に学生・教職員が避難する場所としてオープンスペースが必要。旧体育館があると、多数の避難者がいるところを緊急車両が通ることになるので、安全性が確保できない。

→現在の新体育館の跡地で十分ではないのか。また、すぐ横に高層の建物があるようなスペースが安全な避難場所となるのかも疑問である。

○災害時にグラウンドに抜けようとしても、学生ホール・図書館・九号館の間の通路が狭く、安全性を確保できないので、避難場所となるオープンスペースが必要である。

→旧体育館の有無により安全性にどの程度の違いが生ずるのか不明である。

○現在はキャンパス内に学生の憩いの場所がない。前庭は道路から見えるので不適当。

→スペースは現在の新体育館跡地で十分ではないのか。また、旧体育館は、そのような機能を果たす場として活用できるのではないか。

二、財政上の問題

○登録有形文化財七棟の改修・維持は、大学が責任を持って行う義務があるが、今後莫大な費用がかかる可能性がある。たとえば、六号館(東校舎)の改修には、当初の見積もり(一億円)を大きく上回って二億円を要した。本館、講堂など、他の建物でも同様の事態が起きる可能性がある。このうえ旧体育館の改修・維持費まで負担するのは財政的に困難。

→旧体育館の改修・維持にどのくらいの費用が見込まれるか、具体的数字を示してほしい。学長でさえ教えてもらえないのは問題ではないか。場合によっては、募金などで対応することも考えられる。

現在のキャンパス整備は、八〇周年記念事業と異なり、無借金で進められている。大学の財政が危機的状況にあるわけではない。トイレ改修、今年度計画になかった前庭改修(二号基本金の対象外)などの実施状況を見ると、財政的に余裕がないとは考えにくい。近年行われている個々の工事の費用についても、旧体育館の改修・維持費用見積もりとともに示してほしい。

なお私たちは、専門家に依頼して独自に改修費用の見積もりを行おうとしたが、清水建設による耐震診断書の閲覧は理事長判断によって認められず、その理由も不明である。学内関係者の要望に対し、閲覧拒否の理由さえ示されないのは問題ではないか。

三、手続き上の問題

○アンケートや説明会を通じ、全学的な意見聴取を行っている。

→アンケートは、二〇〇五年五月、基本計画が明らかにされていない段階で行われている。旧体育館の解体計画が明らかになったのは二〇〇六年三月の説明会が初めてである。また、説明会が行われた当時、教員は二〇〇九年度からの学部再編の検討に時間とエネルギーを費やさざるをえず、キャンパス整備計画については十分な注意を払うことができなかった。

また、二〇〇六年一月の第一回計画委員会記録には、(3)今後の進め方として「本委員会で結論を出す前に、学内外関係者にコミットすることがないように充分注意してほしい」という記述がある。これは物事の進め方としては逆ではないか。

○キャンパス整備計画委員会では、八名の教授会メンバーも加わるなど、全学的な態勢で討議が行われており、教職員の意見も十分反映されている。

→委員会のメンバーは職位によって決められており、さまざまな立場からの意見が得られるようには選ばれていない。たとえば、もっとも大きな影響を受ける健康・運動科学の教員は入っていない。また、計画委員会での検討内容に関する事前の意見聴取、事後の詳しい報告は行われていない。このことが現在の事態を招いている原因の一つである。

○旧体育館の解体は機関決定なので変更できない。

→同じように機関決定された三号館の解体計画は、その後、教室不足などが明らかになったとの理由で中止となっている。機関決定は変えられないものではない。

○異議を申し立てる時期が遅すぎる。

→上述のとおり、アンケートや説明会が行われた当時、多くの教員はキャンパス整備計画について十分な注意が払えない状況があった。しか

二〇〇九年
三月一四日

し、教授会などの場における個別の疑問表明は、解体計画が明らかになった時点から再三にわたって行われていた。

今回のシンポジウム開催時期が解体直前になったのは、理事会側の真摯な説明を待っていたからである。学内の問題は学内で解決したいという気持ちもあった。

○ハード面の決定権は理事会にある。

→事業の最終決定を理事会が担うべきことは「私学法」にも定められているとおりだが、本件は教学の環境そのものに関わる問題であり、意見表明と決定について、教職員に一定の権利があることは当然である。理事会には権限に伴う説明責任がある。

四、その他

○大学キャンパスを三つのゾーンに区分して整備するという全体構想が崩れる（旧体育館はアドバンスト・リサーチ・ゾーンに位置する）。

→このことが大きな理由として推測されるが、固守しなければならない理由が不明。

○解体を前提に建築許可申請をしているので、旧体育館が残っていると、新棟は仮使用ということになる。

→変更届を出せば済む問題である。

○旧体育館と新棟の間の距離が狭いので、延焼を防ぐために窓ガラスを金網入りにしなければならないことが法律に定められている。

→距離は十分あると思われるが、仮に間隔が取れないとしても、窓ガラスを替えれば済む問題であるし、旧体育館を解体しなければならない理由にはなりえない。

○二〇〇八年六月の計画委員会第一一回記録には、「当方の経験では、保存問題はその建物が無くなるまで続き、無くなると止まる」という発言がある。

→このような発言は、当事者として問題ではないか。

以上

［資料085］――二〇〇九年三月一四日、東京女子大学旧体育館シンポジウム実行委員会「三・一四旧体シンポジウム・アピール」

① 今回の公開シンポジウムに参加した私たちは、討議を終えたいま、旧体育館解体問題はこれで決着したどころか、いっそう具体的かつ多角的に議論を深めてゆく必要があると、あらためて認識できた。私たちは、東京女子大学の来し方行く末に関わるこの重大問題を、今後もねばり強く考え続け、真剣に論じ合っていきたい。

② 旧体育館解体の是非について議論を続けるには、なんといっても時間が必要である。ところが大学の従来のキャンパス整備計画では、五月に入るや、解体作業が始まってしまう。この貴重な建物は、いったん壊されてしまえば、永久に元には戻らない。それゆえ私たちは、旧体育館の解体計画を、新体育館のそれとは切り離して、いったん凍結するよう、キャンパス整備計画委員会、ひいては理事会に、強く訴えたい。

③ 旧体育館の維持可能性を具体的に検討するには、耐震調査をより実証的に行う必要がある。大学は以前、清水建設に旧体育館等の耐震診断を依頼し、調査報告書を所有している。教職員がそのデータ開示を求めたにもかかわらず、理事長の判断で拒否されたままである。その判断の理由は説明されていない。公教育機関の一翼をになう私立大学の公共性にかんがみて当然公開すべきと考えられるこの耐震調査報告書を、すみやかに開示するよう、理事長に要求したい。

④ これまで教職員は、旧体育館解体とオープンスペース化の計画についての説明会の開催を、理事会側に幾度となく求めてきた。議論し合うことの意味を学ぶ場に身を置く者として当然の要求であろう。ところが、遺憾ながら、その要求はことごとく却下されてきた。しかしこれだけの重大問題を、理事会のみの判断に委ねるべきではない。全学的議論を尽くしたうえでの合意形成が不可欠であり、それなくして旧体育館解体を強行すれば、大学の将来に禍根を残すことは必至である。理事長も

つねづね「対話」の重視を唱えておられる。専門家によるセカンドオピニオンを徴することの重要性を知った私たちは、旧体育館をなぜ解体しなければならないか、に関する適正な説明会の開催を、シンポジウム参加者の総意として、理事各位にあらためて要求する。高等教育機関の運営に責任をもつ言論人としての誠実な回答を、切に望む。

[資料102]――二〇〇九年三月一六日、原田理事長・湊学長より山田宏杉並区長への「旧体育館の保存に関する要望書」への回答書

拝啓　時下ますますご清祥の段、お喜び申し上げます。

日頃より杉並区内大学公開講座、杉並区保護樹木等補助金および学生のVERA祭などに対してご支援、ご協力賜り感謝申し上げます。

さて、三月五日付で標記要望書を頂戴し、拝誦させて頂きました。

つきましては、本学のアントニン・レーモンド設計建築物の保存に関する方針について、下記の通り回答申し上げますので、ご理解を賜わり度いと存じます。

記

一、要望書にも書かれておりますように本学構内には、レーモンド設計の建築物が多数存在します。本学としても、その文化的意義と歴史的価値を評価すると共に、建学以来の貴重な遺産としてこれらを保存することの意義と必要性を認識してまいりました。

今後も、文化庁登録有形文化財であります本館、講堂・礼拝堂、外国人教師館、ライシャワー館、安井記念館、東・西両校舎の七棟につきましては、これを活用しつつ大切に保存する方針です。

具体的には、二〇〇六年度よりスタートしましたキャンパス整備計画において、必要な改修については今後かなりの費用を要することになっても武蔵野の面影を残した雑木林を含む周囲のたたずまいと共に、これらの歴史的な建築物を後世に遺すべく努力をする所存です。

既に七棟の登録有形文化財のうち六号館（東校舎）、七号館（西校舎）の二つの改修工事と耐震補強工事を約三億七千万円かけて行ないました。同時に正門も一九二六年（レーモンド設計）の原型に戻し、レーモンド建築群との調和の取れた姿に戻しました。

二、今回、ご要望頂きました旧体育館につきましても、その建築史的価値につきましては、ご指摘の通りであり、このことにつきましては十分認識致して居るところです。しかしながら、旧体育館についても先に申し上げた登録有形文化財に認定された七棟と同様に保存することにつきましては、かねて学内のすべての関係者の意見を聴取しつつ、総合的見地から長年にわたって慎重に検討した結果、既に次の理由でこれを断念し、解体をすることを評議員会を経て理事会で決断しております。

(一)時代の要請に応える教育環境の整備

現在及び将来の学生・教職員にとって、より安全で利便性、快適性の高い施設を整備することの必要性があり、安全確保の見地から、緊急時の導線を整備し、全体として非常時のためのオープンスペースを確保しつつ、総合的なキャンパス整備の観点から、旧体育館をそのまま維持することは出来ない。

(二)敷地の制約

施設老朽化が進む中、キャンパスの将来を見据えた新たな施設を建設する必要性は必至であり、敷地としては緑の環境を出来るだけ維持しつつ現在のキャンパスを最大限有効に利用する以外には残されていないこと。

(三)財政上の制約

安全確保の見地から、現在の旧体育館を維持し使用し続けるためには、改修工事・耐震補強が必要であり、新たに近代的な新体育館が既に完成間近になっている状況で、それとは別に何らかの目的で旧体育館を保存・使用し続けることは、費用面からいっても、現在の法人の財政上の負担

二〇〇九年
三月一六日

が大きすぎる。

ご要望に沿えず残念ではありますが、本学の旧体育館解体を決断するに至った事情をご賢察の上、ご理解下さるようお願い申し上げます。なお、写真、図面、関係記録等の整理を行ない、新たに設置する「新渡戸記念館」において、旧体育館を末永く記憶にとどめることを計画しておりますので、このことも併せてご理解下さいますようお願いする次第であります。

敬具

［資料044］――――二〇〇九年三月三〇日、藤原代表より原田理事長・湊学長への書簡

キャンパスになじんだ学生たちがそれぞれの夢を抱いて社会へ巣立ち、元気な新入生を迎え入れる前の大学には、ひととき、特別の静けさが漂っているのであろうと想像しつつ、熱い思いを一つにするレーモンド建築を活かす会の方々の意思を代表して、一筆さし上げます。

ご存じと思いますが、三月一四日旧体育館において教授有志で構成する実行委員会主催のシンポジウム「旧体育館の解体を再考する」が開かれ、公開とのことでしたので私も出席しました。雨もよいの肌寒い日でしたが、旧体育館いっぱいの方々が集まられました。そこで三時間半、教授はじめ学生、卒業生、そして外部の有識者の方々のご発言をお聞きし、深い感銘を受けました。おそらくそれは会場にいらした皆様が、ともに味わった感慨だと思います。

卒業生の特別ゲストとして作家永井路子さんがお話しになったなかで、三笠宮崇仁殿下が歴史の非常勤講師として定期的に講義にいらした時期、ダンスがお好きだった宮様が、このフロアで学生たちと軽やかにステップを踏まれたエピソードにふれて、体育館が残るとお聞きになったら宮様はどんなにかご安堵なさるでしょう、とおっしゃいました。上質の桜材を使用したフロアはダンス愛好家によると、身体に快い感触があるのだそうです。また二階の談話室で若い日に学生に能の指導をされた野村万作氏も、もし解体を免れればいっそうの東京女子大学ファンになられるでしょう、といった趣旨のことをお話しになりました。

専門家として建築史の権威鈴木博之東京大学大学院教授、建築構造研究家松嶋晳奘氏が、曲線をまとめた天井、筋彫りのある柱、仕上げの美しい壁面等を指さし、時に図面を使いながら、耐震へのすぐれた配慮、近代的デザイン感覚、良質の内装などを口々に称賛され、文化的価値の高さと安全性を証言されました。お聞きしながら費用をかけてでも保存し、学生たちに誇りをもって使ってほしいと、私も心からそう思いました。

フロアからは日本遺跡学会会長石井則孝氏、日本民俗建築学会理事長宮崎〔勝弘〕氏、作家近藤富枝氏（卒業生）らの示唆と含蓄に富むご発言に混じって、かつて大学で働かれた卒業生からは、この席は解体の必要性につき、納得のいくご説明を承る機会と聞いて出席したが、プログラムに〔交渉中〕とあってお顔が見えず、真に遺憾という発言があり、私の周りでも、この点に共鳴する声が多数とび交っております。最後に卒業を目前に控えた学生が言われたことは、深く心に残りました。それは「この建物がそんなに価値の高いものだとは、今日までまったく知らなかった。在学中に知っていればと、口惜しくてならない」という悲痛な言葉でした。

それらを拝聴しながら思い出したのは、古い話ですが昭和二〇年代半ば、石原謙、齋藤勇両学長から全学集会で何度かお聞きした大学とキャンパスについての歴史でした。創立期の巨額の資金が米英加のキリスト者の祈りをこめた献金により支えられ、設計者にはアントニン・レーモンド氏に白羽の矢が立てられたことを、何度も聞きました。戦中・戦後の厳しい時期にアメリカからの資金援助が細り、授業料の値上げが不可避であった時期ゆえの、原点からのご説得だったのかもしれません。当時の理事長・学長は、懇切に何度も労をいとわずに全学集会で説明責任を果たされました。アントニンというちょっと変わったファーストネームとともに、レーモンド氏のお名前を記憶したのはその時でした。

　歴史を知ることは学生が母校に誇りと愛情を抱く重要な契機になると思います。私が学生時代に読んだ倉田百三著『愛と認識の出発』は戦前から読み継がれ、当時も学生の多くが親しんだ本です。ずいぶん昔のことで記憶が曖昧な点はお許しいただきたいのですが、それには「知ることは愛することの始まり」という趣旨のことが書かれていました。歴史を知らずに大学の四年間を、ただ素敵な空間を楽しんで通り過ぎた学生たちは、大きな損失を自覚することなく社会人になるのでしょう。そのことに私は愕然とします。

　歴史に関する教育が今こそ必要だと思います。そしてその教材になるすぐれた建造物がキャンパスに残っています。今からでも遅くありません。旧体育館を登録有形文化財に申請して、ぜひとも保存への一歩を踏み出してください。この問題が公表された三年前、私は文化庁を訪ね、担当官とじっくり話し合いました。彼(特にお名前を伏せます)は価値をよくご存じで「ぜひ九棟そろって申請していただきたかった。当方は残念でなりません」と言われました。重ねて申しあげます。旧体育館をどうか追加申請してください。大正期において、「体育兼社交館」という独自の名前を与えられ、未来志向の理念と機能と優美さを備えたわが国唯一の建物は、一般の教育史上でも、女子高等教育の歴史においても、誇るべき存在たりうると信じています。登録されれば保存に必要な経費の一部が公費で補助されることはご存じだと思います。

　九〇周年の記念すべき行事の席上で、学術・文化をになう機関の指導者としてのご英断によって、晴れやかなご報告があることを、そして大学の品格を高められた名理事長・名学長として長く東京女子大学の歴史に名をとどめられることを、心からご期待申し上げます。

二〇〇九年
四月一五日

[資料045]——二〇〇九年四月一五日、永井路子より同窓会支部長への書簡

お元気でいらっしゃいますか。

　ご存じかと思いますが、同封のような、教員有志による旧体育館についてのシンポジウムが、去る三月一四日、所もその旧体育館で開催されました。その経緯をまとめた一冊をお手許にお送り申しあげますので、御多忙のことと存じますが、ぜひ御高覧賜りたく存じます。

　私も発言者の一人として参加いたしましたが、旧体育館にこめられた建学の精神、そして新渡戸稲造、A・K・ライシャワー、安井哲氏等のこの建物に寄せられた期待、最近の卒業生がまとめ、学生研究奨励賞の最優秀となった旧体育館史の概要報告に続き、私も旧体育館に刻まれた女子大の歴史などをお話しさせていただきました。私自身、集まりに参加して、この建物が校舎やチャペルとは違った、実に貴重、かつユニークな歴史を刻んだ建物であることを再確認致しましたが、体育館を埋めつくした来会者の方々からも、しばしば大きな拍手が寄せられました。

　それよりも意義が深かったのは、東京大学大学院教授鈴木博之氏による、旧体育館に見られるレーモンドのデザインの細やかな心くばりについての御説明です。ここまで配慮がされていたのか、と見慣れていた旧体育館を改めて見直しました。日本でも稀な価値ある建物なのです。

　もう一つ、松嶋哲奘氏(松島哲奘建築研究所)の耐震性に対する太鼓判と言ってもいい、保証です。さすが専門家のお言葉の一語一語には力強い説得力がありました。

　その他会場からの御発言は何卒御高覧下さい。学者、研究者、学内の先生方や卒業生、在校生のお言葉にぜひ耳を傾けていただきたいと思います。

　理事会・大学側は、この旧体を壊して、緊急時の避難場所にする、といわれているようですが、構内を再検討すれば、ここを壊さなくても避難場所はある、という話も聞いております。

また、緊急車輌の動線確保のため、というのも解体理由の一つだそうですが、解体される新体育館の跡地だけでも十分な空間になるそうですし、防災関係当局も、旧体が残っても問題なし、といっていると聞いています。

又当日、杉並区長からも、区の誇る建造物の保存を、という要望書が理事長・学長宛に送られてきたことも発表されました。

どうかこの一冊を御高覧の上、旧体育館の保存にお力をお貸し下さいますように。

私は「東京女子大学レーモンド建築 東寮・体育館を活かす会」（略称 東女レーモンドの会：代表 藤原房子氏 五三年文卒）のメンバーの一人ですが、当日は個人として参加しました。同会は東寮と旧体育館の保存を願って、学内外の方々に呼びかけ、一万二〇〇〇名に及ぶ署名を集め、理事会・大学へ出しましたが、残念ながら同意を得られませんでした。

御意見の中には、署名者のうち東女出身者の数は少ないではないか、等という声もあったようですが、むしろ東女以外の方々がこれだけ多く関心を持たれていることこそを注目していただきたかったのです。文化遺産の保存はすべて、それを守る少数者の意見だけではどうなるものではなく、それ以外の多くの賛同者があってこそ、可能となるものです。

残念ながら一昨年夏、貴重な歴史を持つ東寮は廃毀されました。当日、永井ほか数名が現場に駆けつけ、傷ましい最後を見届けてまいりましたが、そこには理事長・学長の姿はありませんでした。

付け加えますと、東女レーモンドの会と理事長・学長との話し合いは、レーモンドの会からの発案で、すべて祈りによって始められております。戦うのではなく、話し合いを、対話を、とレーモンドの会は常に願ってきました。理事長御自身は某紙上に「対話が必要」というエッセイを書かれましたが、現実には、東寮・旧体についてもう少しの対話を、と希望する私どもの願いは叶わない状態です。

しかし、ここで空気が変わってきました。学内の先生方が旧体育館の保存の意義を重視され、さまざまの過程を経て、この度のシンポジウムの開催が実現したのです。詳しくは冊子を御一読下さればおわかりと存じます。

支部長の方々も、どうか支部のメンバーの皆さまに、旧体育館の意義をお伝え下さいまして、保存の波を湧きあがらせていただきたいと存じます。

これは勝つか負けるかの「闘争」ではありません。後世のために、歴史を残そう、東女精神のシンボルを残すにはどうすればよいか、静かに見つめ、語りあっていただきたいのです。そして皆さま方の御要望が昂まれば、同窓会も広い度量をもって、その声に耳を傾けて下さることと存じます。支部の皆さまへはもとより、同窓会本部へも働きかけしていただければ幸いです。

よろしくお願い申しあげます。

［→『三・一四シンポジウム記録集』を同封、全六三支部長のうち国内五四支部長に送付］

［資料087］――二〇〇九年五月二〇日、旧体育館保存を要望する有識者の会より理事会・理事各位・評議員会・評議員各位・教授会・教授会構成員各位への「旧体育館保存のための緊急アピール――体育兼社交館のルネサンスのために」

東京女子大学旧体育館保存のための緊急アピールを、改めて提出させていただきます。賛同者は、二〇〇九年五月二〇日現在、計一八八名に達しています。四月一七日に理事長および学長宛提出時には四四名、四月二九日再提出時には八五名、五月一一日に理事、評議員、教授会構成員全員宛再々提出時には一三九名でした。

四月一七日の第一回提出以来、これまで何の返答もいただいておりませんが、四度目の提出の今回こそ、誠実なご回答を賜わりたく、お願い申し上げます。

新聞各紙にも取り上げられており、今や、旧体育館解体問題は、近代建築や文化保全というテーマ、そして教育と大学の将来展望にかかわる、重大な公的関心事となっています。ご回答のさいには、その点をぜひご考慮のうえ、説明責任を十分果たされますよう、またそのためにも、理事会、評議員会、教授会にて慎重にご審議のほど、お願いいたします。併せて、ご返答のないまま貴学が旧体育館解体工事を開始されることのないよう、要望させていただきます。

お返事は、東京女子大学旧体育館保存を要望する有識者の会事務局〔住所略〕までお願いします。

一九二四(大正一三)年、現在の地に移転した東京女子大学のキャンパスの中心に、ユニークな体育館が姿を現わしました。この「体育兼社交館」は、「品格ある社会性の涵養」の場として、歴代の学生に親しまれてきました。二〇〇九年、この旧体育館が、キャンパス再開発事業のあおりで解体の危機に瀕しています。その一方で、解体再考を求める学内外の声は、かつてない盛り上がりを見せています。三月に行なわれた公開シンポジウムと、その記録集は、保存を要望し活用を提案する人々の輪が無視しえぬ広がりに達していることを示しました。こうした声の広がりは、貴学の伝統を敬い将来の発展を願う市民や専門家、学内者の思いの深さを表わしています。にもかかわらずこのまま解体工事を始めれば、東京女子大学の輝かしい栄誉を損じかねません。そのような道を選ばれることのないよう、貴学のために、以下の通り進言させていただきます。

アントニン・レーモンドの傑作の一つ、旧体育館は、大正期に建造された国内に現存する大学体育施設として稀有のものであり、全体にも細部にも工夫の凝らされた重要文化財級の近代建築として、かけがえのない価値を有しています。そればかりではありません。創設者A・K・ライシャワー、新渡戸稲造、安井哲らの教育理念を具現すべく建てられ、築八五年を経てなお健在なこの校舎は、貴学が近代日本の女子高等教育に果たしてきた多大な貢献のシンボルであり、女子大学の将来を切り拓く人格形成の場として幾重もの活用ポテンシャルを秘めています。新築を売り物にする他大学には望むべくもない至宝である体育兼社交館は、貴学の美しいキャンパスのなかでも、学生や市民にとっての最大の魅力の一つとなることでしょう。

他のレーモンド建築七棟を文化庁登録有形文化財に申請登録されたことに対しては、賛辞を送りたいと思います。ここにさらに、七棟にひけをとらない重要性をもつ旧体育館を加え、保存、活用されることを切望いたします。東京女子大学のレーモンド建築群は、一九二〇年から二三年にかけて北米で展開された「東洋の七つの女子大学」校舎建築のための超教派のキリスト教諸教会の女性たちの熱心な募金活動の結果、建てられたものだと伺っています〔序章参照〕。派を超え国を越え海を越えた連帯の見本である貴学の創立史に思いを馳せるとき、時を超えたその証であり続ける八棟のレーモンド建築をそなえたキャンパス全体は、国際的友愛の記念碑的存在に他ならず、その意義たるや計り知れません。

やはり学内外の声の広がりを受けて工事計画が変更となった上野の旧奏楽堂は、新奏楽堂建設のために移築を余儀なくされました。ところが、善福寺の旧体育館の場合、解体後の跡地に建物を建てる計画はないとの由です。幸いにも、移築せずとも他の建物と立派に共存できるのです。それどころか、新体育館解体後の跡地に確保しうる「オープンスペース」の要をなす全天候型の憩いのスポット、つまり新たな社交館として甦りうるのです。そのための財政的支援は、各方面から大いに期待できることでしょう。九〇年の栄えある伝統を有する東京女子大学が、そのような可能性に満ちた貴重な財産をみすみす失うことのないよう、そして旧体育館の解体計画を変更し、文化的環境保全に向かって栄光ある一歩を踏み出されるよう、願ってやみません。体育兼社交館の復活《ルネサンス》は、建学の

二〇〇九年

五月二〇日

精神を支えとして二一世紀の高等教育と経営戦略に乗り出すべき私立大学の指針ともなることでしょう。そしてそれは、女子大学の真の意味での再生《ルネサンス》を意味するに違いありません。

旧体育館には、暖炉のある部屋が五つあります。それぞれ形状を異にする趣ある暖炉です。建物全体が堅牢な構造であるのと同じく、暖炉も本格的な造りで、まだ十分使えます。暖かい火を囲んで憩えるスペースを五つもそなえた社交施設は、優に「クラブハウス」の名に値します。演武と演舞の繰り広げられる劇的な開放空間たる中央フロアー。その両隣に設けられた親密な談話に絶好の小広間たち。大正期の社交教育の意気を今に伝えるこの宝石箱のような学び舎に、学生、教職員、卒業生、そして市民が、なごやかに集い、のびのび語り合う光景は、偉大な創設者たちの期待するところでありました。復活なった社交館は、東京女子大学のますますの発展を約束することでしょう。

聞くところでは、貴学は、慢性的な教室不足や、サークル活動のためのスペース不足に悩まされ、のみならず図書収蔵スペース不足という悩みも抱えておられます。本館に作られた新渡戸稲造記念室とはまた別に、旧体育館の一室を改装して大学の歩みを伝える記憶の場所とし、そこに図書資料（たとえば歴代卒業生の著作）を常備しておけば、学生たちに刺激と希望を与えてくれることでしょう。加えて、体育兼社交館を中心にして特色ある教育プログラムを打ち出せば、文部科学省からの支援も十分期待できます。補修費がかかるから云々の後ろ向きの発想はこのさいやめて、新築しなくとも上質の多機能空間をいくつも手にしうると考えれば、道はおのずと拓けてくるものです。

以上、貴学関係者各位に、謹んで進言させていただきます。とりわけ、大学運営に責任をもつ原田理事長のご英断を、切に要望する次第です。

東京女子大学旧体育館保存を要望する有識者の会

呼びかけ人代表：前野まさる（東京藝術大学名誉教授、建築保存論・文化財保存計画、日本ICOMOS〈＝国際記念物遺跡会議〉国内委員会委員長）

賛同者（☆は呼びかけ人、＊は東京女子大学卒業生）：青柳いづみこ（ピアニスト、文筆家、大阪音楽大学教授）／青柳真智子（立教大学名誉教授、文化人類学・民俗学）＊／赤堀忍（建築家、芝浦工業大学教授）／浅見俊雄（東京大学名誉教授、元日本体育学会会長、スポーツ科学）／跡見順子（東京大学名誉教授、東京大学アイソトープ総合センター特任研究員）／跡見裕（杏林大学医学部長）／阿部守（福岡教育大学教授、彫刻家）／天野郁夫（東京大学名誉教授、教育社会学）／新井明（日本女子大学名誉教授、前敬和学園大学学長、英文学）／飯田善彦（建築家、横浜国立大学大学院教授）／池田香代子（翻訳家、元東京女子大学非常勤講師）／池田裕恵（東洋英和女学院大学教授、発育発達学）／池上恵子（成城大学短期大学名誉教授、英語学）＊／石井則孝（日本遺跡学会会長）／石井康智（早稲田大学教授、精神心理学）／伊東秀子（弁護士）／矢萩喜從郎（建築家、デザイナー）／岩倉成志（芝浦工業大学教授、土木計画学）／上野勝久（東京藝術大学大学院教授、建築史、文化財保存学）／内田青蔵（神奈川大学教授、建築史）☆／浦環（東京大学教授、海中ロボット工学、全日本学生競技ダンス連盟会長）／江口裕子（東京女子大学名誉教授、英文学）＊／大石泰（東京藝術大学演奏芸術センター准教授、元テレビ朝日音楽プロデューサー）／大川三雄（日本大学教授、建築史）／大西正幸（総合地球科学研究所上級研究員、言語学・ベンガル文学研究）／大藪郁子（劇作家）＊／小笠原彩子（弁護士）／小木曽友（(財)アジア学生文化協会理事長）／岡田章（日本大学教授、構造学）／奥村昭雄（建築家、東京藝術大学名誉教授）／奥村まこと（建築家、木曽三岳奥村設計所）／小黒和子（元東京女子大学助教授、早稲田大学講師、英文学）＊／尾崎左永子（歌人・作家）＊／小幡由紀子（エッセイスト、NPO法人地球ことば村理事）／帯津良一（帯津三敬病院名誉院長、日本ホリスティック医学協会会長、日本ホメオパシー医／学会会長）／柏木惠子（東京女子大学名誉教授、心理学）＊／片山和俊（建築家、元東京藝術大学建築科教授）／叶谷渥子（翻訳家、日本翻訳家協会常務理事）＊／金山真人（建築家、日本建築家協会保存問題委員会元副委員長）／兼松紘一郎（建築家、DOCOMOMO Japan幹事長）☆／加茂登志子（東京女子医科大学附属女性生涯健康センター所長、精神科医）／川村和夫（関東学院大学名誉教授、英文学）／川井万里子（東京経済大学名誉教授、英文学）＊／喜久川政樹（株式会社ウィルコム代表取締役社長）／北郷悟（彫刻家、東京藝術大学彫刻科教授）／きたむらさとし（絵本作家、イラストレーター）／北山恒（建築家、横浜国立大学大学院教授）／木戸修（彫刻家、東京藝術大学彫刻科教授）／木戸眞美（東北学院大学教授、人間情報・生命情報科学）／窪龍子（実践女子大学人間社会学部教授、発達心理学）／倉澤智（建築家、日本建築家協会保存問題委員会前副委員長）／黒川哲郎（建築家、東京藝術大学美術学部建築科教授）／黒羽亮一（大学評価・学位授与機構名誉教授、元日本経済新聞論説委員）／桑名信匡（東京共済病院院長、脳外科学）／桑原文子（東洋大学大学院教授、現代英米演劇）＊／小池繁夫（航空機イラストレーター）／古在由秀（国立天文台名誉教授、天文学）／狐崎晶雄（元日本原子力研究所、（財）高度情報科学技術研究機構研究参与、核融合）／腰原幹雄（東京大学生産技術研究所准教授、建築構造）／小西敏正（元宇都宮大学教授、建築構法）／小林茂夫（京都大学大学院教授、生体情報処理）／小宮山昭（建築家、ユニテ設計・計画代表、武蔵野美術大学講師）／小谷部育子（日本女子大学副学長、日本女子大学教授、建築家、住居学）／近藤富枝（作家）＊／近藤洋子（舞の会主宰）／斉藤驍（弁護士、小田急等環境訴訟弁護団長）／斎藤康代（東京女子大学名誉教授、英文学）＊／阪田誠造（建築家、坂倉建築研究所最高顧問）／佐藤ひろこ（中野区議会議員）＊／寒川恒夫（早稲田大学教授、日本スポーツ人類学会会長、スポーツ人類学）／椎原晶子（谷中学校主幹、建築文化財保存学）／篠田靖子（金城学院大学名誉教授、アメリカ女性史）＊／篠田義男（建築家、日本建築家協会保存問題委員会元委員長）／柴田元幸（東京大学文学部教授、アメリカ文学）／代田智明（東京大学大学院教授、中国文学）／進藤咲子（東京女子大学名誉教授、日本語学）＊／陣内秀信（法政大学教授、建築史）／末永航（広島女学院大学教授、建築史・美術史）／杉井和子（茨城大学人文学部教授、日本近代文学）＊／杉森長子（元日本女子大学教授、アメリカ研究）＊／鈴木佐和子（米国大使館広報・文化交流部）＊／鈴木晶（法政大学国際文化学部教授、身体表現論）／鈴木晋（イー・エフ・ユー・プランニング主宰、一級建築士）／鈴木博之（青山学院大学教授、建築史、DOCOMOMO Japan代表）☆／関口秀紀（平凡社執行役員編集一部部長）／関根勝（早稲田大学国際教養学術院教授、Theatre Project Si主宰）／瀬戸内寂聴（作家）＊／瀬戸山隆平（東京都教職員互助会三楽病院長、消化器・血管外科学）／仙田満（建築家、日本建築学会元会長、日本建築家協会前会長）／高山幹子（東京女子医科大学名誉教授、耳鼻咽喉科学）／竹内裕二（建築家、竹内裕二建築事務所）／田尻裕彦（建築ジャーナリスト、月刊『建築文化』元編集長）／田尻三千夫（東京大学教授、ドイツ文学）／蓼沼康子（城西大学教授、文化人類学）＊／田部井淳子（登山家）／田村照子（文化女子大学教授、日本家政学会会長、被服環境生理学）／田中朱美（東京女子医科大学名誉教授、人体科学会会長、神経精神医学）／田中宗隆（空間演出プロデュースＳＰＤ代表）／田中泰子（大阪大学名誉教授、ロシア語・ロシア文学）／谷川俊太郎（詩人）／竺覚暁（金澤工業大学教授、建築史、金澤工業大学ライブラリーセンター館長・建築アーカイヴス研究所長）／土田滋（元東京大学教授、元順益台湾原住民博物館館長、言語学）／角田太作（東京大学大学院教授、言語学）／堂本暁子（前千葉県知事）＊／土岐知子（東京女子大学名誉教授、英文学）＊／時枝俊江（記録映画監督）＊／常田益代（北海道大学留学センター教授、美術史）／鳥越けい子（青山学院大学総合文化政策学部教授、音楽学・サウンドスケープ論）／鳥山明子（元日本基督教団荻窪南教会牧師）＊／鳥山英雄（東京女子大学名誉教授、植物生理学）／天外伺朗（作家、元ソニー上席常務、エンターテインメントロボット・アイボ製作責任者）／永井路子（作家）＊／永田晨（前自由学園理事長）／永原和子（女性史研究家）＊／永松慧一（演出家、ＮＰＯ法人地球ことば村副理事長、佐賀大学アドバイザー）／中村牧子（華道家、ＮＰＯ法人地球ことば村理事）／名古則子（元東寮寮監、現代美術家協会会員、元連歌協会常任理事）＊／西澤英和（関西大学准教授、構造学）／西澤泰彦（名古屋大学准教授、建築史）／西谷さやか（元玉川大学教授、教育心理学）＊／野口昌夫（東京藝術大学建築科教授、建築史）／野沢正光（建築家、武蔵野美術大学客員教授）／野呂有子（日本大学文理学部教授、英文学）／灰島かり（翻訳家、白百合女子大学講師）／蓮見音彦（元東京女子大学助教授、元東京学芸大学学長、社会学）／長谷川洋三（ジャーナリスト、帝京大学教授）／初田亨（工学院大学教授、日本建築学会建築歴史意匠委員会委員長、建築史）／八田秀雄（東京大学大学院准教授、生命環境）／早川邦彦（建築家、東京都市大学大学院客員教授）／林和男（ぴあ（株）取締役Co-

二〇〇九年

五月二〇日

founder、ぴあ総合研究所(株)代表取締役社長兼所長)／原田鎮郎(建築家、愛知県立芸術大学・上海同済大学客員教授)／春木豊(早稲田大学名誉教授、元人体科学会会長、心理学)／檜垣祐子(東京女子医科大学付属女性生涯健康センター副所長、皮膚心身医学)／平野邦夫(東京女子大学名誉教授、日本古代史)／樋口恵子(評論家)／平瀬徹也(東京女子大学名誉教授、フランス史)／平野健一郎(早稲田・東京大学名誉教授、国際文化論)／平野卿子(翻訳家、ドイツ文学)／平野光将(東京都市大学教授、原子力安全委員会専門委員)／平松幸三(京都大学大学院アジア・アフリカ地域研究科教授、環境学)／福永哲夫(鹿屋体育大学学長、東京大学名誉教授、日本バイオメカニクス学会会長、スポーツ科学)／福西浩(日本学術振興会北京研究連絡センター長、地球物理学)／藤田千枝(科学読み物研究家)／藤岡洋保(東京工業大学大学院教授、建築史)☆／藤原房子(ジャーナリスト、日本記者クラブ会員、日本エッセイストクラブ会員)＊／細川哲士(立教大学名誉教授、フランス文学)／堀江薫(東北大学教授、言語学)／堀川秀夫(建築家、日本建築家協会デザイン部元会長)／益子義弘(建築家、東京藝術大学名誉教授)／萬澤正美(東京都立大学名誉教授、ドイツ文学)／松岡和子(演劇評論家、翻訳家)＊／松隈洋(京都工芸繊維大学教授、建築史)☆／松嶋哲奘(建築家、建築構造)／松本光弘(筑波大学名誉教授、(財)日本サッカー協会参与、運動学・サッカー方法論)／三沢浩(建築家、アントニン・レーモンド研究)／水谷静夫(東京女子大学名誉教授、国語学)／南一誠(芝浦工業大学教授、建築構法計画)／宮崎勝弘(日本民俗建築学会理事長、中野区文化財専門委員)／宮原信(東京大学名誉教授、フランス文学)／村上朝子(ジャーナリスト、元ジャパンタイムズ記者、環境問題)／村上雅也(建築家、千葉大学名誉教授、耐震工学)／村上美奈子(建築家、杉並区都市計画審議会委員)／元倉真琴(建築家、東京藝術大学美術学部建築科教授)／本橋成一(写真家・映画監督)／百々佑利子(児童文学者、元日本女子大学教授)＊／森まゆみ(作家)／守屋克彦(東北学院大学法科大学院教授、弁護士)／矢田部英正(武蔵野身体研究所所長、造形作家)／八束はじめ(建築家、芝浦工業大学教授)／山岸みどり(北海道大学高等教育機能開発総合センター教授、高等教育)＊／山口廣(日本大学名誉教授、建築史)／山崎努(俳優)／山田利行(建築家、日本建築構造技術者協会木質構造部会、文化財調査WG主査)／山本圭介(建築家、東京電機大学未来科学部教授)／山本理顕(建築家、横浜国立大学大学院教授)／横井久美子(シンガーソングライター)／吉家千絵子(元Casa BRUTUS編集長)＊／吉岡努(前自由学園明日館館長)／吉川一義(京都大学大学院教授、フランス文学)／吉武利文(香りのデザイン研究所代表、別府大学客員教授)／吉元昭二(吉元医院院長)／乗浩子(元帝京大学教授、ラテンアメリカ研究)＊／六角鬼丈(建築家、前東京藝術大学美術学部長)☆／和田昇三(足利工業大学教授、構造学、日本建築家協会保存問題委員会委員長)／渡邊研司(東海大学准教授、建築史・建築論、DOCOMOMO Japan副事務局長)／渡辺洋子(芝浦工業大学教授、建築史)／C.L.Colegrove(東京女子大学名誉教授、英文学)[→二〇〇九年四月一七日、四月二九日、五月一一日、五月二〇日の四次にわたって、総計一八八名の賛同者名とともに提出された。]

[資料046]――二〇〇九年五月二八日、藤原代表より原田理事長・湊学長への書簡

去る五月一六日に東京女子大学創立九〇周年記念式典が盛大に行われましたこと、誠におめでとうございます。来賓としてお出になられた三笠宮殿下が、旧体育館に足を運ばれ、かつてフォークダンスのステップを踏まれた館内で、しばし関係者と楽しげに談笑されたと伝え聞いております。ご高齢の殿下のお気持ちを拝察して、往時を知る卒業生の一人として心から有り難いことと思います。

理事長が先に「対話を大切に」と日本経済新聞のコラムにお書きになったことを私どもは心強く思い、今回のキャンパス整備計画にともなう建物の解体をご再考していただきたいと、対話をお願いしつづけてまいりました。専門家による耐震診断等を添えての申し入れもいたしました。しかし二〇〇七年七月三一日の公開質問状へのご返事は、再三の督促にもかかわらず今に至るもまだいただいておりませんし、直接の対話の機会も、二〇〇七年一月一八日以来、無視されたまま、設けられておりません。これはどうしたことか理解に苦しみます。

また今年五月に入って提出された前野まさる東京藝術大学名誉教授を代表者とする「東京女子大学旧体育館保存を要望する有識者の会」の申し入れに対しても、まったくお返事をいただいていないようでございます。これは文化・学術・教育などの分野を代表する有識者に対して礼を失するのではないか、この件が東京女子大学の品位を損ねるのではないかと深く懸念しております。問答無用のまま、解体を強行なさいませぬよう、今こそ誠意あるご英断をお待ちしております。

さらに追加して以下の二点をお尋ね申し上げます。

有識者の会の主催で五月二五日に日本記者クラブにおいて緊急記者会見が開かれました。急な呼びかけだったにもかかわらず大手メディア各社から一八人が熱心に参加され、関心の高さをうかがわせました。席上、早稲田大学及び東京大学名誉教授で新渡戸塾塾頭を務められる平野健一郎氏が、次のように発言されました（録音テープより）。

「国際関係論の研究者としての私は新渡戸稲造の系譜に連なる者です。新渡戸先生も近代日本の文化の変容に指導的な発言をなさったわけですが、今、新渡戸先生がいらっしゃったら『旧体育館を活用しながら保存しなさい』とおっしゃるに違いないと思っております。やはり、文化の多様性が、グローバリゼーションの中でことさらに求められるということは、人々が文化に、いわゆるアイデンティティの核を求めることだと思います。ですから、旧体育館全体の『革新的保守』ということが、グローバリゼーション時代の文化のありかたを考える態度ではないかというふうに思っております。」

新渡戸精神の系譜から考えても、解体に疑義があるとのご趣旨だとお聞きしました。この点を新渡戸研究者の原田理事長はどうお考えでしょうか。

もう一点は法律的な問題です。専門家であられる原田理事長にはあまりにも不遜な質問だとは存じながら、あえて「双方代理」をめぐる素朴な考えをお尋ねします。二〇〇四年の民法改正で、当事者が事前に了解している場合には「双方代理」も許されるとの但し書きが付けられました。この点で、現在兼務されているお仕事との問題はなさそうです。しかし社会常識では、法に抵触しないことはいわば最低限の話であって、ケースによって世間の目は道義的な問題を座視してはくれないと思います。広い意味で教育に携わり、かつ社会の指導的な立場に身を置かれる方は、より厳しく道義性を求められるのではと愚考いたします。これにつきましてもご見解を承りたく存じます。

東京女子大学にとってチャペルや校舎や講堂が大切なことは論をまちませんが、体育兼社交館のようなユニークな建物は、日本中でこれ一棟のみです。しかも内部には暖炉が五つもあり、それぞれ異なるデザインで造られていることは、若いレーモンド氏が情熱を傾けて楽しんで設計されたであろうことを想像させます。長い間使用していなくても危なげなく火を燃やせる機能が保たれ、微塵もその計算が狂っていないこの素晴らしさ、不慣れな工事に凝縮された昔の技能者たちの水準の高さ等を、関係者の皆様と共に誇りたいと思います。

あわせて申し上げたいことがあります。

キャンパスの建物の建設費の九三%が米・加・英のキリスト者の方々からの拠金によるものと聞かされてきました。これは戦後の荒廃のなかで齋藤勇学長からのお話で初めて知り得たことでした。日本人の道義心には「人様からいただいたものは、粗末にしてはいけない」という素朴な考え方が根付いております。自らが労せず、他の方からいただき、あるいは託されたものを捨て去ることは、誰でも寝覚めが悪いものではないでしょうか。その不名誉をお引き受けなりませんよう、勇気あるご決断を重ねてお願い致します。

二〇〇九年
五月二八日

[資料047]―――二〇〇九年五月三一日、藤原代表より湊学長への書簡

五月二八日の小ホールにおける学生説明会では、お帰りの際ぶしつけに横合いから封書をお渡しして、失礼申し上げました。少し驚かれたご様子だったので申し訳ないことをしたと思っておりますが、昔の寮生のよしみでどうぞお許しください。

実はあの日、土壌汚染検査名目で解体が始まるのではないかと、当会の一〇人ほどで旧体育館の前に集まりました。事前に桃井事務局長を通じて原田理事長と湊学長に面談を申し入れましたが、原田理事長は「大学に来られない日」であり、湊学長は「一分たりとも時間がない」とのことで願い叶わず、せめて文書でと、用意して出かけたのです。お読みくださったものと存じます。

旧体育館はすでに工事用フェンスでぐるりと仮囲いされ、二年前の塔解体時と同じ本囲いのフェンスが正面をすっぽり覆っておりました。小雨を避けて八号館からその姿を皆で黙って見つめているときに手渡されたチラシに「二八日一二時三〇～　食堂小ホールにお集まりください。学長に説明を求めます」とあります。せっかくの機会なので学生さんと一緒にお話しをうかがえるものと考え、小ホールに急ぎました。

しかし、私が席につこうとしたときに、卒業生がいては説明会を中止するとの湊学長の声が耳にとびこんできました。学生さんにご迷惑が及ぶのをおそれて、すぐに外に出ましたが、その際、学長は「卒業生に対してはあらためて説明の場を設けるから」と言われました。連日解体工事が進んでいる模様で、早くにその機会を設けていただきたいのですが、いつごろになりますでしょうか。ご多忙のところ誠に恐縮でございますが、ご連絡くださいまし。ご指定の日時に万障繰り合わせて参上いたします。

九〇周年の記念に製作された写真集を拝見する機会がありました。部室として埃にまみれて粗雑に扱われていたころの姿が見違えるほど綺麗に清掃されて、専門家のカメラで美しく表現されていることにほっと致しました。焦茶色で統一されたシックな内装、キュビズムの特徴がみえる欄間、黒光りする簡素で優しい階段の手すり、堂々たる暖炉等、廊下の空間や細部にもしばし見とれ、それらがもう地上に存在しないことに胸が潰れる思いでした。この美しさが永遠に消されたことは痛恨の極みでございます。

そして正面玄関脇の銘板に思わず見入りました。「東寮」編の冒頭頁のほか、一六頁と四八頁にも出ています。「東寮卒業生有志」とありますが、あの文章を書いたのは私です。銘板をデザインし発注のお世話をなさったのは当時の寮監名古則子さんです。費用は有志がバザー等で得た収益をあてました。そんないきさつも多くはご存じないでしょう。この写真集を、寮を限りなく懐かしむ者たちが入手できますよう、代金や送料、申込み先等をお知らせくだされば幸いです。

小ホールを埋めた大勢の学生の前で、学長自らお約束くださいました「卒業生への説明の場」を早急に設けてくださいますよう、重ねてお願い致します。写真集の件とあわせてのご返事をお待ちしております。

[資料064]―――二〇〇九年六月八日、学生有志より原田理事長・湊学長へ「旧体育館の解体に関する質問[・]への回答要望書」

旧体育館の解体に関して以下の質問に対する回答を要望します。

・「旧体育館の解体」に反対する二〇三人の署名が学生から提出され、五月一八日の時点では三二三人、計五二六人の署名が得られています。また、五月二五日には一六八名の、五月二八日には四〇〇名の在学生の署名を伴ったこちらの質問状を学長先生に提出いたしましたが、十分な回答はいただけず、また理事長先生とのお話の機会も設けて頂けませんでした。学長先生は情報公開を求めると、「理事長に聞いてください。」とおっしゃいました。そのため、今回はこのような質問状を提出いたします。

大学側からは未だ回答がなされない中、解体に着手する姿勢に私たちは不信感を覚えます。また、前期学期中の学生が学業にいそしむ中に大規模な工事を行うことは緊急時に学生の生命を危険にさらすことに繋がるのではないでしょうか。このような点でも不信感を抱かざるを得ません。

・以下の質問に対する回答が得られ、また学生の納得が表明されるまでは、解体工事に着手しないことを要望します。

【キャンパス整備計画について】

・キャンパス整備計画について私たちはよく知りません。キャンパス整備計画の意図や全体像について、二〇〇九年度の在学生に対し説明会を開いてください。

・三号館は解体される予定であったと聞きました。なぜ残っているのですか？　解体される建物のお手洗いをどうして豪華に改装したのですか？

・キャンパス整備計画は誰がどのような意図をもって、どんな手続きを経て決めたのですか？　本当に学生のためを思っての計画ですか？　どのように学生の意見を集めましたか？　具体的に行われた質問紙等の資料についても開示をお願いいたします。

【旧体育館の解体について】

・旧体育館の解体は、私たちの学生生活にどのようなメリットがありますか？

・なぜ今すぐに解体しなければならないのですか？　耐震性について不安があると聞きましたが、異なる見解も出ているようです。学生の間では、「耐震性に問題有り」の見解に不信感が広がっています。

耐震性について判断を下した資料について公正な第三者機関の調査、見解を学生に示してください。

・新聞に旧体育館は重要文化財級の建築物と載っていました。なぜ他の建物のように文化財になっていないのですか？

レーモンド建築の専門家など、文化的価値を知る人の意見は判断材料に含まれていたのでしょうか？

【オープンスペースについて】

・オープンスペースでは日差しも防げず長時間寛いで憩えません。学生の中にはオープンスペースを歓迎しない声もあります。「ひとり」を大切にする大学で、どうして望まない学生の声が反映された計画にならないのでしょうか？

・オープンスペースは避難場所になるとも聞きましたが、高層の新棟に隣接する場所はほんとうに安全なのですか？

避難所は私たちの生命を守る大切なスペースです。避難所としてオープンスペースが相応しい根拠を、資料を出して学生に示してください。

【学生へのキャンパス整備計画についての詳しい説明について】

・大学側が解体についての説明を学生に行った回数は？　それはいつでしたか？

また、説明会開催の情報はどのように掲示されたのでしょうか？　十分な掲示がないため、知ることができなかったという意見もあります。

【費用等について】

・私たちは大学に学費を払っています。キャンパス整備計画では立派な新棟が建ちました。一人一人の学生が納得できないキャンパス整備計画にどれだけの金額が払われているのですか？　キャンパス整備計画の財源について学生に明示してください。

・旧体育館の解体費用はいくらでしょうか。仮に残した場合、一年間の維持費はいくらなのですか？　価値のある建物の維持について大学側は具体的にコストを計算し、考えるべきではないでしょうか？

この回答が得られまた学生の納得が表明されるまでは、解体工事に着手しないことを要望致します。

二〇〇九年

六月八日

提出者代表　斎藤治子ほか

学生六二三名（別紙参照［省略］）

▶所属・肩書きは当時のものを用いた。敬称は略。「活動の展開と2棟解体への流れ」欄の＊は、レ会の広報・調査活動等を示す。
▶要望書・署名簿の提出先が「原田明夫理事長」もしくは「原田明夫理事長・湊晶子学長」の場合は、自明により省略した。他の場合は記した。
▶「要望書・署名簿提出」欄は、レ会が把握し得た範囲で記した。 ▶新聞・雑誌等の記事中の東京女子大学は「東女大」と略記した。

●要望書・署名簿提出

2006年

0707 卒業生有志の会(レ会の前身、代表:藤原房子)、東寮解体再考の要望書、「資料・卒業生有志の声」を同封

0712 十一会(短期大学部体育科卒業生の会)、湊学長あて旧体保存要望書

0803 DOCOMOMO Japan、東寮保存要望書 →**0825**回答書

0817 ライト建築アーカイブズ日本、整備計画見直しの要望書

0818 杉並たてもの応援団、杉並区長あて2棟保存の要望書 →**1026**杉並区都市整備部より回答書

●メディア掲載

2006年

0810 毎日「東女大寮解体へ　卒業生や建築家惜しむ声」

0810 日刊建設通信「アントニン&ノエミ・レーモンド展」

0811 東京「東女大“自立のシンボル”解体へ　卒業生有志 保存の呼びかけ」

0823 日刊建設通信「東女大東寮の保存要望　レーモンド初期の貴重な作品」

年表:東京女子大学レーモンド建築 東寮・体育館保存活動

●活動の展開と2棟解体への流れ

1918年	東京女子大学創立(新宿角筈の仮校舎にて)
1924年	善福寺キャンパス(現・杉並区)に東西寮、西校舎、体育館・外国人教師館が竣工。4月に角筈から移転
1965年	牟礼キャンパス(三鷹市)購入、翌66年短期大学部が善福寺キャンパスより牟礼へ移転
1984年	善福寺キャンパスの東西寮閉寮、西寮解体
1986年	東寮をリニューアルして部室棟に転用
1988年	短期大学部を廃し、4年制の現代文化学部発足
1997年	キャンパス統合により現代文化学部が善福寺へ移転。牟礼跡地利用が課題として残る。
1998年	レーモンド建築9棟のうち東寮・体育館を除く7棟を有形文化財に申請、登録される
2005年	**3月末**牟礼キャンパス売却決定が、三鷹市当局より三鷹市議会に報告される

▶左欄の数字は月・日を示します。

2006年	
0617	同窓会総会にてキャンパス整備計画が公表される
0627	藤原房子の依頼により藤岡洋保氏(東工大大学院教授)が東寮実査、卒業生有志6名同行
0701	卒業生有志の会(レ会前身)発足、代表に藤原房子
0703	藤岡氏・藤原代表ほか1名、レーモンド設計事務所を訪問、設計図を確認
	***07初旬〜▶**森まゆみ(谷根千工房)、多児貞子(文京たてもの応援団)等に建物保存運動のイロハを相談、杉並たてもの応援団、DOCOMOMO Japan幹事長の兼松紘一郎ほか、メディア関係者らの紹介をうける
	***07初旬〜▶**基本財産(牟礼キャンパス)売却金の使途制限について、研究者へ取材
0710	藤原代表(田邉道子会員同行)、原田明夫理事長・堀地史郎常務理事と面談(堀地理事「基本財産〈牟礼キャンパス〉売却金は基本財産〈建物〉にしか使えない」と言明)
0711	藤原代表より同窓会理事会へ書簡(東寮解体再考を大学に働きかけるよう要望)
0712	藤原代表より原田理事長へ書簡(東寮解体再考を要望)
0712	田邉会員より原田理事長・堀地常務理事へ書簡(「基本財産売却益の使途に法的制限なし」)
0714	藤原代表、原田理事長に藤岡氏の「東京女子大学東寮建物の建築史的評価」(以下「藤岡・東寮評価書」と略)を送付
0731	原田理事長より藤原代表へ書簡(7棟保存の努力/東寮解体理由/基本財産売却金の使途について「寄附行為と学校会計基準によりソフト(建物外)への充当は認められない」)
	***0708〜0731▶**0707の要望書と「卒業生有志の声」ほかを、同窓会理事・支部長、大学理事・教職員、一部の卒業生、メディア関係者ら約400名に送付。「藤岡・東寮評価書」を大学理事全員(同窓会会長を含む)、建築・マスコミ関係者に送付
	***08上旬〜▶**歴史的建造物指定の種別と補助金等について調査・取材
0826	セミナー「ライトから繋がる建築①レーモンドに学ぶ建築」(ライト建築アーカイブズ日本主催、於工学院大学)にて、藤原代表、東寮・体育館保存を訴える
0901	「卒業生有志の会」を発展的に解消し、「東京女子大学レーモンド建築 東寮・体育館を活かす会」(略称:東女レーモンドの会)発足(以下「レ会」と略)

●要望書・署名簿提出		●メディア掲載	
		10	『建築ジャーナル』10月号（建築ジャーナル）「キャンパス整備、女子寮の行く末は　レーモンド設計の東女大旧東寮解体」
		1031	読売「東女大・旧学生寮の解体計画　女性史の記念碑 どうなる?」
1109	ペンシルバニア大学など米欧5大学・美術館キュレーター、解体再考要望書	1102	『東京人』12月号（都市出版）「レーモンド設計の東女大キャンパスで、東寮と旧体育館の解体か?」
1110	レ会、署名・第1回（7077名／総計11635名）とweb署名に付されたコメント抜粋集を提出	1206	毎日（東京）「東女大東寮、体育館 来年解体予定　『東女の歴史残して』永井路子さん、時枝俊江さんら卒業生ら保存訴え」
		1207	日刊建設通信「レーモンドの初期作品 東女大東寮・体育館　保存へ 双方向対話を価値への理解必要」
		1222	読売〈建築望見欄〉「"よく見る" が保存への第一歩」
2007年			
0115	日本建築学会関東支部、東寮・体育館保存要望書　**→0126**回答書		
0118	日本建築家協会関東甲信越支部、東寮・体育館保存活用の要望書　**→0126**回答書		
0118	レ会、署名・第2回（1407名／累計8484名／総計11635名）提出		
		0210	『Casa BRUTUS』3月号（マガジンハウス）「特集 日本のモダニズムの危機!?『絶滅建築』を救え」
0319	DOCOMOMO Japan、旧体育館保存要望書　**→0411**回答書		

●活動の展開と2棟解体への流れ

0901	原田理事長「善福寺キャンパス整備計画について」掲載の『東京女子大学学報』7·8月合併号と湊学長「同窓生の皆々様へ」が『同窓会会報』9月号に同封されて卒業生に届く
09	同窓会HPにおける高月三世子同窓会会長メッセージ「キャンパス整備計画に関する同窓会員の意見を大学理事会に伝える」に対し、有志が意見メールを送付
0914	レ会署名活動を開始
0927	レ会ホームページを開設、web署名を開始
0930	第1回レ会発起人会(今後の活動の実践的な検討/於東京ウィメンズプラザ)
	＊1012▶日本ナショナルトラストに取材
1110	レ会と原田理事長·湊学長·堀地常務理事との「第1回懇談会」。懇談後、田邉会員より原田理事長·堀地常務理事へ書簡を手渡す(学校教育施行規則を根拠に「基本財産売却金の使途に制限なし」を説明、大学側の主張の根拠の提示を求める→同文を全大学理事へ送付)
	＊1116▶第1回懇談会報告と1202シンポジウム案内をレ会会員·発起人、署名·カンパ者、同窓会理事·支部長、同窓生教職員、大学理事等330余名に送付
1121	原田理事長より藤原代表へ書簡(「2棟は解体するほかない」/「保存運動の拡大は本学にマイナスイメージを与える」/「基本財産売却金の使途制限は文科省の縛りを意識したものではない、そのようなことは説明の中でも一切言っていない」)
	＊1201▶杉並区みどり公園課に学内樹木保全に関する取材
1202	レ会主催緊急シンポジウム「東京女子大学レーモンド建築 東寮·体育館を考える——建学の志を伝える貴重な文化財を保存し、活かしていくために」(於日本外国特派員協会)
	＊1207▶1202シンポ速報と1206毎日新聞記事を、大学理事や発起人らに送付
1219	藤原代表より原田理事長へ書簡(第2回懇談会を要望)
2007年	
	＊0112▶杉並区都市計画課に、校地建築の高さ制限や北側斜線規制等につき取材。3号館の跡地(南西道路沿い)には高層建築が可能なことを確認
0118	レ会と原田理事長·湊学長·堀地常務理事との「第2回懇談会」(東寮解体に代わる3号館跡地利用案を提案/1202レ会シンポジウムの成果を報告)
	＊0131▶冊子『1202レ会シンポジウム記録』の送付開始。会員·発起人、大学理事·同窓会理事·支部長、全教員·研究室、建築界·マスコミ関係者ら約450通。
	＊0208▶藤原代表、文化庁参事官(建造物担当)に登録有形文化財制度等を取材
	＊0210▶西澤英和氏(京都大学講師)「コンクリートの"老朽化"と"中性化"の誤解」をレ会HPに掲載
0213	原田理事長より藤原代表へ書簡(懇談会におけるレ会の東寮活用案等について)
0216	レ会と同窓会理事との懇談会(レ会8名、同窓会理事11名出席)
0223	藤原代表より原田理事長へ書簡(東寮活用·3号館跡地利用案等に関する質問と要望)
0303	旧体イベント·第1回「旧体で踊る、舞う、翔ける!!!」(学生有志「おどるin 旧体」主催、フォークダンス部共催、健康·運動科学研究室協力)開催される
	＊0304～▶0118「第2回懇談会記録」、0213原田理事長書簡、0223藤原書簡を大学理事、教員、同窓生職員、同窓会理事·支部長に送付
0314	原田理事長より藤原代表へ書簡(3号館跡地利用案等について)
0315	『同窓会会報』第44号に「特集—東寮·旧体育館」(2頁に7寄稿文)
	＊0325▶杉並区文化財保護審議会の委員に取材

●要望書·署名簿提出

0422	レ会、同窓生の直訴はがき·第1回(342枚/総計668枚)
0515	レ会、署名·第3回(1847名/累計10331名/総計11635名)
0515	レ会、同窓生の直訴はがき·第2回(201枚/累計543枚/総計668枚)
0515	0428堀江優子主宰「おしゃべり会」、高月同窓会会長あて東寮·旧体解体に関する質問と要望書　→**0609**回答書
0620	Ken Tadashi Oshima(ワシントン大学建築学部准教授)、保存要望書
0624·30	建築専門家有志82名(世話役:川田伸紘)、東寮·体育館保存要望書　→**0703**回答書
0626	緑と自然に囲まれたエリアの保存を求める署名(略称「緑の署名」(代表:斎藤康代)·第1回(卒業生305名/総計688名)
0706	緑の署名·第2回(卒業生140名+学生130名/累計575名/総計688)
0719	緑の署名·第3回(卒業生71名+学生42名/総計688名=卒業生516名+学生172名)
0730	レ会、署名·第4回(808名/累計11139名/総計11635名)
0730	レ会、同窓生の直訴はがき·第3回(125枚/総計668枚)

●メディア掲載

0409	『日経アーキテクチュア』4月9日号(日本経済新聞社)「調査 建築世論&ランキング」(東女大東寮·旧体育館が「保存すべきだ」86%でトップ)
0703	朝日〈街 メガロポリス ひと欄〉「東女大 日本初の個室女子寮　解体計画惜しむ声　永井路子氏ら『女性史の一原点』」
0707	日経〈メガロリポート欄〉「歴史的建造物が建て替え時期　保存と収益 両立いかに」(東女大東寮·体育館がその一つとして掲載)
0724	日刊建設通信「東事協がパネルディスカッション　東女大·旧東寮保存も話し合う」
0727	日刊建設工業「東女大レーモンド建築、どう残す？　大勢のひとの声が保存につながる」(0721パネルディスカッションの内容報道)
0805	朝日〈声欄〉滝本美穂子「モダニズムの旧寮を残して」(レ会会員による投書)
0810	『文藝春秋』9月特別号(文藝春秋)永井路子「命、守れるか、小さな二棟」

●活動の展開と2棟解体への流れ

	***0326**▶杉並区教育委員会文化財係、まちづくり推進課等に取材
0411	レ会対象のキャンパス整備計画のスライド上映会(桃井事務局長「上映会であって説明会ではない」と冒頭挨拶)
0418	大学(清水建設)、新棟建設計画第1回近隣説明会を開催、レ会会員・支援建築家参加
0422	藤原代表より原田理事長へ書簡(スライド上映会で判明した疑問点に関する質問)
0428	園遊会にて、堀江優子主宰/東寮・旧体に関するおしゃべり会、井上まゆみ主宰/レーモンド建築を見て語る会
0512	藤原代表より原田理事長へ書簡(0915～　世界巡回レーモンド展への配慮要望/0510永井路子書簡〈2棟の登録有形文化財指定と保存を理事会に要望〉を同封)
0529	「0428おしゃべり会」主宰者ほか2名、高月同窓会会長・依田勝子副会長と懇談
0530	藤原代表より原田理事長へ書簡(0422質問と0510永井書簡への回答督促)
06中旬–	東寮解体準備(工事用フェンスが巡らされ、樹木の伐採が始まる)
0613	原田理事長より藤原代表へ書簡(0422藤原書簡への回答/「これ以上、話しあっても平行線」)
0614	レ会、原田理事長へ「東寮・旧体育館解体に関する第1回公開質問状」送付
0616	同窓会定期総会、レ会会員ほかが東寮解体・整備計画に関して発言
06中旬–07中旬	教授会メンバー有志(複数グループ)より原田理事長へ、キャンパス整備計画に関する疑義や質問状が提出される
0627	旧体イベント・第2回「音を楽しむ」(学生有志「おどる in 旧体」主催、古典ギター愛好会・VERA室内アンサンブル共催)が開催される
0628	大学(清水建設)、第2回近隣説明会を開催、レ会会員が入場を阻まれる
	***0629**▶杉並区都市計画課建築調整係にて「建築紛争予防調整条例」の確認
0709	藤原代表より原田理事長へ書簡(「第2回公開質問状」を同封)
	***0710**▶弁護士事務所を訪問、法律相談
0717	レ会編『東女レーモンドの会 2007年度同窓会定期総会報告』を高月同窓会会長に送付
	***0721**▶上記レ会編冊子を会員・発起人、大学理事や大学関係者らに送付、同日、高月同窓会会長より藤原代表へ書簡(同冊子への抗議と配布の差し控えを要望)→**0723**藤原代表より高月会長への書簡
0719	原田理事長より藤原代表へ書簡(公開質問状への不信感、レ会会員の総会発言への不快感/本状を最終回答とすることを表明)
0721	レ会企画パネルディスカッション「なくしていいのか建築文化——東京女子大学のレーモンド建築を中心に」(東京都建築士事務所協会・新宿区共催/東京都後援「建築ふれあいフェア2007」、於新宿駅西口広場) 同日、パネルディスカッション終了後、レ会会員・発起人懇談会(31名参加)
0730	藤原代表より原田理事長へ書簡(0721パネルディスカッションの報告/世界巡回レーモンド展の紹介/「第3回公開質問状」を同封)
	***0801**▶レ会編『レ会 同窓会定期総会報告』、第3回公開質問状、0730藤原書簡ほかを大学理事全員(同窓会会長を含む)、レ会発起人、大学各研究室等に送付
0812	藤原代表より原田理事長へ書簡(東寮解体に際し、記念物の保存を要請)
0819	藤原代表より原田理事長へ書簡(記念物保存、追加の要請)
0821	原田理事長より藤原代表へ書簡(0812・0819藤原書簡への了承回答)
0828	東寮解体(重機で躯体解体着手)
0828	レ会、東寮解体現場で抗議
	***0831**▶0721パネルディスカッション速報、0828東寮解体目撃報告、0810永井路子文春エッセイ、レーモ

	●要望書・署名簿提出		●メディア掲載
0903	塔の会(代表：乗浩子)「東寮の塔を保存し、アーカイブスに」緊急呼びかけ		
		0920	読売〈建築望見欄〉「レーモンド展 妻の影響に注目 東女大寮解体も報告」
		0921	毎日〈主張 提言 討論の広場欄〉藤岡洋保「残すことはつくること――既存建築の再解釈から未来が生まれる」
		1002	中日「レーモンド再評価の波」
		10	『日本エッセイスト・クラブ會報』NO.59-I、藤原房子「愛する寮が消える」
		1008	『日経アーキテクチュア』10月9日号〈VOICE欄〉兼松紘一郎「日本で一番美しいキャンパスの危機　解体された東寮、残したい体育館」
1219	十一会、旧体保存の活用を提案し取り壊しの再考を求める要望書		
	2008年		
		0220	『建築雑誌』2月号(日本建築学会)藤原房子「東京女子大学東寮・旧体育館の保存運動」
0610	十一会、旧体の歴史的資料の保存・掲示の要請書	0303	東京(群馬)「建て替え含む検討に異論　群馬音楽センター整備　世界的建築家レーモンド設計」(東女レーモンドの会の活動を紹介)
0613	川田伸紘氏、体育館解体凍結の要望と質問書　→**1007**回答書	0314	日刊建設工業「学校建築の保存問題　攻めの活動へ転換する時期」(東女大の事例詳述)
0619	教員・特別職員有志(呼びかけ人代表：鳥越成代教授)、旧体解体再考要望と賛同者名簿(計69名＝教授会の過半数)提出	0401	『新建築』4月号(新建築社)原田鎮郎「21世紀アジアの循環型都市へ」(冒頭「リユースされない日本の建築遺産の現状」として東寮と塔について詳述)
0710	山口廣レ会顧問・近藤富枝発起人および発起人一同、旧体保存要望書　→**0728**回答書	0421	日経「消えゆくキャンパス建造物　伝統校舎保存 問われる知恵」
0923	川田伸紘氏、回答要請書		
11	東女大フォークダンス部OG会・慶大民族舞踊研究会OB会(約70名)、湊学長あて旧体保存要望	0507	毎日「過渡期迎えた大学建築　シンボル取り壊し次々と」(東女大の事例に言及)

●活動の展開と2棟解体への流れ

	ンド展チラシ、レ会会計報告を、レ会会員・発起人、署名・カンパ者に送付
0907	永井路子より原田理事長へ書簡(0828東寮解体現場でのこと／寮の塔を残しアーカイブズに／体育館の保存要望)
	***0910**に永井路子、**0928**に藤原代表、それぞれ大学資料室責任者に面談して東寮記念物の保存と大学アーカイブスの充実を懇請
0915	西澤英和氏(建築構造学)・小西敏正氏(建築構法学)「東寮解体工事の一連の写真をみて」をレ会HPに掲載
0915	藤原代表より原田理事長・湊学長へ東寮解体抗議文を送付
	***0915～0924**▶東寮解体抗議文、永井路子文春エッセイ、レ会編『0721パネルディスカッション』、レーモンド展チラシ、レ会作成ポスターとチラシ、西澤・小西「解体工事の一連の写真をみて」を大学理事全員、同窓会関係者、全教員・各学科研究室などへ約390通送付
0915-1021	世界巡回「アントニン&ノエミ・レーモンド展」(神奈川県立近代美術館、ペンシルバニア大学付属建築博物館、カリフォルニア大学サンタバーバラ校付属美術館ほか主催、於同美術館 鎌倉)にて、レ会作成のポスター掲示、チラシ陳列(同展は翌2008年0405～0525高崎市美術館で開催)
0916	神奈川県立近代美術館主催シンポジウム「レーモンドを再発見する」にて、兼松紘一郎氏が東寮破壊を映像とあわせて報告
1003	藤原代表、東寮解体時に見つかった「寮委員会記録」等の史資料(段ボール11箱)の保管を桃井事務局長に要請→**1029**レ会の依頼で同窓の女性史研究者2氏が大学に出向いて段ボール資料を点検
1014	第2回レ会発起人(拡大)会(1年間の総括と反省、体育館保存に向けて今後の方針／於東京ウィメンズプラザ)
	***1017**▶レ会事務局メンバーが同窓会定期総会の議事録(2004～07年度)を筆写
1027	藤原代表より原田理事長への書簡(寮の塔破壊への抗議／「第3回公開質問状」への回答督促／西澤・小西「解体工事の一連の写真を見て」同封)
	***11月末**▶杉並区建築課にて新棟の1122建築確認書閲覧・入手
1203	国際シンポジウム「フランク・ロイド・ライトと日本の建物保存」(ライト建築アーカイブズ日本主催、於新生銀行ホール)にて藤原代表が特別プレゼンテーション
	2008年
	***0101**▶レ会、年賀状(年頭の活動報告)を会員・賛同者ほかに1050通送付
	***0211**▶『建築雑誌』掲載の藤原論文コピーを大学理事・教員、発起人、マスコミ等関係者70名に送付
0222	緊急シンポジウム「残そう！学習院大学ピラミッド校舎群」(学習院大学ピラミッド校舎群の保存活用を願う会主催、於自由学園明日館)にて藤原代表が登壇
0327	レ会の仲介により、コイン式ガスメーター(1934年2月製造／解体された寮の保存物)が東女大より東京ガス「がす資料館」に寄贈される
0327	藤原代表より原田理事長への書簡(第3回公開質問状の抜粋版同封／20070907永井書簡への回答催促)
0410	2007年度東女大学会 学生研究奨励費研究最優秀賞受賞「東京女子大学の旧体育館を中心とする校舎の研究」(田代桃子・斎藤治子ほか4名)が始業講演(新入生および全教職員が対象)される
0429	園遊会にて、井上まゆみ主宰／三沢浩講演会のほか、学生有志の「旧体研究」発表や十一会(体育科卒業生の会)主催のイベントに参加、対話を試みる
0621	同窓会定期総会にて永井路子が発言。レ会作成チラシ「なぜ旧体育館の保存をねがうのか」150枚を配布
0703	藤原代表より原田理事長へ書簡(旧体育館保存要望／公開質問状への回答督促)
	***0703-0705**▶0703藤原書簡、チラシ「なぜ旧体保存をねがうか(詳細版)」を大学理事・同窓会理事会・大学評議員会議長、全教員・各学科研究室、十一会幹事へ送付(約190通)

	●要望書・署名簿提出		●メディア掲載
1201	十一会有志(呼びかけ人:門脇堯子)39名、旧体保存のための提案書提出	0829	朝日「ドイツ製ボイラー母国へ　約80年、東京女子大地下室に」
1210	東女大バレーボール部OG会およびその関係書(83名)、湊学長あて旧体保存要望　→**1224**回答書	0905	『水脈』第41号(水脈の会)「特集 保存と再生」藤原房子「東女レーモンド建築の保存と活用を切に願って」、山口廣「記憶の重要性　学校建築保存三題噺」
1214	東女大競技ダンス部OG会・東大競技ダンス部OG・OB会(約20名)、湊学長あて旧体保存要望		
	2009年		
0204	東女大卓球部OG会およびその関係者、湊学長あて旧体保存要望書		
0212	旧体を愛し、慈しみ、手入れをして、使い続けるよう、保存を求める要望書および署名簿(略称「旧体ラブ署名」、呼びかけ人:斎藤康代ほか3名の卒業生)・第1回(卒業生444名/総計667名)		
0224	旧体ラブ署名・第2回(卒業生3名/累計447名/総計667名)学長に面談して提出		
0225	東京女子大学に勤務する教授会構成員以外の教職員有志、原田理事長ならびに理事・評議員あて「旧体育館の今後について皆で考える時間を持つための要望書」		
0305	山田宏杉並区長、体育館保存要望書　→**0316**回答書	0312	毎日「東女大旧体育館の保存を考えるシンポ開催　14日・永井路子さんら参加」(0314シンポジウム開催案内)
0319	旧体シンポジウム実行委員会、3.14旧体シンポジウム・アピール		
0321	杉並たてもの応援団、旧体解体再考要望書　→**0326**回答書	0402	日刊建設工業「クローズアップ 近代建築の保存を考える二つのシンポ　0314東女大旧体育館　0322東京・大阪中央郵便局庁舎」
0415	旧体ラブ署名・第3回(卒業生76名/累計523名/総計667名)	0418	朝日(東京)「東女大旧体育館保存求め意見書　有識者の会」(0417緊急アピールについて)
0429	レ会署名簿・第5回(469名/累計11608/総計11635名)原田理事長に手渡す	0505	『UP』5月号(東京大学出版会)森一郎「世代をつなぐもの——東京女子大学旧体育館解体問題によせて」
0429	ライシャワー文化財保存要望書(米国大使館および教会関係者ら175名/代表:田澤和子)	0509	朝日「東女大『旧体育館』解体 やまぬ『待った』の声」(有識者の緊急アピールなど学内外に高まる声を紹介)
0429	同窓会支部さがみの会鎌倉、解体再考要望書送付		
0417–0520	旧体育館保存を要望する有識者の会、緊急アピール(計4回、総賛同者数188名)	0513	東京「東女大 築85年の旧体育館を解体　『トンジョの味消さないで』高まる保存の声」
0508	旧体ラブ署名・第4回(卒業生59名/累計582名/総計667名)	0513	毎日「東女旧体育館保存を/あすと20日講演会」

●活動の展開と2棟解体への流れ

0801	藤原代表より原田理事長へ書簡(0703書簡への回答督促)
1024	鈴木博之DOCOMOMO Japan代表より原田理事長へ「旧体育館耐震診断報告書」(松嶋哲奘氏作成)を送付→**1215**大学理事全員・キャパス整備計画委員会にも送付
1114	原田理事長より鈴木DOCOMOMO Japan代表へ回答(「計画変更はしない」「第三者に助言を求めることは考えていない」)→**1120**兼松DOCOMOMO Japan幹事長、原田理事長に再度の面談要望の書簡を送付
1115	堀地史郎常務理事(キャンパス整備計画担当)退任
1215	鈴木博之DOCOMOMO Japan代表より大学理事全員、キャンパス整備計画委員会へ耐震診断報告書を送付
	2009年
0101	レ会、年賀状を会員・賛同者ほかに約1050通送付 ***0122▶**耐震補修の補助金について、杉並区、東京都、日本私立学校振興・共済事業団、文部科学省私学助成課に取材
0128	レ会事務局2名ほか、米国大使館広報・文化交流部を訪問、協力を要請
0314	教職員有志主催、公開シンポジウム「旧体育館の解体を再考する」(旧体育館シンポジウム実行委員長:森一郎教授、於旧体育館/シンポジスト:教員・学生ほか、永井路子・斎藤康代・鈴木博之・松嶋哲奘の各氏)
0330	藤原代表より原田理事長へ書簡(0314シンポジウム報告/旧体保存要望)
0408	お花見の会「桜の花を上から見よう」(学生有志〈東女大の建物に関する研究会〉主催、於旧体育館テラス)
0415	永井路子より国内全同窓会支部長54名へ書簡(『0314シンポジウム記録集』を同封)
0415	東寮解体跡地の新2棟(新体育館棟・新研究棟)竣工引き渡し式
0422	教員有志、教授会にて「旧体育館解体工事凍結」動議、僅差で否決される
0429	園遊会にて、レ会署名簿最終を原田理事長に手渡す、他の同窓生グループ(複数)も理事長へ署名簿提出。教職員・卒業生・学生の有志は西荻窪・吉祥寺駅頭でチラシ配布、キャンパス内で関連資料・冊子の手渡し。旧体を愛する東女大同窓生有志の会(代表矢沢静江・小池節子)はチラシ「旧体育館へ行こう」を配布、同窓生有志(世話人代表斎藤康代)は樹木を保存し育てる「杜の会」復活を宣言
0511-22	学生有志(東女大の建物に関する研究会)主催「旧体メモリアルウィーク」(期間中フェアトレード共催試飲会ほか)**0514**講演&フリートーク①(三沢浩氏・内田青蔵氏)、**0520**講演&フリートーク②(鳥山明子氏・永井路子氏・兼松紘一郎氏)
0516	大学、東女大創立90周年記念式典を開催
0524	学生大会にて有志が約400名の署名をもって「旧体解体反対」の緊急動議を提出、否決される

●要望書・署名簿提出	
0525	旧体育館保存を要望する有識者の会で緊急記者会見での声明「旧体着工に抗議する」
0529	杉並区・武蔵野市の東京女子大学近隣住民(代表:川田伸紘)「体育館解体に関する近隣住民への説明要望書」提出　→**0610**桃井事務局長より「1.土壌汚染について、2.アスベストについて」回答書
0529	同住民・議員(代表:川田伸紘)より杉並区・武蔵野市両首長へ「体育館解体に関する要望書」提出　→**0609**武蔵野市長より回答書
0602	清水建設西東京営業所工場長、「アスベスト除去工事のお知らせ」配布
0608	学生有志、旧体解体に関する質問への回答要望書(署名623名)
0612	杉並区・武蔵野市住民・議員(代表:川田伸紘)より、「『旧体解体アスベストに関する近隣住民への説明要望書』に対する貴学事務局長の回答について」および署名簿(54名)
0619	旧体ラブ署名・第5回(卒業生73名/累計655/総計667名)および理事長・学長・高月同窓会長あて要望書
0723	旧体ラブ署名・第6回(卒業生12名/総計667名)および理事長・学長・一柳同窓会長あて旧体育館解体抗議書簡

●メディア掲載	
0515	『The Community』No.143(地域社会研究所)藤原房子「消された学寮への挽歌――東京女子大学寮での暮らし」
0521	東京「旧体育館 後世まで　東女大解体を計画 学生、保存訴えるイベント　楽しめるような活用法を」
0526	東京「東女大旧体育館『壊してはならない』有識者の会 解体工事に抗議」
0526	朝日「東女大『旧体育館』解体準備に抗議　有識者団体声明」
0526	読売「東女大旧体育館『保存を』 卒業生ら『貴重な文化財』」
0527	毎日「東女大旧体育館解体:計画撤廃改めて要請――『有識者の会』」
0605	『週刊金曜日』753号(金曜日)「東女大旧体育館解体寸前で異論噴出」
07	『月刊Sportsmedicine』7月号(ブックハウス・エイチディ)「日本の体育・スポーツの財産 東京女子大学旧体育館解体へ――歴史的建築物が消える意味」
0828	日経〈広角鋭角欄〉「近代建築の未来③『建学の精神』解体で喪失感」
10	『積算資料』10月号(経済調査会)渡辺浩「学舎の建築遺産を見学する」(冒頭4頁がA・レーモンドの東京女子大学)

2010年

●メディア掲載	
0210	杉並たてもの応援団通信(創刊号)「東女大学旧体育館その後」
0301	『青淵』第732号(渋沢栄一記念財団)藤原房子「空間の記憶と手触り」
0627	杉並たてもの応援団通信(第2号)「杉並の登録文化財――東京女子大学(第1回)」
1020	朝日〈彩・美・風欄〉ペトル・ホリー「日本とチェコ結ぶ建築家」

●活動の展開と2棟解体への流れ

05下旬–	旧体育館解体工事着手
0525	有識者の会「旧体育館解体工事着工に抗議する」緊急記者会見(於日本記者クラブ)、主要メディア11社18名参加、兼松紘一郎・内田青蔵・矢田部英正・柏木惠子・平野健一郎ら各氏に藤原代表も出席して訴える。鈴木博之・永井路子・三沢浩各氏はコメントを寄せる
0526	柴田・きたむら対談実行委員会〈学生・教員有志〉主催、柴田元幸・きたむらさとし対談「レーモンドからビートルズへ」
0528	学生有志主催「学長先生と語る会」(於食堂小ホール)
0528	藤原代表より原田理事長への書簡(解体撤回を迫る)を湊学長に手渡す
0531	藤原代表より湊学長へ書簡(卒業生への説明会開催を要請)
0620	同窓会定期総会にて藤原代表発言。一卒業生が、旧体シンポジウム実行委員会より同窓会理事22名への『0314シンポジウム記録集』が1カ月近く同窓会館に留め置かれた問題を質す。高月会長「意図的な遅延ではなかった」と弁明。高月会長任期満了退任、一柳やすか氏が新会長就任。レ会作成チラシ「『凡そ真なること』は何処へ」180枚配布
0630	一柳同窓会長にレ会シンポ冊子ほかを届ける
07中旬	旧体育館の解体ほぼ完了
0718	一柳同窓会長に「保存を願ったレ会会員の声」を送付
0828	新聞報道「大学当局は許可なく旧体育館に立ち入ったとして、保存を求めていた教員らに始末書の提出を求めた」(日経新聞〈広角鋭角〉欄)
1205	レ会主催「東寮・体育館忘れじの会」(於学士会館本館)、レ会会員・事務局・発起人、建築界その他の支援者らが集う
	2010年
	***0111▶**レ会、年頭挨拶状約1050名に送付

編集後記

九つのレーモンド建物群がおりなす空間の調和が、壊されてしまった。旧体育館だった所に出現したオープンスペースの、何と無意味で目障りなことか。解体計画を聞いた時、自称「一人だけのモッタイナイクラブ会長」としてはとても黙っていられず、東寮と旧体育館が宿す精神と歴史という価値を残し活用したいと、微力ながら関わってきた。目まぐるしく過ぎた五年の歳月が、重く心に刻まれている。

消されたものは二度ともどらない。無念でならない。ここに至る足跡の記録を世に問うことができるのが、せめてもの希望か。あるいは後世への償いか。記録集が読者の心にしみこむ水となって、オアシスをつくり、樹木が生い茂り、生き物が集まることを願う。

◉――石川　真穂（七二年文理学部社会学科卒）

東京女子大のキャンパス整備計画を知ってから足かけ五年、長いようで短い日々でした。

まったくの手探り状態からの出発でしたが、これまで保存運動に係わってこられた多くの方々から貴重なご意見をいただきながら活動してまいりました。ご助言いただいた皆さまには心より感謝しております。

保存運動が始まって以来、次は何が起こるのかと気が抜けない日々が続きました。活動は残念な結果で収束しましたが、これまでの活動の記録を作成しようと記録本編集ワーキンググループが立ち上がってくれました。本書を作成するに当たっては、内容について正確を期すため、たいへんな確認作業とヒアリング調査等が行われました。ワーキンググループの方々の尽力と頑張りのお蔭で、素晴らしい記録本ができたと自負しております。これから保存運動を始めようとしている方々にとって、本書が少しでもお役にたてば、幸いです。

◉――**井上まゆみ**

歴史的建造物は誰のものか――法律上は、私有財産であればその所有者であり、公的なものであれば自治体など然るべき団体でしょう。しかし、歴史的建造物は、その建造物の利用者、その価値を知る人々、なにより同時代の文化を共有するすべての人々にとっても財産であるという価値観を持つことが現代社会では重要なはずです。

東京女子大学には、学識と教養を身につけた人材を育成する機関として、そのような認識と行動力を持っていただきたい、そして、東寮と体育館に関わる対応について多くの人々と対話を重ねていただきたい、そんな思いがレーモンドの会に関わることになったきっかけでした。大学がどのような認識を持ち、行動をとったのか、本書はそのプロセスの記録です。

私は仕事の都合で、途中から十分な活動ができなくなりました。にもかかわらず、最後まで活動の仲間として認めてくださった皆様に心から感謝申し上げます。

◉――**大塚　裕子**（九一年文理学部日本文学科卒）

私の保存運動への参加は「祈り」から始まった。学長、理事長との第二回面談の前日、藤原代表から電話を頂いた。「明日の面談を祈りで始めようと、先輩の鳥山明子牧師にお願いしてあったが、いらっしゃれなくなったので貴女に来て欲しい」と。躊躇したが、クリスチャンとして「祈り」は断れなかった。面談に"Our College"という、昭和三〇年代の外人宣教師達が使った英語教材を持参し、「大学の歴史と建学の精神が書かれてあり、"SS精神"、"Something"等を一年かけて学んだ。現学生にもこの授業を復活させて」と訴えた。東寮と旧体は、この「建学の精神」が隅々まで込められた大切な建築物だった。

以来三年間、卒業生有志の「建学精神の宿る空間を残して」という「祈り」と、経営陣の「新しい設備の建物を」という「祈り」はついに交わることなく、文化財的建物は解体された。今は残る七棟が愛され活かされることを祈るばかりである。

母校を愛する心は同じはず。もっと心を通わせることが出来なかったのか！　今でも悔いが残る。

◉——叶谷　渥子（六一年文学部英米文学科卒）

私は、一九八三年から八七年までを東京女子大学の寮で過ごした。東寮ではなかったものの、全国から集まった多くの寮生たちと起居をともにし、宗教的な雰囲気の中で、おだやかに過ごした四年間は、私の人生の中で最も大切な思い出の一つとなっている。東寮と旧体育館が壊されることになったと聞き、美しく貴重で意味ある建物をなぜ保存・活用しないのか、なぜ壊してしまうのか、ただそれだけを教えてほしいと願い、保存活動に携わってきた。結果的にその願いは叶わなかったが、活動を通じ、コア（事務局）メンバーというすばらしい仲間、さまざまな形で支援してくださる方々との心励まされる出会いを得たことに深く感謝している。建物が壊されたのち、建物のことも保存活動のことも書き残さなかったならば、何もなかったと同じことになると危惧し、この記録本の作成を活動の総仕上げとして最後の力を振り絞り取り組んできた。記憶と記録にある限り、なかったことにはならないと信じて。

◉——篠崎　佳代（八七年文理学部日本文学科卒）

この記録を執筆した事務局メンバーの参加動機は様々だ。変わりゆく母校への危機感や愛校心から、建築保存活動の一環、スキルを買われた一本釣りもある。私の場合は、先輩に頼まれての「お手伝い」だ。解体へと突き進む前に、理に叶う説明が聞ければ十分とも考えていた。が、それは、最後までなかった。二棟が計画通り解体された道筋を改めて辿った本書が、今後こうした事例を少なくするために、多少なりとも役に立てば嬉しい。

個人的には、二〇〇九年秋に脳出血で倒れ、執筆にはほとんど参加できなかったが、数々の保存運動に携わり終始一貫、悲観も楽観も絶望もしない発起人・永井路子氏の凛とした精神や、明晰でリベラルな名古則子氏の不屈のエネルギーなど、活動を通じて学んだものは大きい。藤原代表はじめレ会の仲間には、闘病中もずいぶん支えていただいた。「一項目でも」と書くテーマをくださり、本作りに参加できたことも感謝の念に堪えない。

◉——清野　かほる（八〇年文理学部社会学科卒）

本書作成中に「3.11フクシマ」が起きた。娘が呟く、「私たち一生、放射線とつきあっていかなければならない」と。原発が国策として導入されるとき、「不可逆的な危険」が盛んに論じられていた。私はそれを知りながら何もしなかった。お任せ。お任せが、子どもや孫の世代に「負の遺産」を押しつける。

牟礼キャンパスにマンションが建つと聞いたとき、違和感があった。「東女大が業者任せのマンション経営⁉」　他の私学とはかなり異なる歴史的背景を持って生まれた大学だ。経営が難しいのはどこも同じ。それぞれがその大学らしい踏ん張りを見せてこそ、壊れゆく日本の高等教育にも救いがあろう。長年学術書の編集に携わってきた者としての思いだった。「東女大よ、東女大らしく踏ん張れ！」 東女大らしさを具現した東寮と体育館は次世代へのかけがえのない「正の遺産」──、しかし救うことはできなかった。でも自分の足もとの問題を「お任せ」にしない人々の存在が、東女大にはあった。

●──田邉　道子（六六年文理学部社会学科卒）

貴重な建物でも壊さざるを得ない場合もあるだろう。筋の通った説明が聞ければ良いと考えていた。しかし、牟礼売却金を建築に使う理由、東寮・旧体育館を解体する理由、新しい建築物の内容の合理性、全てについて、最後まで筋の通った説明は全くなかった。結局、レーモンド建築を単なる「私物」と捉えるか否かの違いだろう。各種メディアでの掲載、web署名の声、歴史や建築を尊重する多くの方々の支援、建築専門家の、専門家としての冷静な分析と、価値あるものを残すための尽力。大学内部からの旧体育館保存の声。改めて言う、東寮・旧体育館は単なる私物ではない。

建築専門家が事実を正しく伝えるために表現を吟味していたのと対照的に、大学側が、実に簡単に「老朽化」「耐震性」といった言葉を使っていたことが印象に残る。理事会・同窓会の閉鎖性にも衝撃を受けた。リベラル・アーツとは何だったのかと思う。

●──永井　桃子（八九年文理学部日本文学科卒）

本書の主役、東寮と体育館が消えてほぼ二年、最初に発した問いに対し、最後まで答えが得られなかった。文化庁の熱心な勧奨にも拘らず、なぜ二棟が申請から外されたのか、その事情を知りたかった。「命乞い」の際、真っ先にこれを大学側に尋ねたが、理事会の議事録に記載がない、わからないとの回答で、最後まで納得のいく説明を聞けなかった。情報量に圧倒的な格差がある場合、話し合いは事実上成り立たない。ほとんど無意味、無謀に近い。かりに社会人として敬意を抱いて向き合ったつもりでも私たちは素人集団である。機関決定を経たはずの方針が任意に変更され、口約束の軽さにも戸惑わされた。巻末の資料編にみるようにレ会の働きかけはかなり執拗である。振り返れば初めの一歩は、かなりの勇気が必要だったし、皆それぞれ「捨て身」になっていた。発端から解体まで三年半に及ぶ私の諸活動のエネルギーの起点もここにあった。

卒業以来の社会生活で、情報の大切さ、意志決定者の説明責任の大きさを痛感している。東京女子大学はいい大学だったと思いたい。だからこそ将来の発展をと美しい言葉を重ねられても、喪失感はあまりに大きい。

◉——藤原　房子（五三年文学部社会科学科卒）

本館を中心に東西校舎やチャペルが左右に連なる景観は、ライトが設計した帝国ホテルと似ている。鉄筋コンクリートの躯体に木造瓦葺き屋根という構造も同じだし、正面の本館に両翼の建物が少し低く連なる構成も同様。何より前庭に配された池に本館を映す眺めが、両者のつながりを感じさせる。

「両翼を広げて池に姿を映す建物」といえば、まず平等院鳳凰堂を思い浮かべるが、実にライトの帝国ホテルはその鳳凰堂を原型にしている。すると本館と両翼の建物群も鳳凰堂に通じるのではなかろうか。これを一羽の大鳥と見ると、その奥に建てられた学生寮は塔を中心に東西の寮舎が連なり、これもまた翼を広げた大鳥を彷彿とさせる。すなわちレーモンドは、このキャンパスに「一つがいの鳳凰」を宿らせた——。

このたび寮と、寮に寄り添う体育館が解体され、仲よく宿っていたつがいの一羽が屠られた。体育館跡にできた小山は、それを弔う墳墓のようだ。が、二棟を知らない学生たちは、懐しいキャンパスの風景として記憶するのだろう。

◉——堀江　優子（八三年文理学部史学科卒）

●編著者紹介

「東京女子大学レーモンド建築 東寮・体育館を活かす会」は東京女子大学の卒業生一一五人から成る会だが、この会の活動に参加した思いは多様である。記録書の出版についても個々には意見の違いがあろうかと配慮し、一貫して活動の中枢を担った事務局メンバー一〇人が事実上の記録刊行グループに移行して編集作業を行い、編著者としての責任を負った。編集後記に各自が記したように、世代、専攻学科、職業、関心等も異なる。しかも体育館は全員が授業や部活動等で使い心地をよく知っているが、東寮生活は二人しか経験していない。思いに濃淡はあるが皆同じ方向をみていた。ジャーナリスト、編集者、コピーライター、翻訳者、ＩＴ技術者、組織の管理職、研究者等、職業上のスキルもそこから来る知識や感覚も異なるメンバーの協働作業だが、最後まで結束は続いた。ここに同窓の歴史作家永井路子が顧問格で参画、全体の進行にも適切な助言と激励を惜しまなかった。

●付属CD-ROMについて

付属CD-ROMに収録された情報を閲覧するには、二〇一二年三月時点で一般的なパーソナルコンピュータと、その上で稼働するＷｅｂブラウザとAdobe® Reader® などのＰＤＦリーダーが必要です。

*Adobe® Reader® はアドビシステムズ社の米国および各国での商標または登録商標です。

▼ご利用の前に、付属CD-ROM内のReadme_sjis.txtをお読みください。

▼付属CD-ROM内のindex.htmlファイルをクリックすると、Ｗｅｂブラウザで内容を閲覧することができます。

▼付属CD-ROMについて、媒体不良以外の返品はご遠慮ください。また、不具合が生じた場合には、お使いのハードウェア・ソフトウェアの付属マニュアル類をご参照ください。

喪〔うしな〕われたレーモンド建築〔けんちく〕——東京女子大学東寮・体育館

発行日——二〇一二年四月二〇日

編著者——東京女子大学レーモンド建築 東寮・体育館を活かす会

エディトリアル・デザイン——宮城安総＋小倉佐知子

印刷・製本——三美印刷株式会社

発行者——十川治江

発行——工作舎 editorial corporation for human becoming
〒169-0072 東京都新宿区大久保2-4-12 新宿ラムダックスビル12F
phone:03-5155-8940 fax:03-5155-8941
URL:http://www.kousakusha.co.jp
e-mail:saturn@kousakusha.co.jp
ISBN978-4-87502-443-9